U0461233

国家出版基金项目
NATIONAL PUBLICATION FOUNDATION

● 生态文明法律制度建设研究丛书

互制与互动：
民众参与环境风险管制的法治表达

HUZHI YU HUDONG
MINZHONG CANYU HUANJING FENGXIAN GUANZHI DE
FAZHI BIAODA

周海华 ● 著

重庆大学出版社

图书在版编目（CIP）数据

互制与互动：民众参与环境风险管制的法治表达 /
周海华著. -- 重庆 : 重庆大学出版社, 2022.12
（生态文明法律制度建设研究丛书）
ISBN 978-7-5689-2226-5

Ⅰ.①互… Ⅱ.①周… Ⅲ.①公民—参与管理—环境
管理—行政执法—研究—中国 Ⅳ.①D922.680.4

中国版本图书馆CIP数据核字（2020）第110666号

互制与互动：民众参与环境风险管制的法治表达

周海华 著
策划编辑：孙英姿 张慧梓 许 璐
责任编辑：黄永红 版式设计：许 璐
责任校对：夏 宇 责任印制：张 策

*

重庆大学 出版社出版发行
出版人：饶帮华
社址：重庆市沙坪坝区大学城西路21号
邮编：401331
电话：（023）88617190 88617185（中小学）
传真：（023）88617186 88617166
网址：http://www.cqup.com.cn
邮箱：fxk@cqup.com.cn（营销中心）
全国新华书店经销
重庆升光电力印务有限公司印刷

*

开本：720mm×960mm 1/16 印张：15.5 字数：223千
2022年12月第1版 2022年12月第1次印刷
ISBN 978-7-5689-2226-5 定价：88.00元

丛书编委会

作者简介

周海华，女，汉族，安徽亳州人，法学博士，西南大学法学院副教授，硕士生导师，环境资源法学学科负责人。兼任重庆法学会环境资源法分会常务理事、中国环境科学学会环境法分会理事、重庆市北碚区人民陪审员等。研究领域为环境与资源保护法学、经济法学，尤其关注环境与资源保护法的基础理论、环境风险多元协同共治、能源安全下的能源交易监管等相关法律问题。主要讲授"经济法学""环境资源法学""环境法基础理论研究"等课程。

近五年来，主持及参研国家社科项目2项，教育部教学规划类项目1项，重庆社会科学规划基金项目5项；主持重庆市教育科学项目1项，校级社会科学基金项目5项；参编教材3部，出版著作1部，在核心期刊公开发表学术论文十余篇。

总　序

　　"生态兴则文明兴，生态衰则文明衰。"良好的生态环境是人类生存和发展的基础。《联合国人类环境会议宣言》中写道："环境给予人以维持生存的东西，并给他提供了在智力、道德、社会和精神等方面获得发展的机会。"一部人类文明的发展史，就是一部人与自然的关系史。细数人类历史上的四大古文明，无一不发源于水量丰沛、沃野千里、生态良好的地区。生态可载文明之舟，亦可覆舟。随着发源地环境的恶化，几大古文明几近消失。恩格斯在《自然辩证法》中曾有描述："美索不达米亚、希腊、小亚细亚以及其他各地的居民，为了得到耕地，毁灭了森林，但是他们做梦也想不到，这些地方今天竟因此成了不毛之地。"过度放牧、过度伐木、过度垦荒和盲目灌溉等，让植被锐减、洪水泛滥、河渠淤塞、气候失调、土地沙化……生态惨遭破坏，它所支持的生活和生产也难以为继，并最终导致文明的衰落或中心的转移。

　　作为唯一从未间断传承下来的古文明，中华文明始终关心人与自然的关系。早在5000多年前，伟大的中华民族就已经进入了农耕文明时代。长期的农耕文化所形成的天人合一、相生相克、阴阳五行等观念包含着丰富的生态文明思想。儒家形成了以仁爱为核心的人与自然和谐发展的思想体系，主要表现为和谐共生的顺应生态思想、仁民爱物的保护生态思想、取物有节的尊重生态思想。道家以"道法自然"的生态观为核心，强调万物平等的公平观和自然无为的行为观，认为道是世间万物的本源，人也由道产生，是自然的组成部分。墨家在长期的发展中形成"兼相爱，交相利""天志""爱无差等"的生态思想，对当代我们共同努力探寻的环境危机解决方案具有较高的实用价值。正是古贤的智慧，让中华民族形成了"敬畏自然、行有所止"的自然观，使中华民族能够生生不息、繁荣壮大。

中华人民共和国成立以来，党中央历代领导集体从我国的实际国情出发，深刻把握人类社会发展规律，持续关注人与自然关系，着眼于不同历史时期社会主要矛盾的发展变化，总结我国发展实践，从提出"对自然不能只讲索取不讲投入、只讲利用不讲建设"到认识到"人与自然和谐相处"，从"协调发展"到"可持续发展"，从"科学发展观"到"新发展理念"和坚持"绿色发展"，都表明我国环境保护和生态文明建设作为一种执政理念和实践形态，贯穿于中国共产党带领全国各族人民实现全面建成小康社会的奋斗目标过程中，贯穿于实现中华民族伟大复兴的中国梦的历史愿景中。党的十八大以来，以习近平同志为核心的党中央高度重视生态文明建设，把推进生态文明建设纳入国家发展大计，并提出美丽中国建设的目标。习近平总书记在党的十九大报告中，就生态文明建设提出新论断，坚持人与自然和谐共生成为新时代坚持和发展中国特色社会主义基本方略的重要组成部分，并专门用一部分内容论述"加快生态文明体制改革，建设美丽中国"。习近平总书记就生态文明建设提出的一系列新理念新思想新战略，深刻回答了为什么建设生态文明、建设什么样的生态文明、怎样建设生态文明等重大问题，形成了系统完整的生态文明思想，成为习近平新时代中国特色社会主义思想的重要组成部分。

生态文明是在传统的发展模式出现了严重弊病之后，为寻求与自然和谐相处、适应生态平衡的客观要求，在物质、精神、行为、观念与制度等诸多方面以及人与人、人与自然良性互动关系上所取得进步的价值尺度以及相应的价值指引。生态文明以可持续发展原则为指导，树立人与自然的平等观，把发展和生态保护紧密结合起来，在发展的基础上改善生态环境。因此，生态文明的本质就是要重新梳理人与自然的关系，实现人类社会的可持续发展。它既是对中华优秀传统文化的继承和发扬，也为未来人类社会的发展指明了方向。

党的十八大以来，"生态文明建设"相继被写入《中国共产党章程》和《中华人民共和国宪法》，这标志着生态文明建设在新时代的背景下日益规范化、制度化和法治化。党的十八大提出，大力推进生态文明建设，把生态文明建设放在突出地位，融入经济建设、政治建设、文化建设、社会建设各方面和全过程，努力建设美丽中国，实现中华民族永续发展。党的十八届三中全会提出，必须建立系统完整的"生态文明制度体系"，用制度保护生态环境。党的十八届四中全会将生态文明建设置于"依法治国"的大背景下，进一步提出"用严格的法律制度保护生态环境"。可见，生态文明法律制度建设的脚步不断加快。为此，本人于2014年牵头成立了"生态文明法律制度建设研究"课题组，并成功中标2014年度国家社科基金重大项目，本套丛书即是该项目的研究成果。

本套丛书包含19本专著，即《生态文明法律制度建设研究》《监管与自治：乡村振兴视域下农村环保监管模式法治构建》《保护与利用：自然资源制度完善的进路》《管理与变革：生态文明视野下矿业用地法律制度研究》《保护与分配：新时代中国矿产资源法的重构与前瞻》《过程与管控：我国核能安全法律制度研究》《补偿与发展：生态补偿制度建设研究》《冲突与衡平：国际河流生态补偿制度的构建与中国应对》《激励与约束：环境空气质量生态补偿法律机制》《控制与救济：我国农业用地土壤污染防治制度建设》《多元与合作：环境规制创新研究》《协同与治理：区域环境治理法律制度研究》《互制与互动：民众参与环境风险管制的法治表达》

《指导与管控：国土空间规划制度价值意蕴》《矛盾与协调：中国环境监测预警制度研究》《协商与共识：环境行政决策的治理规则》《主导或参与：自然保护地社区协调发展之模式选择》《困境与突破：生态损害司法救济路径之完善》《疏离与统合：环境公益诉讼程序协调论》，主要从"生态文明法治建设研究总论""资源法制研究""环境法制研究""相关诉讼法制研究"四大板块，探讨了生态文明法律制度建设的相关议题。本套丛书的出版契合了当下生态文明建设的实践需求和理论供给，具有重要的时代意义，也希望本套丛书的出版能为我国法治理论创新和学术繁荣作出贡献。

2022 年 9 月 于山城重庆

前　言

　　进入 21 世纪以来，随着经济的发展，环境问题从最早的经济外部性、共有地悲剧、交易成本，到后来的政府失灵导致的决策失误，再到环境风险管制的基点从环境要素转向各环境要素构成的整体空间，环境管制的情势越来越复杂。面对这一情形，为了尽可能使环境决策符合理性，提高环境管制的实效，环境管制在"多中心治理"理论影响下，逐渐把焦点移到风险管制与民主沟通的互相结合上。行政机关在行政过程中"借力"完成行政目标已经成为普遍现象。民众参与环境风险管制，一方面为资源整合管理、满足民众需求提供了重要渠道，另一方面也意味着国家提供环境质量等公共给付的主体与方式有所改变。因此，为保障民众参与环境风险管制的有效性和正当性，预留政府的治理弹性，避免因民众的介入而导致国家控制力下降和环境利益受损，健全和完善一体化保护、以环境质量管理为核心的民众参与环境风险管制的参与机制和合作法律制度已成为应然之需。

　　环境管制涉及高度的科技专业性、风险不确定性和价值判断争议，环境管制决策往往需要不同领域背景的民众共同参与，以平衡科技理性与民众参与之间的不同需求。党的十八大以来，美丽中国建设迈出重大步伐，生态文明建设的社会合力全面形成，生态环境治理体系和治理能力现代化成为加强生态文明建设的重要保障。绿水青山就是金山银山，对生态环境的保护就是对生产力的保护。积极引导公众有序参与生态环境治理，是对习近平生态文明思想的践行，是全民共治理念的体现，也是提升生态环境治理主体多元化发展水平、保障生态文明建设取得实效的关键所在。民众参与环境风险管制，标志着风险预防理念下广泛参与、共同合作和手段多元化的环境管制新模式的达成。其无论是作为一种与政府公权相结合的合作管制模式实验，还是作为一种民众履行环境义务的法治化实践，民众参与环境风险管制样态的正当性获取与制度化确立，归根结底取决于它与具体法治环境和权力土壤相匹配的回应路径和"以私益之实现促进环境公益"最终旨趣相适应的制度落地。

民众参与环境风险管制，即是在环境管制政策制定、实施与执行方面形成一种商谈机制，以民主与管制的互动形成环境管制"合作"模式。目前，我国在民众参与环境风险管制方面的研究不多，关注重点依旧停留于"参与"和"管制"两个维度上，对民众参与环境风险管制的互动机制研究有限，公私协力管制的制度型态的探讨也不多见。为此，本书基于民众参与环境风险管制的现实状况，围绕着民众参与环境风险管制法治化的正当性及可行性、民众参与环境风险管制法治化的路径是什么的逻辑主线，系统分析与构建了民众参与环境风险管制的法治进路和制度因应。本书通过研究得出以下主要结论。

其一，环境管制是一种风险管理的法治措施，是为实现特定公益属性的环境任务，通过各种行政手段来影响私部门，以达成利于环境保护任务的目的。为应对环境风险高度专业性、科学不确定性和复杂性等特质，环境风险管制已从源头控制或事后治理过渡为环境风险的全过程管理；环境管制不仅是传统意义上的危险防御，更是鼓励多元主体参与的、多种手段并举的环境风险共治的管制体制。换言之，环境风险不确定性的背景，使得环境管制具有了"多元化"的复合主体品格；环境风险管制的策略选择也更倾向一种内生化的诉求，即由"管控"走向"鼓励"，鼓励社会民众自主参与环境管制，从而寻求"秩序与表达"兼容的民众参与机制以及"积极增益"环境管制功效的公私协力管制制度的构建和完善。

其二，社会民众参与环境风险管制，符合环境管制思维变革的诉求，有利于"环境私益促进环境公益"的管制效能的达成。民众参与环境风险管制是行政权民主正当化的诉求，也是公众环境参与权适用的结果。促进环境管制与民主沟通的制度变革，其实不只攸关环境决策的品质，更关乎环境多元协同共治的有效达成。管制性立法是环境立法的原型。民众参与环境风险管制从正当程序功能面向而言，在于补强环境管制决策的民主正当性，使得决策更符合理性；从实体权益实现的面向来看，在于提升环境管制的效率，使得环境管制私益实现促进公益增加。

其三，民众参与环境风险管制的法治进路主要有两方面：一方面是建立参与为本位的环境权，细化民众参与环境风险管制决策的方式和选择基准，实现民众参与环境风险管制的机制优化；另一方面是从政府与民众的关系出发，转变政府的角色，构建"公私协力"之上的"合作与参与"代替"竞争与控制"的环境管制新模式。如此，社会民众在与管制机关的互动中，不仅是传统高权行政姿态下环境管制的对象和行为规制的受体，还是通过"竞争与合作"参与环境管制的协力主体；而管制机关也走向"领航导向"，不再坚持事必躬亲，开始重视并善用私部门的特性而与之合作。换言之，"公私协力"主要是随着社会进步与国家职能在治理上的演化，国家已无法负荷管制众多专业又复杂的领域，单凭政府力量已无法确保提供给公众完善的公共物品，进而拟定合适的管制政策，转而将任务分派于私部门，由私部门分担其责任。对私部门而言，希望政府能采取弹性管制，通过沟通协调取得双方均能接受的标准，或通过私部门自我约束（管制）的方式代替政府管制。

其四，民众参与环境风险管制的制度型态重置，主要体现在管制决策的形成、环境管制任务的履行和环境管制效果的实现三个方面。首先，民众参与环境风险管制决策的形成，意味着国家在环境管制决策过程中开始纳入私部门的意见。为实现民主与管制的有效互动，保障民众直接参与环境决策的形成，民众参与环境决策的制度构建主要包括健全环境信息公开制度、建立环境民众代表人制度、完善民众参与司法救济制度及构建协商民主机制。其次，民众参与环境风险管制任务的履行，实务上常见的有公权力委托、行政助手及专家参与等执行模式，制度构建主要包括自愿环境协议制度、自主风险管理制度等自主管制制度。最后，从环境管制效果的实现来看，应推行空间管制策略，构建国土空间规划制度、建立生态空间长效保护和投入机制等。

诚然，面对复杂的科技争议所引发的社会冲突和对立，环境风险管制背后其实夹带了各种科技社会和民主参与的复杂议题。民众参与环境风险管制实有必要检讨风险结构困境、风险的社会建构以及管制政策制定过程的动态性。民众参与环境风险管制，以服务、参与、合作、协调及沟通作为环境协力共治的核心架构，意味着国家管制角色的转变（包括决策主体的转变、履行主体的转变以及管制身份的转变），也意味着环境法学理论应对环境管制思维范式的转变，对民众参与环境风险管制的法治进路及制度设计等问题展开深入研究。从某种意义上讲，民众参与环境风险管制是国家治理逻辑演变下中国环境管制由"控制"走向"激励"、从权威管制型模式走向协同管制型模式的内生取向，同时也提出了"民众参与环境风险管制的法治化"这一制度难题。由此，作为社会管制标本的环境管制，带来了我国环境保护法律观念变革、合作管制中国家与社会之间进行"权力－权利"续造及重新配置等一系列问题。希望本书的出版，能为关心环境治理议题的人提供一个可能广泛思考的角度和空间。当然，环境法的研究中存在高度动态发展的背景因素，也囿于个人能力局限，较为微观的细步研究，如环境社会自主管制制度等方面还需要持续推进。

本书能最终顺利出版，离不开各位师长前辈及同门师友的悉心指导、关怀与鼓励，离不开西南大学博士启动基金项目（项目号：2019BSFX008）的支持，离不开自己"心之所向，素履以往"的勇气和坚持，也离不开重庆大学出版社的大力支持，在此一并感念！

行文至此，恰如自己微笑着与一个温暖的背影道别。转过身，纵使不舍，也不慌张，因为前行仍可期盼，并且，与初心为伴！

周海华

2022 年 11 月 2 日

目　录

第六章　我国民众参与环境风险管制之法律制度建构与完善

主要参考文献

第一章 导 论

第一节 研究的背景和动因

中共中央、国务院于 2018 年 6 月 24 日，正式公布《中共中央 国务院关于全面加强生态环境保护 坚决打好污染防治攻坚战的意见》（以下简称《意见》），该《意见》对当前我国的环境形势进行了客观总结，并提到我国目前"区域性、布局性、结构性环境风险凸显"以及"有效管控环境风险"等关键词汇。环境风险作为牵涉民生、防控难度较高的一个领域，近年来备受关注。环境风险复杂性与不确定性的本质，使得环境管制往往需要在风险未知的情况下作出相应的环境管制措施，但国家本身囿于科层制行政机关人手或设备的不足而经常无法迅速、弹性、有效率地应对来自管制对象的瞬息万变。环境行政活动的场域，不再局限于原本的国家管控事务，而逐渐拓展到国家与社会两级间新类型的活动场域。环境风险的防范和治理不再只诉诸传统的"命令－控制"的环境管制模式来实现行政目的，而是更倾向于寻求国家与民众（私主体）之间的协同合作来实现公共利益。

随着党的十八大提出"建设美丽中国"的目标，环境"多元"或"多中心"共治成为出现频次很高的词汇。党的二十大报告也指出，必须牢固树立和践行"绿水青山就是金山银山"的理念，坚持山水林田湖草沙一体化保护和系统治理，建设人与自然和谐共生的现代化，协同推进美丽中国建设。由此，引发了关于环境治理体系现代化更加全面的思考和研究。从"管理"到"治理"，虽仅一字之差，但却反映了不同的环境保护的理念。在早期的环境管理中，强调政府是主要的甚至唯一的环境管理者；而环境治理强调政府和各种社会力量的多元共治。从环境管理到环境治理的发展是一个渐进的过程，"多中心治理"突破了传统政府"一元"治理的限制，主张形成"多元"主体共同参与下的互联、互补、互动的社会治理网络。"多元"或"多中心"共治是对环境管理的创新性继承和发展。环境管理、环境治理[1]与环境管制是既有区别又相互联系的概念集群。在环境法视野下，环境管理、环境治理与环境管制的英文表述分别为 environmental management、environmental governance、environmental regulation，通过分析相关文献，我们发现环境管制是社会管制的一项重要内容，目的在于通过管制与民主的互制与互动达到保持环境和经济发展的相互协调。从 20 世纪 90 年代开始，环境管制进入第三代[2]，即倡导广泛参与、共同合作和手段多元化以应对政府传统管制手段的局限性，探索建立自愿和多元合作的环保措施、鼓励民众参与并发挥社会支撑和制衡作用的环境管理的时代。在这一时期，欧盟委员会于 2002 年 5 月通过了《简化和改善环境管制行动计划》，鼓励在欧盟层面及各成员国采用协同管制、自我管制、自愿协议、公开协调、财政干预和信息运动等方法达成环境目标。另外，一些国家在立法中也强化了民众参与环境风险管制的制度内容。例如，2000 年法国颁布的《环境法典》和 1999 年加拿大

1　一般而言，"环境治理"有两个概念：一是指 20 世纪 90 年代兴起的"治理"范式，核心在于以多主体、多中心、网络化等方式应对解决环境问题；二是指一般意义上的"环境整治"，意思是对环境污染和生态破坏加以整治。参见：臧晓霞，吕建华.国家治理逻辑演变下中国环境管制取向：由"控制"走向"激励"[J].公共行政评论，2017，10（5）：105-128.（本书探讨的"环境治理"，主要基于"治理"范式的内涵取向。）

2　"第三代环境管制"是相对于"政府全面介入、强制性手段绝对主导"的第一代环境管制和"引入市场机制、注重管制成本与效率"的第二代环境管制而言的。"第三代环境管制"更强调在承认环境问题社会性、复杂性及风险不确定性等特质的基础上的多元参与、多手段并用的管制。换言之，这一管制的核心变革在于环境保护政策的重点开始向着确定公民的环境权益，鼓励广泛的民众参与环境保护和社会合作的方向转变。参见：李挚萍.环境法的新发展：管制与民主之互动[M].北京：人民法院出版社，2006：14-17.

颁布的《环境保护法》，均设有专章具体表述民众参与的内容。由此，民众参与环境风险管制，可以被看成在以合法性和有效性演变为核心的国家治理逻辑下，其环境管制模式"内部取向"存在一条从"控制"走向"激励"的自我发展的轨迹。因此，如何激发民众参与环境风险管制，实现有效的环境管制成为一个重要的议题。

通过分析现有的从法学角度研究环境管制和民众参与的文献资料发现，大多数针对环境管制的法学论著专注于从宏观层面抽象厘定环境管制革新、环境管制型态、环境管制政策的发展趋势，以及从管制与民主互动的角度讨论公众参与机制的完善。而为数不多的从微观制度层面研究民众参与环境风险管制的论著，要么将民众参与作为推进环境要素用途管制的一环，要么仅停留在自主环境管制制度探讨，总体上欠缺对民众参与环境风险管制的法治进路和制度因应的整体回应。民众参与环境风险管制不仅仅在于限制权力，还在于使环境风险管制决策的形成更具有理性和民主正当性。民众参与环境风险管制更具有多元竞争与合作下实现环境协力共治的内涵指向。因此，本书将从民众参与机制完善和公私协力管制制度型态构建这两个基点上研究民众参与环境风险管制法治化的问题。

当然，理论的设计还是为了回应社会现实所需。2015年党中央、国务院印发《生态文明体制改革总体方案》，明确要将用途管制扩大到所有自然生态空间；2017年原国土资源部等9个部门研究制定了《自然生态空间用途管制办法（试行）》，部署在福建、江西、河南、海南、贵州、青海等6省先行开展试点。这些文件的发布和施行意味着我国环境管制从土地用途管制这一单一环境要素的管制上升到覆盖全部国土空间的管制。在这一背景下，如何选择恰当的管制策略以更好地实现管制实效，以及建立、健全哪些公私协力合作的管制制度以鼓励、支持、激励和规范社会力量协力自然生态空间管制也成为本书关注的重点议题。

基于以上议题的展开，本书的学术意义主要包括以下方面：其一，通过讨论民众参与环境风险管制在实然法上的类型、功效和适用性，以及民众参与环境风险管制在宪法上的定位及被允许的程度，夯实民众参与环境风险管制的正当性基础。其二，通过研究不同的环境管制行为应通过何种法律原理、原则的指导来选择适当的民众参与方式等，不仅可以丰富该领域的文献，而且能为开展民众参与环境风险管制的型态和适用性的研究提供思路和方法借鉴。其三，基于环境法公私协同治理的理念，探究在法治层面上有无可能发展多元类型的民众参与模式，例如环境风险民众自主管制制度等，从而为处理环境风险事务注入新的管理思维范式。

"徒法不足以自行"，本书也应当契合实践中的制度供给需求，其实践意义主要有以下方面：其一，通过梳理各国民众参与理论及其在我国的发展，归纳现行法治或实务上已被采纳的民众参与行政决策类型（包括咨询取得、陈述意见、听证、其他中间类型甚至直接参与决策等）法律制度设计，为探索建立民众参与重大利益调整论证咨询机制提供了蓝本。其二，以现行环境生态敏感区划设的环境风险管制模式及其实践实效作为评判对象，探讨在环境风险管制方法或是民众参与机制上有无精进的空间，为中央所提倡的社会主义协商民主建设提供思维路径。其三，通过对各国司法实务中针对民众参与方式的选择基准和救济机制的研读，逐渐筛选出可供操作的具体公式，以期对个案研判和法规修订提供参考，从而促进地方环境治理中民众与政府的良性互动以及自然生态空间用途管制的法治化。

第二节　研究现状

目前，关于民众参与环境风险管制相关法律问题深入的专门研究并不多见。民众参与环境风险管制这一命题本身包含参与主体和参与行为。换言之，本书关涉环境管制参与主体的确立，也涉及参与主体参与环境管制行为方式及制度型态的梳理。鉴于此，文献综述与述评总体上包括环境管制的理论变迁、民众参与环境风险管制的根据及法治进路这几大板块。环境管制的研究成果涉及经济学、社会学和管理学等多个领域。考察环境管制理论变迁将为民众参与环境风险管制的行为动因提供理论支持。基于此，接下来的文献综述首先针对环境管制的相关研究成果进行梳理、分类和评价。

一、环境管制理论述评

传统上，行政管制工作的实施，多采用"命令－控制"的高权行政管制方式。在这一理念影响下，研究中涉及行政管制法律制度的设计时，主要采用"条件模式"立法，对行政机关的职权行使加以细腻而明确的规范。就此而言，行政管制具有颇强的工具性质，行政机关仅依法行事，并未享有太多的判断余地或裁量空间。20世纪末以来，环境管制研究关注点由经济性管制转变为社会性管制。[1] 因此，伴随着政府公共政策、公共管理社会化及合法化的趋势[2]，各国行政管制手段有了新内容，采取新兴的成本效益分析方法[3]、增加经济诱因措施[4] 和公私协力等手段。据此，鉴于面对日新月异的行政事务所凸显出国家管制能力不足等问题，法律规定有采用"目的模式"立法的

1　参见：田侃，高红贵，欧阳峰.国外关于政府环境管制问题的研究走向［J］.科技进步与对策，2007，24（6）：20-23.
2　公共政策、公共管理社会化及合法化，一方面强调政府职能定位的根本性变革；另一方面强调社会自身的公共管理，即引入民众参与以弥补政府有限理性的缺陷，使得公共政策成为一个社会各利益群体进行博弈最终达成妥协的过程。参见：黄大熹，汪小峰.公共政策合法过程中的公民参与必要性分析［J］.求索，2007（8）：54-56.
3　基于凯斯·R. 孙斯坦（Cass R.Sunstein）的观点，作为一种法律的社会科学研究，法律规制的成本收益分析主要围绕着三个主题展开：其一，厘清社会事实，即现代社会进入风险社会的事实和社会主体有限理性的社会事实；其二，建立哲学基础，即成本收益分析的哲学基础在于以信赖专家为导向的科学主义；其三，提供操作方案，即把成本收益分析运用到风险法律规制的方方面面。参见：张善根.科学主义的风险法律规制：《风险与理性：安全、法律及环境》读后［J］.学习与实践，2008（4）：127-131.
4　行政法应当保护个人，同时应依法为行政机关有效履行职责铺平道路。这一双重任务的实现需要增加经济诱因，促成政府管制的效率。

趋势。

同时，对环境管制政策的研究趋向于一种环境风险管制模式，即通过法律制度的设计，将具有潜在环境风险发生不确定性的环境敏感地带划为特定区域，限制、禁止区域内的开发行为，以此避免诱发灾害。[1]同时，通过多元而新颖的环境管制手段，例如，充分的信息披露，辅以土地征收、补偿、容积移转或税收优惠等，谨慎预防环境风险的发生。环境管理进入风险预防的时代。在这一时期，环境风险管制过程中提出了许多新的概念，例如，1987年美国法学会提出了"环境灾害敏感区"的概念。有关环境风险的管制，往往结合地区生态规划或国土空间布局，将特定区域所具有的功能属性及对周边的影响作用予以细致和因地制宜的划分，从而通过纳入市场诱因等方式引导民众的关注和有效参与。由此，环境风险管制越来越倾向于全过程管控，并在此过程中时刻聚焦环境利用主体行为的规制和引导。

近年来，环境风险复杂性和不确定性增强，使得对其规制的重点不在于追求稳定性的立法，而在于能够"就事论事"的环境行政管理。规制环境风险是环境行政的逻辑起点。[2]环境管制的相关法治措施采用"目的模式"及"预防原则"的趋势更为明显。另外，基于环境风险不确定性的实质，在进行环境风险管制决策时往往需预留政府的治理弹性。因此，风险社会治理中"弹性政府"的概念被广为提倡。弹性政府在组织设置上更具灵活性，在行动中更具自主性并更加注重效率，成为风险社会治理中政府模式的当然选择。[3]环境风险评估与预警为环境风险管制提供科学依据和技术支持，已成为美国、日本、澳大利亚、加拿大及欧洲一些发达国家健康和环境管理必不可少的内容。总而言之，当下的环境风险管制通过更广泛的环境信息公开和决策参与，以期减少环境风险规制的断片化，实现风险预防多元、多环节的

---

1 参见：ROSE-ACKERMAN S. Controlling Environmental Policy: The Limits of Public Law in Germany and the United States [M]. New Haven: Yale Unversity Press, 1995.
2 参见：刘超.环境风险行政规制的断裂与整合 [J].法学评论, 2013, 31（3）：75-82.
3 参见：靳文辉.弹性政府：风险社会治理中的政府模式 [J].中国行政管理, 2012（6）：22-25.

再统合。

综上，环境风险管制不同于传统秩序法上的"危险防御"的管制体系，其要求在可能的损害发生之前，或者在确定损害会发生之前即采取环境管制措施。在进行环境风险的行政管制时，为及时作出适当且有效的决策，国家应设计相关机制，发展具多元领域参与开放性、互动性的风险沟通方式，以了解社会中存在的各种观点和价值。由此，民众参与环境风险管制成为必然趋势。

二、民众参与环境风险管制的理论阐述

基于相关文献对民众参与环境风险管制研究角度的不同，以下将民众参与环境风险管制的文献述评分为民众参与环境风险管制的正当性、民众参与环境风险管制的路径选择及环境风险管制革新下民众参与的制度型态三个层面来展开。

（一）民众参与环境风险管制的正当性

从目前的研究来看，对民众参与环境保护的正当性基本形成共识。例如，当代各国政府的行政机关在作出行政决定，从事行政活动时，均会在法律制度设计上程度不一地赋予民众参与的机会[1]；关于民众参与理论基础和功能，最常见的有"工具性论点""规范性论点"以及"知识性论点"[2]；法律是私人间利益竞争的冲突解决方式，同时也是追求公共利益的行政手段。面对风险社会的多元性及复杂性，行政行为必须具有一定程度的弹性，以民众参与作为强化行政民主正当性的主张，逐渐为人们所提倡。民众在参与环境决策时提倡其程序价值是达成实体决定正确性的重要依归[3]；决策者在制定环境风险管制

---

1 参见：卓光俊．我国环境保护中的公众参与制度研究［D］．重庆：重庆大学，2012.
2 参见：范玫芳．科技、民主与公民身份：安坑灰渣掩埋场设置争议之个案研究［J］．台湾政治学刊，2008，12（1）：185-228.
3 参见：ALEXY R. Basic Rights and Democracy in Jurgen Habermas's Procedural Paradigm of the Law［J］. Ratio Juris, 1994, 7（2）: 227-238.

法令或作出相关行政决定时，有通知、听证甚至包含作出"不偏颇的决定"的义务[1]；为提升国家环境风险管制行为的正当性，通过程序参与的"多元主义防卫机制"用以构建一套保护民众参与决策过程的制度，业已成为各国相关领域研究的一个走向。受"多元主义"的影响，有时制度的程序设计与结构安排比实体的规范更为重要[2]；当代的民主理论强调在作出决定之前，应重视思辨过程和意见的形成，以此为基调，逐渐发展出"审议式民主"的概念[3]。审议式民主包括"参与"和"审议"两大部分。[4] 近年来，随着环境优先理念的提出，民众对环境质量的追求使得经济发展中国家权威与社会多元利益的紧张、冲突关系越发凸显，环境管制决策的达成需要以"参与"为基础的程序合法性来补正决策的理性和正当性。柯坚教授认为破解我国环境管制"不足"和"不力"困局的关键在于强化公众参与、保障公民在环境公共治理中的基本权利，并推动环境管制模式朝着开放性、参与性、协商性、合作性和包容性的社会公共治理模式转型。[5] 综上，结合环境风险管制的特性，必须寻求合理途径，让一个生态文明社会能够求同存异并在分歧中达成共识。因而，民众参与环境风险管制必要且正当。

（二）民众参与环境风险管制的路径选择

如上文所述，民众参与环境保护的正当性已证成，接下来就是民众参与的可行性，即路径选择问题。已有的相关文献主要从"参与式治理""公私协力""合作管制""公众参与环境决策"等方面进行

---

1 参见：REDISH M H，MARSHALL L C. Adjudicatory Independence and the Values of Procedural Due Process [J]. The Yale Law Journal，1986，95（3）：455-505.
2 参见：FALLON R H."The Rule of Law"as a Concept in Constitutional Discourse [J]. Columbia Law Review，1997，97（1）：1-56.
3 参见：詹姆斯·博曼. 公共协商：多元主义、复杂性与民主 [M]. 黄相怀，译. 北京：中央编译出版社，2006：23-24.
4 参见：REHG W，BOHMAN J. Discourse and Democracy：The Formal and Informal Bases of Legitimacy in Habermas'Faktizität und Geltung [J]. Journal of Political Philosophy，1996，4（1）：79-99.
5 参见：柯坚. 环境行政管制困局的立法破解：以新修订的《环境保护法》为中心的解读 [J]. 西南民族大学学报（人文社科版），2015，36（5）：89-95.

了阐述。例如，王锡锌教授认为"参与式治理模式"的有效性取决于以公众"充权"和程序保障为核心的内部机理之完善，以及对政府体制的直接改造和对社会环境的间接改造。[1]王灿发教授认为除了鼓励民众参与外，更企盼通过政府信息公开制度的完善，促进民众通过理性和真诚的参与寻求环境决策共识的达成。[2]叶俊荣教授基于法律规范化要求和现实的考虑，对环境影响评价中的公众参与进行了讨论，认为民众参与并不是所谓的多数决定少数，也不是一味形成由专家主导决策的情形，更不是在环境风险管制上，立法者被科技官僚体系或所谓的专家学者牵引。[3]因此，实践中既要防止行政参与流于形式，又要避免参与结果主导政府决策，从而使民众参与效力居于平衡位置。[4]

随着环境风险管理的推进，学者认为"从管理走向治理，是应对中国转型时期环境高风险的必然选择，也是提升环境综合治理能力，进而推动国家治理能力与治理体系现代化的重要保障"[5]。于此，以中国环境风险治理转型的缘由为研究出发点，重点关注转型背后的动力机制[6]，"官民合作""协力行政"成为了环境治理中的热点词汇。周敏教授认为在治理现代化背景下，要求整合全社会力量解决社会问题，公私协力正是政府为寻求提升社会治理能力，改善治理效果而采取的一项重要改革措施。[7]蔡守秋教授认为无论采用何种公私环境合作方式，公众共用物生产建设和供给的管理，政府都有必要强化民众积极参与。[8]杜辉副教授以环境私主体参与治理为问题导向，提出公

---

1 参见：王锡锌.当代行政的"民主赤字"及其克服[J].法商研究，2009，26（1）：42-52.
2 参见：王灿发，林燕梅.我国政府环境信息公开制度的健全与完善[J].行政管理改革，2014（6）：27-32.
3 参见：叶俊荣.环境政策与法律[M].北京：中国政法大学出版社，2003：186-207.
4 参见：刘福元.公民参与行政决策的平衡性探寻[J].国家检察官学院学报，2014，22（2）：80-93.
5 参见：郑石明，吴桃龙.中国环境风险治理转型：动力机制与推进策略[J].中国地质大学学报（社会科学版），2019，19（1）：11-21.
6 环境风险治理转型的动力机制只有依赖于外部动力与内部动力的有效对接与耦合，才能实现合法性与有效性的统一。其中，外部动力包括环境风险诉求的拉力、国家价值认知变迁的引导力、传统风险管理体制的压力以及风险治理理论的支撑力；内部动力包括利益需求的驱动力、参与激励的推动力与治理能力的保障力。
7 参见：周敏.治理现代化背景下的行政程序变革与走向：以公私协力为视角[J].法律科学（西北政法大学学报），2015，33（6）：103-111.
8 参见：蔡守秋.公众共用物的治理模式[J].现代法学，2017，39（3）：3-11.

私协力是当前环境治理转型的基础和主导范式，面对环境治理转型的实际需要，应当以法律规则与公共政策为中心的形式合法性建构、以问题导向机制为指引的实体制度建构和以程序机制为重点的过程建构为路径，构筑相应的制度体系。[1]

（三）环境风险管制革新下民众参与的制度型态

环境本身是个难以精确掌握的概念，环境问题本身也是个可大可小的乾坤袋，对环境问题复杂性和不确定性的应对，绝非单靠政府一己之力就能达成目标。对环境问题的理性因应，在于掌握环境问题的特质，革新环境管制思维，做最适合的制度设计。在多元因应阶段，环境协同治理范式带来了管制措施上的多样化。以行政管制为主导的环境治理体制存在日益膨胀的内在体制，甚至出现行政管制的疲态。随着实践的推进，建构以"多中心"[2]"互动"[3]"协同"[4]为核心的环境管制模式的观点日渐主导。在这一模式下，为风险管制的有效应对，强调环境权力（权利）在政府、民众之间共享以及"国家－市场－社会"系统的平衡、多种管制手段并用的学者越来越多[5]。不可否认，环境管制的"风险性格"，使得环境决策充满变数，也使得政府在通过一定的理性调控方式来达成管制目的时必须要做利益的权衡选择。为确保管制的理性和正当性，环境管制中必须强化民众参与管制的全过程。据此，国家治理逻辑演变下中国环境管制取向发生了变化，由"控制"走向"激励"[6]。

1　参见：杜辉.论环境私主体治理的法治进路与制度建构［J］.华东政法大学学报，2016，19（2）：119-128.

2　参见：齐晔.中国环境监管体制研究［M］.上海：上海三联书店，2008：178-179.

3　参见：谭九生.从管制走向互动治理：我国生态环境治理模式的反思与重构［J］.湘潭大学学报（哲学社会科学版），2012，36（5）：63-67.

4　参见：严燕，刘祖云.风险社会理论范式下中国"环境冲突"问题及其协同治理［J］.南京师大学报（社会科学版），2014（3）：31-41.

5　参见：黄斌欢，杨浩勃，姚茂华.权力重构、社会生产与生态环境的协同治理［J］.中国人口·资源与环境，2015，25（2）：105-110.

6　参见：臧晓霞，吕建华.国家治理逻辑演变下中国环境管制取向：由"控制"走向"激励"［J］.公共行政评论，2017，10（5）：105-128.

在此基础之上，环境法的新发展应进一步强调管制和民主的互动，中国环境管理制度正走向从部门管理到公共管理转变的变革之道[1]。基于管制思维的革新，民众参与环境风险管制成了管制内生性变革的驱动力，管制模式也定格在"协同管制"[2]的制度探寻上。李挚萍教授在其《环境法的新发展——管制与民主之互动》一书中，提出构建以强制许可为基础的管制、以经济刺激为基础的管制和以自愿合同为基础的管制制度型态；王克稳教授以管制革新[3]为导向进一步确认了这些制度型态。在协同管制制度型态细化的基础上，构建环境社会自主管制[4]法律制度成为主要议题，包括诱导型的自主管制制度[5]和以自愿环境协议[6]为基础的协同管制制度等。因此，公民参与环境风险管制已经从制度设计走向过程管理，进而更需从实践困境的破解回归民众有效参与的法治进程。

三、对现有研究成果的总体述评

总体而言，对民众参与环境风险管制的研究主要从两方面予以展开：一是分解成环境管制理论变革和民众参与管制决策机制优化两个板块展开研究；二是在社会治理模式转型下探讨民众协力管制的内生路径和制度型态。在第一种研究路径下，强调了民主与管制之间的互

1　参见：张世秋.中国环境管理制度变革之道：从部门管理向公共管理转变［J］.中国人口·资源与环境，2005（4）：90-94.
2　在风险社会背景下，我国目前社会公共安全管理需要从公共安全供给的视角出发，由"单中心"的政府管制型向多中心协同供给模式转变。参见：钱洁.我国社会公共安全协同供给：基于协同学的一种框架分析［J］.湖北社会科学，2012（9）：16-19.
3　在市场条件下，环境管制是政府管制的重要方面。但我国目前对环境的管制仍然沿袭着传统的以公权力为主要手段的管制模式，为提高环境管制的效率，保障环境质量，可以通过吸纳市场诱因和多元主体参与对环境管制予以革新。参见：王克稳.论我国环境管制制度的革新［J］.政治与法律，2006（6）：15-21.
4　西方国家将自主管制也称之为"自我政策"或"自我实施"，包括自我监测、自我审计、系统的内部环境管理等。参见：RECHTSCHAFFEN C，GAUNA E P，O'NEILL C A. Environmental Justice：Law，Policy & Regulation［M］.2nd ed. Durham，North Carolina：Carolina Academic Press，2009：193-194.
5　参见：陈军志.公私协力法制下之社会自主管制［D］.台北：台湾政治大学法律研究所，2011：35-41.
6　参见：DIAMANTOUDI E，SARTZETAKIS E S. International Environmental Agreements—The Role of Foresight［J］. Environmental and Resource Economics，2018，71（1）：241-257.

制；在第二种研究路径下，则着重民主与管制的互动。这些丰富的理论成果，为本研究提供了理论借鉴和逻辑起点。但是，当前的文献在探讨民众参与环境风险管制决策的形成过程时，重点突出了民众参与可以强化其自身环境意识，并可适度限制国家权力的工具性价值，而就法律能否作出充分的规范而发挥民众参与的功能价值却在研究表述时相对模糊。过广而无意义的参与或过窄而设有诸多限制的参与，都不是有效参与方式。

另外，国家治理逻辑演变下中国环境管制取向由"控制"走向"激励"，民众参与环境风险管制合作的制度型态也应予以回应。然而，现有的民众参与环境风险管制的研究要么集中在环境保护公众参与原则的法律适用，要么集中在"多中心"治理模式中民众参与共治的治理模式，要么集中在管制革新下管制制度的探讨，却鲜有文献探讨它们之间存在内生逻辑关系及民众与管制机关合作的制度型态。因此，环境风险管制及民众参与相应法律制度的设计理念及具体内涵应如何表述，实有分量的讨论还需推进。

第三节　研究思路与研究方法

一、研究思路

本研究以构筑环境风险管制下民众参与的模式建构与制度保障为目标，沿着"背景分析—问题提出—理论探索—实证研究—政策研究"的总体思路进行。具体的研究思路如图 1.1 所示。

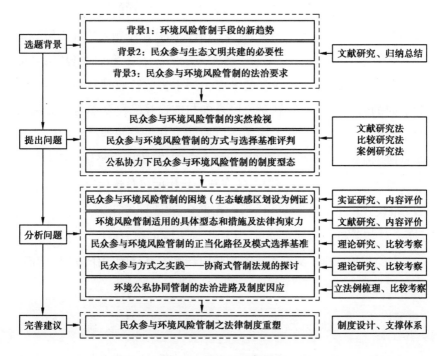

图 1.1 具体的研究思路

二、研究方法

民众参与环境风险管制这一论题的展开涉及社会学、公共行政学、管理学、法学等多学科领域。本书以各学科在该问题上的研究为基础，全面分析民众参与环境风险管制的场域、民众参与环境风险管制的方式及选择基准以及环境协力管制制度型态等一系列问题，从而对民众参与环境风险管制的法治进路和制度完善提出建议。具体而言，本书采用的研究方法主要有：

（一）归纳、演绎方法

归纳与演绎是写作过程中逻辑思维的两种方式。归纳是从个别到一般，演绎则是从一般到个别。针对现行环境管制作为（环境行政许可或环境影响评价过程中的公众参与），除实然面的探讨外，对于严谨的法学研究来说，一个相当重要的前提问题便是相关法理依据的研究和梳理，毕竟"实然"绝对不等于"应然"。首先，应将环境风险管制所来为何、环境风险管制采取不同于传统行政管制的依据、针对不同的管制事务及管制对象民众参与的途径、民众参与环境决策的正当性及适用性等基本问题予以厘清。其次，归纳整理相应的法律原理、原则，将法学领域以外的概念和理论，例如，经济学中的"成本效益评估方法"、社会学中的"社会建构的风险评估"、政治学中的"审议式民主概念"等予以引入和推介，以期收到相辅相成的效果。最后，就相关概念做比对分析，从而推导出既可作为检讨现行制度（实然面）的指导原则，又可作为建构政府新型态环境管制作为（应然面）的论据。

（二）比较研究方法

"他山之石，可以攻玉"，比较是法律移植和借鉴的前提。在环境法律全球趋同化的前提下，无论公众参与还是公私协力环境管制制度，其他国家和地区的相关立法实践和政策措施对于我国相关法律完善都具有比较研究的可能和必要。首先，通过整理国内外法学文献、司法判决和相关学者见解，对德、美、日这三国政府在进行行政决定时，有关获得环境信息、陈述意见、听证或其他中间类型（例如说明会、公听会）的民众参与法律制度设计进行研究，探讨其发展沿革与具体规范，并就制度本身及其背后不同的理论预设加以分析，继而研究相关制度运作上的优缺点。其次，日本、美国及部分欧洲国家为应对环境风险不确定性所采取的公私协力管制模式，以及这一法律制度的设计理念及规范内容，也具有参考价值。最后，欧美一些国家以国际公约或宣言应对环境风险管制，尤其是通过预留民众参与机会及要求政府应予以"有效响应"等方面所作出的努力，也将予以评析。

（三）实证调研方法

民众参与环境风险管制的研究不能停留在抽象的理论表面。运用实证分析法，主要是在价值中立的条件下，以期通过民众参与环境风险管制的经验事实观察，来建立和检验民众参与方式的优化及参与方式选择基准等知识性命题，并为概括和总结民众参与环境风险管制程序功能面向的法治化提供制度供给。另外，通过对协力管制中具体制度型态适用的绩效分析，来判定和选择民众参与环境风险管制的协作样态。具体来说，本书采用广泛的实证调研方法，以"生态敏感区"划设为例，收集民众参与环境风险管制的大量数据和案例，考察相关法律制度的实施绩效、制度安排失衡的表象及其制度根源，为分析论证民众参与环境风险管制法治进路及制度因应奠定基础。

（四）价值分析方法

价值分析具有先验性，本书从民众参与环境风险管制的价值评判入手，通过对参与环境管制的根据，尤其是对民众参与的相关法律表述进行分析、评价，从而追问和探究民众参与环境风险管制法治化应当是怎样的。民众参与环境风险管制具有效率、秩序、民主等方面的价值及冲突。例如，基于环境管制的效率考虑，可能会对民众参与环境风险管制决策予以弱化甚至取消。因此，对民众参与环境风险管制有哪些价值、如何平衡不同价值之间的冲突等问题的思考，本质上更有利明晰民众参与环境法治化的问题梳理和解决。民众参与环境风险管制应当具有双重价值，一是在管制与民主的互动与互制基础之上实现公民环境参与权，培养环境公民；二是在民众参与合作上提升管制的效率和效能，从而更好地实现环境共治。因此，民众参与环境风险管制更应从参与过程来评价参与的价值，并在此基础上优化公众参与机制和完善环境协力管制法律制度。

第二章　环境风险管制及其理论变迁

我们所生活的环境存在着许多风险，其发生多少会造成人们的困扰。通过控制或监管开发利用环境的行为，避免风险发生所致民众生命财产损失，减少对公共利益的侵害，是国家进行相关环境风险管制的目的所在。然而，环境风险发生的概率有高有低，就像全球气候变迁或极端气候（暴雨、热浪或酷寒）等环境风险的发生概率及损害规模程度具有相当的不确定性，依目前的科学技术水平，并不一定能精确预测或提出谨慎预警与有效治理的措施。近几十年来，环境风险治理不断推陈出新，而环境风险难以捉摸的特性对传统行政治理体系造成了相当程度的冲击。有鉴于此，环境风险行政管制手段如何作出回应？其变迁趋势又如何？确有讨论的必要。

第一节　管制的概念及发展

一、传统定义下的管制

传统定义下的管制，往往呈现出国家与社会相对立的局面，主要体现为国家为实现特定公益属性任务，而采取命令等管控措施限制民众的自由和权利。这里要管制的，通常损害发生的因果关系是相当明确的，我们可以清楚得知损害发生的原因以及应负责任之人，并依此可采取一定的措施来防止危险的进一步扩大。就传统观点来说，行政管制系指行政机关采取的危险预防行动。危险防御历来是行政法的主要讨论领域，即通过事实及状态的经验法则诊断危险，并进而防范危险的发生，其目的在于确保人民的生命、身体健康及财产安全。

近代国家的基本功能之一，便是保护人民的生命财产安全，亦即国家具有排除妨害安全秩序危险之危险防御义务。具体而言，国家有义务为了保障人民的安全，立法排除会造成不安全的因素。这种立法管制模式是建立在日常经验法则下，通过国家预先判断并为了防止危险发生而采取的一定管制行为。在这一管制模式中，政府主要扮演监督者的角色，在法律规范及授权下采取命令式的工具，例如以要求、禁止或揭示等方法对私人追求其利益加以限制。因此，典型的管制行政又被称为干预行政。依据不同时期适度干预的边界不同，行政管制包括完全禁止、特许、许可、事前预防、事后治理和完全自由等类型。由于完全禁止和完全自由相对来说较为少见，一般行政管制可大体分为"事前管制"与"事后管制"两大类。

事前管制，指行为人必须于事前经行政机关审查通过后才可以从事一定的活动，又可分为特许和许可。特许，指某一行为本身对国家的政治、经济、社会、文化等层面将产生严重不利影响，法律原则上自始禁止该项行为，除非在某些具体个案中，经通盘考虑该行为的各种影响后，认为对国家确实能够带来相当的正面价值和利益，而其负面冲击或不利影响又得以通过附带要求的方式来加以控制或弥补。通常，针对环境敏感区内的重大开发案件即采取特许方式加以管制，例如，2017 年修订完成的《中华人民共和国自然保护区条例》就规定了环境开发利用行为的事前管制条款[1]。

事后管制是针对营运中的行为加以监督，故又称为营运管制，是

---

[1] 参见我国《中华人民共和国自然保护区条例》第十八条、第二十七条规定。其中提到，自然保护区可以分为核心区、缓冲区和实验区，核心区内禁止任何单位和个人进入。因科学研究的需要，必须进入核心区从事科学研究观测、调查活动的，应当事先向自然保护区管理机构提交申请和活动计划，并经自然保护区管理机构批准。

针对营运或实施中的行为，通过检查的方式确认其是否符合法定相关要件的管制过程。接受事后管制的行为可分为两类：一是须经事前许可；二是不须经事前许可，但其行为对环境仍会有一定影响，而有必要接受监督。如经发现不符法定要件者，则以限期治理、停工（勒令歇业）或处罚等手段予以制裁与矫正。

一般而言，环境管制领域传统做法多采用"命令－控制"式的管制手段。例如，对于可能影响环境的开发案件，事前多以核发许可证照的方式予以管制，事后则以检查或监测、检验等方式予以管控。如有未经许可即行开发或未依许可内容（包括违反法定环境标准）实施等情形，则通过限期改善、勒令停工或裁处罚款（如按日计罚）等手段以达成吓阻及矫正违法行为的效果。在这样的理念下，有关法律的设计主要是通过法律保留、明确性原则等，清楚而细腻地规范行政机关的职权，主要采取"若……则……"的条件模式[1]进行立法表述。就此而言，传统行政管制具有浓厚的"工具性格"，主要是在执行立法者的要求。认定事实及适用法律的工作相对单纯，行政机关并未享有太多的判断余地或裁量空间。

综上所述，在过去国家与社会相互对立下所呈现出来的管制内涵，显示出国家为实现特定公益属性任务，而采取"高权"手段限制人民自由及权利。在此种思维脉络下的管制，主要具有下列特点：一是国家单方履行公益性任务。二是位居公权力主体地位的国家，其手段具有高权性质。三是国家管制之手段类型为"命令－控制"型，其内涵包括功能标准与规格标准，如有违反则施以民事、行政及刑事制裁。四是侵害私法主体之自由及权利。故传统管制模式之特色即政府以公

---

1 所谓条件模式，即是法律规定一定的构成要件与效果，一旦构成要件被成就，便会发生一定的法律效果。行政决定之作成取决于形式化的标准，该标准是对过去已发生事实的综合整理与抽象化，这也代表着作出行政决定时应考虑的因素已被立法者特定，其标准明确而清晰，行政决定的达成者只需留意社会事实有无符合法律构成要件；而事实的成因以及决定（法律效果）对于当事人或利害关系人的影响则均不在决定者考虑之列。正由于判断标准明确，行政决定是可以被事后检验的。参见：张桐锐．合作国家［M］∥翁岳生教授祝寿论文编辑委员会．当代公法新论：中．台北：元照出版有限公司，2002：570.

权力作为后盾进行管制，而私法主体必须依赖政府事事具体指定而为之。因此，伴随着政府公共政策、公共管理社会化及合法化的趋势[1]，为解决政府能力和资源的有限性，传统管制手段在逐步积累经济手段和市场机制经验的基础上悄然开始了变革。

二、管制内涵的新发展

行政法律规范作为行政机关行为的架构与指引，若其内容无法与时俱进，将会使法律适用发生困难，甚至造成民众难以接受的后果。另外，设计不当的行政管制手段，对当事人也难以起到规制或引导的效果。如前所述，传统行政法管制体系发展较早，主要偏重于干预行政。随着时代演进与社会发展，若干领域及事务不断推陈出新，也对行政管制体系与管制手段产生巨大的冲击。一方面，专业分工及科层官僚现象，使得国家与民众之间越来越不容易沟通及对话；另一方面，信息的快速流通让民众得以跨越地域和时间了解相关信息，进而关注各种议题。民间社会握有较以往更为充分的信息，也更具有批判能力并期待政府迅速响应。此外，社会解构[2]之后现代思潮盛行，人们对于权威、群体、效率、科学万能等传统观点不再深信不疑；人性观点、弱势关怀、保障多元及民众有效参与政府决策的呼声层出不穷。尽管传统行政法管制体系对于变迁中的社会已设计有相应的调适机制，但整体来说，面对行政任务日益多样化与复杂化，强调权利保护与司法审查的传统行政法体系，对于各种生活领域或社会事实的迅速变化已无法妥为因应。因此，为了从根本上提高市场条件下政府管制的效率，

1　公共政策、公共管理社会化及合法化，一方面强调政府职能定位的根本性变革；另一方面强调社会自身的公共管理，即引入民众参与以弥补政府有限性的缺陷，使得公共政策成为一个社会各利益群体进行博弈最终达成妥协的过程。参见：黄大熹，汪小峰. 公共政策合法化过程中的公民参与必要性分析[J]. 求索，2007（8）：54-56.

2　"解构"概念源于海德格尔《存在与时间》中的"deconstruction"一词，原意为分解、消解、拆除、揭示等，德里达在这个基础上补充了"消除""反积淀""问题化"等意思。"解构主义"是对现代主义正统原则和标准批判地加以继承，运用现代主义的语汇，却颠倒、重构各种既有语汇之间的关系，从逻辑上否定传统的基本设计原则，由此产生新的意义。参见：马丁·海德格尔. 存在与时间[M]. 陈嘉映，王庆节，译. 2版. 北京：商务印书馆，2018：201-203.

传统行政管制正在经历以下几方面的变革：

（一）行政裁量与不确定法律概念

　　鉴于传统的管制手段已不再绝对有效，自 20 世纪 60 年代开始，德国行政法理论与实务逐渐热衷于探讨法律如何既能维持对行政的规范拘束，又能够对行政做适度松绑。对于"裁量""不确定法律概念""判断余地"等概念的细腻讨论，便是致力寻求行政拘束性与自主性平衡的范例。在环境管制领域，为了从根本上改善我国的环境质量，提高环境资源的使用效率，我国的环境管制制度进行变革已成必然。例如，在自然保护区的划设管制中，基于"保持"和"保育"的理念会对在特定管制区域范围内的民众行为予以一定的限制。换言之，这种管制限制是按国家制定法律与法规命令的方式要求民众担负一定的环境保护义务，民众环境义务的履行几乎没有例外地会直接或间接限制，甚至剥夺民众的自由权利。此类具有干预性质的作为或不作为要求的行政管制，当然应当适用法律保留原则及"重要性理论"[1]，也应由立法者在一定程度上予以规范作为裁量的依据。

　　然而，环境事务具有极高的科技专业性及迅速变化的特殊性，立法者往往无法预先在法律中详尽规范。因此，在环境法规中设计有许多不确定法律概念与裁量规定，在法律所容许的框架范围内，赋予行政机关较为宽广而弹性的决定空间。环境法律中存在广泛的不确定法律概念，原因之一固然是基于环境问题的科学技术本质使然，但也有可能是为了政治妥协预留后路。德国联邦宪法法院在卡尔卡核电厂的判决[2]中即指出，鉴于科技发展迅速，为使公民的基本权利获得有效

1　这个学说源自德国联邦宪法法院，为德国行政法的核心，也影响到德国宪法。一般来说，所谓的重要性事务，意指社会大众关心的事务，个人不可以让渡的基本权利，以及对人民自由权利有拘束性及干涉性的规范。但是如何决定哪些算是重要性事务，在学者间仍有争议，目前的做法，一般是交由立法机构与法院决定。

2　参见：Kalkar 判决，BVeffGE 49, 89。在这一判决中确立了德国行政法院只能对行政活动进行有限的审查，即审查行政机关是否存在调查上的恣意，以及行政机关在此方式下确定的放射线暴露值，在不确定性下是否属于足够谨慎的评估。参见：伏创宇. 行政判断余地的构造及其变革——基于核能规制司法审查的考察 [J]. 华东政法大学学报，2014（5）：100-111.

保障，立法者在环境保护领域可使用不确定法律概念，赋予行政机关视个别具体情况作出不同决定的空间；只是基于法律稳定性的考虑，当若干事务逐渐发展成具有类型化的特征时，立法者即应在法律中做更明确的规范。此外，国家任务的转变，使得行政必须顾及专业及效率的需求，故而对于行政裁量的承认，亦属必然。换言之，对行政判断余地的综合衡量，是构建基本权利保障的对话模式。

（二）多元管制手段的出现

21世纪以来，随着环境污染的复杂性和破坏性的不断升级，单纯依靠传统政府垄断性环境管制已不能有效应对和解决越来越复杂的环境治理问题。为克服生态环境保护领域存在的"市场失灵"和"政府失灵"等问题，各国均在环境管制措施上寻求创新和突破。部分德国学者更进一步提出所谓"革新路线"，认为对行政法所建构的管制体系有必要做一定程度的调整，采纳新颖的手段或制定前瞻性的规范，以此来应对管制能力日渐下降的困境。采取革新路线的学者认为，法律是用来规制社会事实的，不是为了自身而存在，因此，法律规范的设置必须考虑所受规制的事实条件并预先评估其实效。据此，行政法应被视为一种行为调控的科学，发挥引导政府与民众的功能，而不仅是一种诠释学取向的规范科学。行政法对于未来而言应与时俱进，无论是行为法或组织法上的实验性制度，都应该被尝试接纳。

以环境管制领域为例，传统法律体系所采用的命令及控制式的高权行政管制手段，在处理急迫危险性的事务时当然有其作用；然而，囿于环境事务的风险的不确定性和复杂性，其对于预防性任务的功效却相当有限。此外，因牵涉多元利益主体的利益衡平，采取此类手段往往会无法留意到如何有效提高受管制者的守法意愿，以致管制的实效性受到质疑，甚至致使环境开发行为所造成的社会成本无人负担，使得环境资源无节制地被滥用。鉴于传统行政管制手段在环境问题上所面临的困境，20世纪70年代末以来，各国环境管制的新趋势即是在传统高权行政管制手段之外，采取新兴而多元的方法，例如环境税、总量控制下的排污交易等间接性环境管制措施。

（三）管制"多中心"合作的兴起

针对传统管制过度依赖政府所造成的管制被动局面，人们开始在"多中心治理"理论的影响下探索政府管制的多中心合作模式。自主规制为核心，多元主体以合作竞争代替命令控制，是多中心治理的本质内涵。政府环境管制的多中心合作模式，旨在从政府、民众等主体的平等环境责任出发，强调政府与民众间的互动，并通过环境信息公开，以争取民众的同意及理解。环境管制的多中心合作参与有助于激发多元环境利益相关者主动与政府寻求合作的环保自觉性，有助于实现环境社会利益的最大化和多样化。同时，政府与民众应相互合作以促进环境决策的正当性和有效性，一方面强化社会大众的环境意识，另一方面可以适度降低利益冲突的困境。例如，政府与民众（民间）制定环保行政契约、协定，或者在民众参与的前提下制定相关环境保护技术规范或是在达成影响环境的利用许可时，给予利害关系人参与行政处分决策的程序保障。环境管制官民合作在欧洲已获得相当成果。例如，德国的旧电池处理、荷兰的金属工业、比利时水泥工厂的污染控制等；2000年欧盟更与欧洲汽车制造商达成协议，减少新生产车辆的二氧化碳排放量，以利空气质量改善。

（四）法律规定采用重在事前预防的目的立法模式

目的模式是指法律并未规定明确的构成要件，仅规范所欲达成之目的，至于达成目的的手段则需通过个案始能决定。换言之，行政决定不再着重于过去事实的调查，而是预测行政决定之未来效果。就此而言，决定者享有广泛的空间，可以适切回应个案需求，并对问题保持相当的弹性。在目的模式的立法框架之下，赋予政府与民间合作更大弹性与空间，此时管制与执行不再是单方高权决定的结果，而是同意与理解交织的过程。管制的基础则是基于政府与民间的互动，即受法律管制者、相关人士或专家的参与以及环境信息的充分揭露与分享的影响。甚至进一步解除环境管制，将环境保护事务直接交由私人自我监督，并将私人纳入决策过程等。发源自美国并广为世界各国实行的环境影响评价制度，即属典型的目的模式立法。以我国《中华人民共和国环境影响评价法》（以下简称《环境影响评价法》）为例，要求一定规模以上的开发利用环境的行为，必须通过环境影响评价才能取得开发许可的资格。综观该法及相关子法规，均未规范明确的开发许可条件，而是要求开发单位针对未来开发行为可能造成的环境影响加以调查、分析及预测，并提出相应的环境保护对策或"替代方案"，以开发者自行提出计划的方式（环境影响说明书或环境影响评估报告书）来说服由主管机关组成、具多元参与特性的评价委员会（成员包括机关代表、学者专家、团体及当地居民）同意其开发。而开发行为应实施的环境保护事项，也并未在相应法规中予以明确阐述，而主要依据个别开发行为所提出的、经过各方不断讨论修正的、最后审查通过的计划内容或评价委员会提出的相应审查结论予以实施。

（五）"给付行政"影响下管制内涵的公益取向

16—18 世纪警察国家着重排除社会危害，增进公共利益，并拘束民众自由；面对干预行政概念的彰显，传统行政法学针对国家与民众地位不平等的情况，为避免国家过度介入或干涉民众，且为保障其权利及自由，进而发展出"防御权"之概念。在此概念下许多原则，诸如"法律保留原则"及"民事不介入原则"，均广为应用，以保障民众自由及权利。随着工业革命的兴起，工业化及资本化的负面苦果将国家治理原则推向法治福利国家，民众逐渐要求国家积极介入民众生活并提供完善的生存照顾，以追求社会与经济的实质正义。在法治福利国家的核心主旨"生存照顾"概念的影响下，国家最主要的任务已由"干预"变为提供"给付"[1]。换言之，国家为积极照顾民众生活必须提供各种给付及设备，国家以金钱或服务提供公民生存照顾之必需，又可称为给付行政。给付行政的出现代表国家任务的扩大，因社会各领域皆有其专业性与复杂性，单纯对国家"高权"行政或"命令－控制"式的强制控管手段已无法实现其任务。国家在手段类型上为达特定目的或履行特定任务，也可采取其他间接给付的手段。

在给付行政概念的影响下，传统管制的特色也增加了一些色彩。国家不一定总以过去高权主体之地位履行任务，也有可能以私经济主体的地位履行之。国家行政手段类型也逐渐多元化，并非仅限于"命令－控制"式的类型，也开始导入经济诱因等柔性手段。在给付行政的发展下，国家的行政行为并非只是限制或"侵害"，也有可能有利于民众。

换言之，管制概念在给付行政的影响发展下逐渐扩充，并形成以下特色：

一是任务履行主体多元化。国家不再是唯一的任务履行主体，也得将部分任务交由私法主体完成，或与私法主体相互合作共同完成。理论上除核心任务以外的任务均可移转由私人履行，但需考虑任务移转时其移转之界线；再者，需考虑任务移转的民主正当性；最后，核心任务及任务移转应符合法律保留原则的方式。

二是任务履行手段多元化。国家以公权力主体或私经济主体身份履行任务时，其手段将不再限于高权性行政手段，许多非高权性的行政手段也可为之。除法律规范明文规定采取的指令控制或具经济诱因的规定外，国家也得采取法律规范未明定的方式来履行任务，例如引导、协助、警告民众为一定作为或不作为。虽学理上认为国家履行行政任务有形式选择自由，但仍需受公法法律原则之检验，以避免国家

1　行政给付是指政府通过给予公民法人利益和便利等方式实现行政目的的活动；也称行政物质帮助，是指行政机关依法对特定的相对人提供物质利益或与物质利益有关的权益的行为。参见：胡敏洁.给付行政范畴的中国生成［J］.中国法学，2013（2）：34－42.

行为有遁逃至私法之虞。

三是给付行政与干预行政相对化。权利与义务常相伴相随，给付行政同时也可能会因为课以相对人义务而成为干预行政，两者是一个相对化的过程。换言之，给付行政常伴随特定义务，且同一措施对受领人可能为给付但对其他人则为侵害。再者，在具有特殊公益性质的环境保护行政领域中，给付与侵害常可以相互转换。给付行为并非对公众绝对有利，其有可能致国家行政行为对民众同时产生有利或不利影响。故法律对于特定目的的达成，除了可以给付行政为之，也可以干预行政为之。

总之，发展变革后的国家管制，点出了国家的手段多元化以及其目的是为了满足公益的基本内涵。例如，学者认为管制是"自私法主体外部施予各种影响，使其从事符合公益之行为"[1]。因国家履行国家任务而提供公共产品时，非局限由自身或私法主体的身份为之；且基于行为形式选择自由，故其手段也不限于以公法行为为之；但为避免国家行政行为有遁逃至私法之虞，仍须受公法原则之检验。故参酌上述见解，本书认为管制的内涵可以表述为：国家为达公益目的而履行任务时，得以多元化的主体及手段为之，进而对相对人或第三人形成有利或不利的影响，但其行为手段仍须受公法之检视。

（六）小结

综上，管制是针对某个领域采取监督手段，以期避免或减少可能发生的危险。就传统观点而言，行政管制是指行政机关采取的危险预防行为，包括完全禁止、特许、许可、事前报备、事后管制和完全自由等类型。环境管制是一种风险管理的法治措施，是现代国家所构建的意欲通过理性调控方式来达成一定管制目的的政府体制。环境管制不同于传统秩序法的"危险防御"的管制体系，其要求在可能的损害

1　自主规制是自我管制的主要表现形式，其对于社会公共事务的应对非常必要。参见：原田大树，马可.自主规制的制度设计［J］. 山东大学法律评论，2008（1）：236-251.

发生之前，或者在确定损害会发生之前即采取环境管制措施。在过去的近十年，以预防原则为核心的环境管制在促进企业控制污染排放、推进清洁生产以及保护生态环境方面发挥了重要作用。环境管制不仅仅体现在政府相关机构按照法律条文进行的环境管制（即正式环境管制）。正式环境管制是通过公权力界定社会与经济的诱因结构来规范企业的环境行为进而达到减少污染的目的。随着环境治理相关法制的完善，企业将面临更加严格的环境管制标准。因此，企业在利润最大化的考虑下，还需在守法成本、缴纳罚款和社会压力之间作出决策，甚至需要调整既有的生产模式并降低污染排放量，以符合法定的环保标准。

相对于正式环境管制，非正式的环境管制是政府体制之外对企业的经营活动无法忽视的监督力量，包括社区居民对环境损害的申诉和控告、民众对环境污染的抗争、社会舆论的压力、拒买企业产品等。正式环境管制有时会因为违法行为的稽查力度或者经济与市场因素的影响，使得正式环境管制的成效不够明显。例如，不易找到替代能源或替代能源价格比较昂贵时，目标利润最大化的企业可能宁可缴纳环境保护税或进行排污权许可交易也不调整生产模式与设备，此时，非正式的环境管制就自然地成为企业生产过程中除了一般生产要素以外的另一资源要素。

当政府传统的环境管制措施无法满足民众对于环境保护的要求时，就可能会引发利益相关者对环境污染企业的抗争。对于环保监督机构无法发现的隐藏性污染或夜间与监测时间以外开工的间断性污染，非正式管制力量更容易掌握证据并进行监督，也能更为机动地采取实时的抵制活动。这些抗争与抵制活动将会影响企业的防污计划、投资方向、经营政策等，从而达到企业减少污染排放的目的。当政府部门的正式环境管制对企业污染行为的合法调节失效或无法发挥完全的作用时，当地居民或一般社会大众可能会采取其他的抗争行为，制造压力以争取社会的重视。例如，小区居民或者污染受害者对土壤污染的主体提出补偿的要求，社会大众对工厂选址的排斥或道德劝说、肢体抗争或者言语回击等，这些抗争活动都属于非正式的环境管制，目的在于迫使政府采取行动让企业减少污染并进行谈判。

当然，无论是正式环境管制还是非正式的环境管制都和国家环境风险治理能力的现代化演进密不可分。梳理管制和治理的关系也就显得尤为关键。

三、管制与治理的关系

随着几个英语语系国家在 20 世纪 90 年代初期掀起的"新公共管理"（New Public Management，NPM）运动，基于政府管理绩效提升的政府再造，倡导政府作为公共管理者履行宪法能力提升。换言之，NPM 倡导政府"掌舵"而不是去"划桨"。新公共管理和"重塑政府"运动也集中于手段而非实质性的政策目标，它更加强调如何实现高水平、高业绩和有效的政策实施。在此前提之下，推进国家治理体系和治理能力现代化，提升管制的效率和效能成了公共管理的必经之途。

（一）从"管理"到"治理"

治理一词在政治学领域，通常指国家治理，即政府如何运用国家权力（治权）来管理国家和人民。在商业领域，又延伸到公司治理，指公司等组织中的管理方式和制度等。联合国全球治理委员会（Commission on Global Governance，CGG）对治理的概念进行了界定，认为"治理"是指"各种公共的或私人的个人和机构管理其共同事务的诸多方法的总和，是使相互冲突的或不同利益得以调和，并采取联合行动的持续过程"，这既包括有权迫使人们服从的正式制度和规则，也包括各种人们同意或符合其利益的非正式制度安排。此外，霍尔斯蒂（Holsti）强调治理在一定意义上就是秩序加上某种意向性，秩序意味着对行为的限制。学者星野昭吉将治理分为平行治理和垂直治理，认为治理的本质是一种非暴力、非统治的治理机制，而不是强迫和压制。库伊曼（Kooiman）和范·弗利埃特（Van Vliet）认为，治理所要创造的结构或秩序不能由外部强加，并且治理发挥作用是要依靠互相发生影响的行为者的互动。

在治理理论的大量学术文献中，罗西瑙（Rosenau）将治理定义为一系列活动领域里的管理机制，其认为这些管理机制虽未得到正式授权，却能有效发挥作用。由此，总结出治理的四个特征[1]：治理不是一整套规则，也不是一种活动，而是一个过程；治理过程的基础不是控制，而是协调；治理涉及公共部门，也包括私人部门；治理不是一种正式的制度，而是持续的互动。

概括而言，治理是基于社会公正、生态可持续性、政治参与、经济有效性和文化多样化的目的，所架构的参与和透明、平等和诚信、法制和负责任、战略远见和成效、共识与效率的动员各种力量参与经济、社会和政治活动的开放与限制并存的管理机制。

（二）管制：内生性自我激励的治理机制

西方"治理"的研究是对公共部门管理改革的回应，从"3E 标准""新公共管理""企业家政府"到"治理"，代表了处理社会公共事务方式的不断演变："统治—管理—治理"。"治理"及其相关理论与各国既有知识体系相结合，在特定环境和具体实践之下被赋予新的含义，乃至发展成一种独立的理论体系。"治理"自 20 世纪 90 年代开始成为中国社会的热点问题，此后不断延伸和拓展，特别是党的十八大以来，研究坚持和完善中国特色社会主义制度、推进国家治

1　基于治理的特征，其基本职能的实现，主要体现在计划（planning）、组织（organizing）、领导（leading）和控制（controling）几个方面。而在公共管理中，基于公共行政领域宪法价值与管理价值的冲突与融合，国家治理成为公共管理改革的回应。

理体系和治理能力现代化问题，使得"治理"研究由此逐步扩展到"国家治理"，并延展到"国家治理体系""国家治理能力"及其"现代化"。

在实现国家治理现代化过程中，当下的国家治理逻辑发生了两个方面的转化：一是主题转为突出"顶层设计"的整体推进式的治理体制改革；二是治理主线逐渐向构建政府、社会组织、公民三位一体的复合治理体系的转化。而这一转化的因应面向也包含了建立健全风险评估法律体系，建设各利益主体的风险承担体制等。由此，国家治理在细化公共事务管理的过程中，也在探寻通过对多元化社会的政治整合和组织再造，凝聚社会共识，提升制度执行力和国家治理能力的法治途径。换言之，风险社会中政府的应对模式，应是刚性原则与弹性空间并存的政府治理模式。

政府治理模式的刚性原则，体现在政府实施公共管理时所应秉承的宪法价值；政府治理模式的弹性空间，则是通过更具灵活性的组织设置和更具自主性并更加注重效率的行动政府"再造"来实现管理价值。管制者自身激励的研究，成为提升公共治理效能的关键。另外，管制内涵的新发展，使得管制的模式不仅体现在"共治"，也体现在模式内部的自我进阶。在国家治理体现现代化的前提下，管制作为内生性的治理体制革新，越来越倾向从"控制"走向"激励"。从风险治理的角度出发，明确界定政府、社会组织、公民各方在风险治理中所应承担的责任和地位，在理论和实践两个层面构建一套适应我国社会发展的风险责任治理体系，实际上是探寻在以合法性和有效性演变为核心的国家治理逻辑下，管制模式存在的一条自我发展的轨迹，即从"一元控制"走向"协同共治"。换言之，管制是建构一种支持合作的政府治理模式，更是深刻体现国家治理体系现代化的一种内生性自我激励的治理机制，环境风险管制尤其如此。

人认为是因为环境效果常具有时间延时性及空间扩展性，以致我们难以精确地预测；有人认为是因为环境问题常没有历史的先例，特别是全球的环境问题，无法观察到经济活动的历史性环境效果，所以对确认他们可能的效果或为这些效果建构概率分配就缺少现实的基础，即意味着决策经常是在无概率的情况下所作出的结果；还有一些学者则从环境系统的复杂性来确认环境不确定的本质，认为环境系统这一标的物太大、太复杂，导致科学研究者对于环境退化的复杂关系就像"瞎子摸象"一般，难以提供完全有效与可信的答案给决策者，而影响理性决策的有效性。

环境风险不确定的具体型态，在探讨环境不确定的决策问题时依据概率与可信度将不确定区分为无知、强势不确定、弱势不确定与确定性等四种型态[1]。无知主要是基于知识、经验的欠缺，对此没有任何了解从而导致只能待其发生，被动接受而无事先决策的可能。强势不确定是连概率分配都无从知晓的环境不确定性，这种型态的不确定性几乎不能通过事前的预测来加以考察和解决。弱势不确定是可知道概率分配的环境风险。而在环境风险不确定性的课题上，大多数属于强势不确定性的范畴。如果将环境效果的时间延展到未来世代，我们将会发现存在更大的不确定性甚至无知。上述观点从各自角度说明了环境不确定性形成的理由，学者们基本赞同环境不确定性本质上来自环境系统的复杂性的理念，因为具"有限理性"的人类实在无法完全了解各系统内或各系统间元素的交互作用及其效果。因此，环境系统的复杂性可以说是环境风险不确定性的本质。

（三）风险社会与环境风险管制

现代风险社会最明显的特征莫过于所谓的新型风险的存在，广泛性、不可预估性、人为性和不确定性是新型风险所体现的特征。在新

1　参见：FAUCHEUX S, FROGER G. Decision-making under environmental uncertainty［J］. Ecological Economics, 1995, 15（1）: 29-42.

型风险内在化的社会中，认知与不确定性带来的恐惧的危险感剧增，引发了民众对社会公共事务安全管理的需求。传统上国家存在的目的及所担负的任务重在"危险防御"，即除却已发生的危害并阻止即将发生的危害。然而，由于环境生态具有高度复杂性，在某些情况下，人类对环境和科学知识的掌握仍有局限性。如依循传统危险防御模式，在环境灾害发生或因果关系证据确实存在时国家才开始介入，往往会缓不济急，甚至可能发生更难以恢复的环境灾害。据此，现代国家所建构的政府体制，意欲通过理性调控方式来达成一定管制目的，来处理日常生活面临的各式各样的风险。

近年来，随着全球气候变迁及科技发展的日新月异，国家负有环境风险预防的义务，并应随时进行环境风险的预警、监测等，以防止风险转变成危险。当风险已经被承认，并广泛地发生影响，如何分配风险，即对风险的管理便成为关注焦点。风险管制是通过与各方利益协商并衡量各种政策方案后，考虑风险评估和其他合理因素，在必要时选择适当的预防或控制选项，而且风险管理必须将风险评估结果纳入考虑，并依据可靠的科学数据及逻辑推论，以解释风险发生的可能性。环境风险管理要求在风险尚未发生或环境利用行为所致的风险尚不确定的情形下就要作出相应的管理决策，以维护生态系统健康和生态安全。环境风险复杂性及其不确定性背景，使得规制环境风险成为环境行政的逻辑起点。

环境管制是一种风险管理的法治措施，具有高度复杂性。其主要面临以下问题：首先，认知问题，即对自然生活基础的作用关联性（例如环境灾害及其成因之间的因果关系）掌握不足；其次，管制问题，即管制不当则可能发生不可恢复损害的危险；最后，分配问题，即受管制的对象不同类型的权利及错综复杂的利益如何衡平。基于环境风险不确定性的管理，即环境风险管理，是根据环境风险评价结果进行削减风险的费用和效益分析，综合考虑社会、经济和政治等因素，决定风险控制措施并付诸实施的过程。

环境风险管理是基于科学决策的管理模式，体现了"防患于未然"的管理理念。环境风险管理标志着环境管理由传统的污染后末端治理向污染前预防管理的战略转型，由总量管理向风险管理实现战略转变，是环境管理的高级阶段和发展趋势。而作为环境风险管理内生激励机制的环境风险管制，已成为美国、日本、澳大利亚、加拿大及欧洲一些发达国家健康和环境管理必不可少的内容。"风险评估"和"风险管理"是环境风险管制的过程[1]。当然，规制者作出某一规制决定时，需要考察衡量相关的标准，如"公共利益"的界定等，从而深入系统地展开政府规制。

据此，以下将环境风险管制区分为环境风险评估、环境风险认知与沟通和环境风险决策三个阶段进一步予以介绍。

1. 环境风险评估

环境风险评估就是测量和评估某一事件或事物带来的环境影响或生态损失的可能程度。对环境风险的态度常常与人们对大自然的态度有关。有些人认为大自然是强大的，有些人则认为大自然是脆弱的。在这两者之间，还有些人抱持驾驭风险的态度，认为大自然虽然强大但仍有其极限。除此之外，有些人对环境风险则是漠不关心，认为大自然反复无常，而风险属于天数。在多元发展、信息泛滥的现代社会，一般民众对环境风险的认知，容易受到信息流通、媒体渲染的影响，尤其是对广为人知的事件特别敏感，即使其发生的概率极低。同时，当面对许多关于风险的描述时，一般民众更倾向于关注最具煽动性的那一个。此外，民众常基于过去的经验或情感因素，采取直观式的判断方法，对于是否要求管制某种环境风险，只顾及利益层面，却往往忽略损失层面。信息问题也可能来自对科技议题的不同认知，致使专业领域内部产生分歧，加上寻常老百姓彼此间对安全的认知也有不同

1　"风险评估"和"风险管理"，前者是技术部分，旨在去度量和物质相关的风险；后者是政策导向部分，是在面对风险评估所揭示出来的风险的基础上来决定规制者应当做些什么。

看法，这些都使得风险的判断与认定更加复杂。

（1）风险评估过程具有不确定性

环境不确定性本质上来自环境系统的复杂性理念，因为人类有限的经验无法掌控和验证多要素交互并存的环境复杂系统的走向。因此，面对诸多的复杂性和不确定性，当代存在的许多环境风险，不一定能在科学上达成共识。换言之，我们无法期待科学能够提供所有关于当代风险的因果关系、特征、数量和可能性的最终正确答案。我们必须习惯环境风险的科学评估中存在许多不确定性和多重因素，而对各种风险的诠释因各种利益与立场而有所不同。例如，在立法程序或政策辩论中，科学常常被各方势力策略性地利用（例如选择性和存有偏见地利用数据，以强化其赞成或反对立场），科学上的不确定性有时会被夸大或歪曲，有时会被忽略或贬低。不确定性的问题也可能被当作一种弱化科学评估的策略，其目的在于推迟采取措施，或禁止新技术的使用。环境正义、公平的维护，需要通过制度的设计，以应对环境风险管制的不确定性。此外，环境问题在因果关系的认定上也格外困难，环境品质的设定、环境评估均涉及科技水准的考量。因此，环境风险评估的法定化，可以一定程度上消解可能存在的风险。

（2）环境风险评估属社会建构[1]

依照德国学者贝克的看法，在风险社会中，没有人是真正的专家，这是因为风险评估具有双重混淆之特性。这主要表现在：一是社会大众对于风险的接受程度无法通过科学去定义，科学家只能假设有一种文化上可接受的风险水平；二是原本被认为属于安全的事项常会被不断推陈出新的科学知识推翻，过去属于正常的现象往往在一夕间变成具有危险的状况，例如臭氧层破洞的问题。科学领域的进展反而使其自身在风险预测上的权威性被不断地挑战。换言之，当代风险有许多

1　建构主义主张世界是客观存在的，但是对事物的理解却是由每个人自己决定。不同的人由于原有经验不同，对同一事物会有不同理解。参见：刘保，肖峰.社会建构主义：一种新的哲学范式［M］.北京：中国社会科学出版社，2011：11-23.

难以捉摸的特质，需要通过民众自身的因果诠释予以认定；而风险的损害程度又可能被夸大或掩饰，环境风险评估本身便是一种开放性的社会建构。据此，具有资源、洞察力和影响力的专业人士、环保团体或大众传播媒体在风险的诠释上常扮演关键的角色。

2. 环境风险认知与沟通

（1）环境风险认知：剩余风险的判断

风险认知是对各种风险因素的主观认识和评价，是一种社会和文化意识范畴，其本身就是特定的心理模式。虽然有关风险认知的演变和观点看上去复杂且难以捉摸，其实风险认知就是对风险的态度和直觉的判断，理论与实践共同影响这种判断，其中包括对于风险的认知和判断、主观的评价与偏好、风险应对的态度和行为等。环境风险的认知属于一种价值判断，其核心在于决定何种风险是可以被接受的。人们愿意忍受的风险，称为"可容许之风险"或"剩余风险"。具体而言，剩余风险是指在采取一系列安全措施之后，仍然无法完全消除的残存风险。无论风险控制水平有多高，只会提高风险降低的程度，而不能彻底地消除风险，对于这种风险，除非能以其他方法转嫁（例如保险），否则只能予以承受。人们对于环境风险的接受度主要依据对损害发生可能性与利益获得多寡的衡量。由于每个人对利益的看法不同，对风险的感受也不相同。因此，剩余风险的判断，实属环境利用各方不同利益与风险接受程度的协调过程。

（2）环境风险沟通：多元沟通方式的建构

风险沟通迄今尚无统一的定义。欧盟第 178/2002 号法规第 3 条第 13 款即指出，风险沟通应由风险评估者、风险管理者、消费者、业者、科学家或其他社群，就危害、风险、风险相关因素与风险察觉，交互式交换信息与意见，包括风险评估之结果与风险管理决定之解释。在风险社会，风险沟通对风险管理的基础性功能日益显著。管理视角的风险沟通侧重于强调制度安排、导向规划、流程设计和绩效评估。

美国国家科学院将风险沟通看作不同主体间信息、观点互动的过程[1]。风险沟通是满足民众获取到其应该知道并且需要知道的风险信息的重要途径。风险沟通的过程，是各方主体就风险等关切的话题，互通有无、交流共商的过程。风险沟通的主要目的是知情、说服和咨询，充分的沟通有利于决策的形成和执行。因此，风险沟通和决策成为政府、相关部门和专家研讨的重点课题。综上，风险沟通是一种相互交换的行为，交换方的地位是平等的。基于风险沟通主体、内容多元性的变迁，风险沟通也经历了不同的沟通模型的转型[2]。

当代对于环境风险的处理，并无法简化成单纯的技术性问题，对科学上的专业风险评估与法律或政治层面的风险管理应加以区别。环境风险管理涉及复杂的社会沟通与决策过程，往往需经由科学研究和公开的反复论证，才得以使一般民众有所意识进而采取行动。然而，旧有的环境风险沟通方式多是由国家或科学界进行单方面、由上而下的教育倡导。其问题的症结在于政府或科学界习惯于单方面的科学宣传和教育，认为民众只要接受正确的引导就能够产生正确的认识。然而，如此对剩余风险的反馈和回应是片面的，风险沟通得到的往往是反效果。此时，应设计一套机制，发展一种在政府与社会间的互动与互制的风险沟通方式，将民众对风险的评估纳入考量十分必要。民众参与风险沟通，有助于其信赖行政机关的风险评估，也有助于风险判断的正确性。

3. 环境风险决策

（1）决策、环境风险决策的界定

决策[3]，指决定的策略或办法。决策的第一步，是研究拟定不同

1　这一过程涉及多方面的风险性质及其相关信息，它不仅直接传递与风险有关的信息，也包括表达对风险事件的关注、意见以及相应的反应，或者发布国家或机构对风险管理的法规和措施等。

2　"风险沟通"经历了专家决定模型、抉择主义模型和协同演化模型这三种模型的演变。参见：肖悦.浅析邻避设施的环境风险沟通困境 [J].新西部（中旬·理论），2016（1）：63-65.

3　认知心理学将决策划分为六个阶段：一是辨识问题；二是收集信息；三是提出可能的解决方案；四是评估备选方案；五是选择方案；六是付诸实践。研究表明，问题措辞的方式或对选项的特定描述将会对决策有很大的影响。所谓的决策，就是在不同的行动方案间作出选择。参见：杨治良.简明心理学辞典 [M].上海：上海辞书出版社，2007：321.

的方案，继之对实行这些方案的结果具有一定程度的了解，然后针对每一种结果进行评估，赋予其价值和偏好，以利最终选择。风险管理的主要目的，在于经由全面分析检讨各类风险信息并进行评估后，设定一个风险的适当保护水平，也就是所谓的"安全标准"，以此作为决策的依据。然而，以目前科学的发展来说，事实上只提供了可能的安全标准，至于何谓"足够"的安全，确实是一个不容易回答的问题。环境决策可能遇到的情境大致有四类：一是在确定状态下决策，我们清楚知道不同选择的结果，唯一的挑战是要清楚每个人的偏好。二是在危险情况下决策，我们知道结果的影响以及各种结果的发生概率。三是在不确定状态下决策，我们可能知道即将发生的结果，但没有客观的依据供评估结果发生的概率。四是在一无所知情况下决策，我们不知道会产生什么影响，或者影响的大小和相关性，也没有任何发生概率的线索。换言之，解决环境风险问题的决策，是一种在不确定下的决定。在环境风险评估中，对于应采取何种手段或指标（例如金钱、生命、物种及生态等）来比较不同决策方案的结果，以及不同指标间应如何衡量，人们往往无法达成共识。为尽可能解决因环境不确定性带来的决策问题，必须不断调整环境不确定性管理的思维以期使得决策更能符合环境风险管理的理性。

（2）风险决策的界限

国家在进行环境行政决策时，如将具有不确定性风险的所有活动加以全面禁止（无论其发生可能性大小）以期完全排除风险，恐将对民众的自由产生过苛而不当的限制，也是不符合可持续发展理念的做法。禁止具有风险性的活动，是一种非常简单的立法技术。然而简单的方法却不一定是有效的方法，往往只是政府未经详细评估、矫枉过正下的反应，其出发点很可能只是被当作应对国际或国内压力的一种快速而低成本的方法。生活在现代而多元的社会，民众或多或少会承受大小或程度不一的环境风险。国家保护义务的要求并不在于排除所有的风险，而在于尽可能地降低风险发生的概率和损害后果。换言之，依据现行环境保护的理念，民众并不具有"零风险"的请求权，相反，民众有忍受一定限度内环境污染或自然环境损害的义务，即"可容许之风险"（容忍义务）应为法律所允许，容忍义务是衡平各类环境利用关系的法律选择[1]。德国学者认为，公民在政府监督之下的容忍义务可以分为两类：一类是公民有容忍第三人为环境保护的作为的义务；另一类则是公民有容忍第三人为法律所允许环境污染的义务。

因此，环境风险决策，应斟酌具体个案情节，界定国家预防义务与可容许风险间的界限，既考虑基本权利体现的价值和公共利益以及各种风险的程度，同时也结合目前的科技水平，通过比例原则的适用综合判断来最终确定。

（3）风险决策的判断方法：成本效益分析

对行政成本与效益的考虑，应是国家机关行为或决定的内在要求。国家总体行政资源有限，如若决策的形成没有贯彻成本概念，在国家财政日益困窘的年代，势必造成行政机关瘫痪。进行风险决策时，成本效益分析是目前应用范围最广的帮助决策者判断不同政策方案的成本与收益的方法之一。该分析模式采取三个步骤：一是采用量化方式估计风险规模；二是了解风险规制措施将引发的后果（所耗成本及所获效益），并考虑成本与效益的平衡；三是使用适当的风险规制工具，以期能达成"投入成本最小化、取得效益最大化"之目标。此种分析方法主要关注经济层面的问题，将所有需要被考虑的因素，以货币或预期效应等指标加以量化。换言之，只要收益总和大于成本总和便赞成具有风险的活动，哪怕只有少数人获益而整个群体需承受无利益的代价，亦在所不论。作为一个具有客观性及理论基础的决策分析工具，成本效益分析方法在环保议题的讨论上被广为提倡。自 20 世纪 80 年

1　例如，向环境排放一定数量的污染物或开发一定数量的自然资源均会造成部分地区环境质量或者功能的破坏，并导致不同环境利用行为人之间产生利益冲突。而这种利益冲突的协调机制在于一方面通过行政许可限制开发利用行为人对环境和资源的利用，另一方面则是要求公民对开发利用行为在排放标准限值内予以容忍。

代开始，国际上许多环境宣言或公约采纳了这一概念。正如 1982 年联合国《世界自然宪章》指出，针对可能会造成显著风险的活动，应在事前进行彻底而详尽的调查，其倡议者应证明预期的效益大于潜在的危害。

成本效益原则的管理思维，认为环境具有公共财产及外部性的经济特性，若未能将其适度纳入市场价格体系，理性的经济个体将会被市场的价格机制"诱捕"，进而被"锁"在环境退化困境之中。此种管理思维，是将环境退化外部成本或其有害影响予以内部化，以促使、诱导行为决策者朝向环境友善的方向迈进，主要诉求的环境基本法律制度如设定环境标准、环境税或环境费、可交易排放许可及财产权协商方式等。这些制度工具在面对环境不确定时，将面临一些难以解决的困境。此种环境不确定性管理思维认为环境不确定是由对产生环境退化的经济活动所带来的外部成本未能精确地确认所导致。从此观点出发，人们很难判断设定环境标准（或可交易排放许可证）的管制工具与课征环境费税的管制工具何者较适宜，除非人们知道估计的边际效益与成本函数与真实的边际效益及成本函数的关系。除此之外，如果将可持续发展的理念纳入决策的范畴，因为包括了未来世代的利益，并且涉及跨世代资源分配的公平性问题，那将使得环境风险决策成本与效益衡量成本更加巨大。因此，单纯依赖成本效益原则的管制思维并不能最大限度地控制风险。

此外，自然和社会系统的行为比人们过往所认识的更为复杂，尤其是这些系统的状态并不规则，充满了极限和非线性的行为，使得当前的状况与过往几乎没有雷同之处，增添了预测的困难。最明显的例子就是极端气候现象，针对危险及风险的描述与评估具有难以量化的科学不确定性，致使现有理性风险决策手段（例如对风险发生概率的评估和成本效益分析方法等）功效显得有限。除此之外，还有一个更需严肃面对的问题，便是成本效益分析主要是将相关考虑因素予以量化，作为分析比较的基础，恐忽略公平正义、人性尊严、伦理或民众可接受度等不可量化的非经济性因素或非工具性价值。以环境价值来说，清洁的空气和水、未受破坏的林地、生态平衡和生物多样性等，实际上很难被量化。尽管各种活动都可能带来收益，但生态环境的成本却无法被轻易地计算与弥补。况且人类活动所造成环境的破坏，往往具有不可恢复性和不可替代性，这类因素无法在成本效益评估中显现出来。此外，同一个成本或效益的概念也可能代表着不同的价值，即使将这些因素强加量化，也暗示了这些价值可以被转换成货币，似乎也就可以进行交易。

由于环境的特殊性，使得生态环境的成本因素无法被量化，从而产生了对成本效益分析的质疑。而要解疑释惑，需要从以下方面来使成本效益分析更为细致化。一是采用质化的方法处理非量化因素。质化成本效益分析是通过文字描述的质化方式呈现成本与效益，并排列不同方案的优先顺序以利决策。二是加权成本效益分析。这一分析模式是采用某种适当的权重来调整成本与效益的质量，这种模式有助于呈现真实的民众感受或社会现象（例如将生命价值作为权重予以考量）。三是采用其他辅助方法。当使用成本效益分析方法面临相关因素难以被量化或存在价值冲突时，宜兼采其他方法加以补充。在风险评估时，应一并考虑其他效益，例如政治社会效益、价值判断等。此类效益虽难以精确量化，但仍能通过描述性的语词表达其效益的高低，以资比较。此外，还应通过法律等制度性的设计，在尽可能让信息充分公开的前提下，对各种可能选择方案进行公开且透明的辩论及选择。

综上所述，面对环境不确定性的管理决策，成本效益原则的适用虽然有其优势但也有其限制。成本效益原则下的环境管理思维更多的是强调在环境风险不确定下的"作为"以及"如何作为"，更强调的是管制的效率，却忽视了管制的效能。因此，环境风险不确定管制应充分体现"风险预防"的本质，在风险尚未发生时即采取一定的措施防止可能的环境风险的发生，此即风险预防原则在环境管制中的适用。

二、环境管制新趋势：风险谨慎预防

（一）概述

无论是过去、现在还是未来，人类的生活均充满风险，而处理这些风险则是人类生存的基本条件。面对各种层出不穷的环境风险及其可能带来的不可恢复的环境灾害，自 20 世纪 70 年代以来，欧洲各国环境政策除着眼于防止及去除环境危害之外，也逐渐呈现出以"风险预防"为中心的保护趋势。欧盟甚至将"谨慎预防"作为制定环境政策的基础。而这一趋势也进一步影响环境保护手段的扩大化与细致化。不同于传统秩序法的"危险防御"管制体系，风险预防原则的实行，要求在可能的损害发生之前或者在确定损害会发生之前，即采取环境管制措施。在过去几十年，预防原则已经成为各国在永续发展、环境保护、卫生、贸易和食品安全等领域中大量运用的概念，并且逐渐成为国际条约和宣言承认的基本原则。

预防原则，部分学者认为其起源于瑞典，但多数主张系源自德国。在德国，预防原则可追溯至《清洁空气法》（1970 年）的第一份草案，该法于 1974 年通过实施，其范畴涵盖空气污染、噪声、震动以及一些相类似的潜在污染来源。同时，德国基于立法表述，对预防原则作出明确阐释[1]。预防原则要求我们衡量机会及可能性来预先避免自然界将遭受的破坏。在 20 世纪 80 年代，环境法中的风险预防原则被许多国际环境法律文件吸纳为一项基本原则。

"预防"这个词意味着通过全面、同步的研究，尤其是关于因果

---

[1] 德国环境政策对预防原则作出明确阐释，即基于对后代的责任，我们必须保护生命的自然基础，并且避免造成无法恢复的破坏，例如森林的减少或消失。参见：张旭东. 预防性环境民事公益诉讼程序规则思考［J］. 法律科学（西北政法大学学报），2017，35（4）：164—172.

关系的研究，及早发现健康和环境所面临的危险。这同时意味着，即使未能得知最终科学定论，但如有需要就应采取行动，所有经济部门均应制订出相关技术方案，以期环境负担能显著降低。1982 年联合国《世界自然宪章》首次承认预防原则，指出应限制对自然环境会产生影响的活动，并实行可降低风险或其他不利影响的最佳可行技术，特别是避免可能引起自然环境不可恢复的破坏活动。针对可能会造成显著风险的活动，应在事前进行彻底而详尽的调查，其倡议者应证明预期的效益大于潜在的危害；如果潜在的不利影响尚无法被全面了解，则不得进行相关活动。

此后该原则被援引于多项国际公约中，例如 1987 年第二次保护北海国际会议通过的部长宣言中则指出，为保护北海免于遭受危险物质的可能危害，必须采取预防性措施，亦即在因果关系被明确科学证据证明之前即应采取行动，以控制危险物质流入北海。另外，1992 年通过的联合国《里约环境与发展宣言》原则 15、《联合国气候变化框架公约》第 3 条第 3 款均重申环境保护中应适用预防原则的主旨。

因此，20 世纪 90 年代是风险预防原则全面发展和落实的一个重要阶段，这以后的国际环境法律文件几乎都采纳了风险预防原则或者包含了风险预防原则的理念。具体来说，预防原则是一种用来处理在风险评估和管理中遭遇科学不能提供确定答案时所采取的策略，主要运用于处理科学证据不明确的环境风险。预防原则的出现，标志着基于风险发生后的以民事追偿作为主要补救手段的损害填补发展到风险发生前的预防措施的转变。该原则常被视为可持续发展不可或缺的因素，要求在满足当代人的需求时，不能削弱后代满足他们需求的能力，此即"代际公平"的观点。风险预防的观点运用在环境资源管理上，即基于世代永续利用的利益，应向未来保留生活空间与可承载性，以此作为环境规划的基本原则。

（二）风险预防原则适用时机及条件

风险预防原则的适用时机，是在进行风险决策时发现评估考虑的因素具有不确定性，而此种不确定性主要系指"科学不确定性"时予以适用。所谓的科学不确定性，即是在常理的推断下，某项活动有可能会造成环境风险或危害，只是欠缺明确的科学证据证明该风险是否确实将实现；或者说由于因果关系不明确，即使风险即将发生或业已存在，仍无法证明造成该风险的确切原因。以环境管制领域来说，复杂的环境系统及其特有的非线性现象，使得人类预测未来环境状态的能力备受挑战，而这种不确定性很可能是进行再多研究也无法避免的。风险预防原则的发展，在某种程度上改变了传统证据法则对科学证据的依赖；但其并未放任国家随意地采取预防性措施，某种形式的科学分析仍然是必要的，纯粹幻想或凭空猜测均不足以作为适用预防原则的理由。

换言之，风险预防原则能够被考虑适用的情形，必须是限于具有一定合理性或在科学上站得住脚的忧虑。此外，预防性策略的适用要考虑风险所致环境损害发生的概率等因素，以此减少该项原则被滥用的可能。

由于预防原则需要有具体的环境政策和法律制度予以明确才能有效地贯彻执行，因此该原则没有直接的法律拘束力。它的适用主要表现在与开发决策相关联的若干方面，具有多功能性。总的来说，预防原则的适用时机及条件可概括如下：一是科学上存在相当大的不确定性；二是建立在言之成理的科学推论基础上，具有某种形式的损害发生可能性；三是通过高度抽象化和理想化的方式忽略相关因素后，可在短期内降低相关科学不确定性；四是对于现在或未来世代的潜在损害是相当严重，甚至不可恢复的，抑或是在道德上无法被接受的；五是有必要立即采取行动。然而，无论是在国际学术界或司法实务界，风险预防原则的实质内涵尚无法被清楚地界定出来，此理论仍具有某种程度的内在不确定性，其本身既非属一个绝对客观的标准，也可能因为环境议题或国家特性的差异而使其存在各方不同的解读。

（三）风险预防原则在环境管制中的适用

风险预防原则在环境管制中的适用，即是将该原则与一些具体的预防性措施和方法结合起来，使其体现为更具有可操作性的制度内容而加以推行。在预防原则下进行风险决策时，成本效益分析是应用范围最广的方法之一。《里约环境与发展宣言》原则 15 指出，制订预防性措施时需符合成本效益，亦即应考虑相关措施在经济成本上的合理性。《欧盟条约》第 191 条第 3 款则要求，欧盟在研拟环境政策时，应衡量及考虑采取或不采取行动的潜在利益与成本；只有相关因素难以量化或面临价值冲突时，则应兼采其他评估方法，并通过描述性的语词表达其效益的高低以供决策参考。欧盟第 178/2002 号法规又称"一般食品法律"，该规则前言及第 7 条第 2 款即要求预防原则下暂时性风险管理措施应同时考虑技术、经济可行性及其他正当因素，例如社会、传统、伦理、环境因素及控制的可行性等，而不是仅限于经济上的成本效益分析。此外，采取预防性措施也应符合比例原则的要求 [1]。

鉴于风险预防原则主要用于处理具有科学不确定性的新兴事务，相关决策往往具有预测的成分而存在极大争议。如前所述，由于环境风险所涉及的风险内涵既包括可能的环境危害（危险）和科学不确定下可能的环境影响（风险），由此适用的环境管制理念分别为成本效益原则和风险预防原则。风险预防的往往是不确定风险的预测、评估和防范，且涉及多元价值判断，因此，在实行措施上须留有一定的讨

1　比例原则的适用，要求采取的保护或限制措施尽可能达到适当的保护水平，手段与目的间应具有相当性；亦即采取的措施不得过当而超过法令所欲追求的目的。换言之，在同样能达成目的的不同措施当中，应选择限制性最低的一种手段。

论空间，综述与抽象化过去发生事实所形成的各类现实安全标准，以防范可能的风险发生。

风险预防原则也是环境优先、预防为主原则的概括，其适用主要表现在与开发决策相关联的若干方面。换言之，体现并贯彻执行风险预防原则的法律制度有很多，典型的有环境规划制度、环境评估制度、环境预警制度、生态红线制度等。这些制度因为涵盖科学不确定性和环境风险复杂性，往往通过"目的模式"的法律制度设计，在框架立法下，赋予行政机关较广泛的决定空间，可以针对复杂的风险管制问题，依据不同个案特性作出适当的决定。这使相关规定的设计和贯彻执行都有很大的决策空间，环境管制的实效性及必要性备受质疑。此时，制度设计上也应尽量公开相关信息，并赋予受影响民众适当参与的机会，让各种可能的选择方案得以进行透明的辩论，有助于民众对相关议题的深入了解，进而在此基础上凝聚各方共识。

然而，风险预防原则的适用也会带来困境。由于预防原则的实行，往往需洞悉先机，在稍有危害发生迹象或仅具疑虑之际即实施相应的管制措施，但很可能在采取相关预防措施后，发现最终产生的风险不如预期严重，甚至始终未产生，而相关措施的实行或维持已耗费庞大的成本，以至于不符合成本效益原则。此外，风险预防原则的性质本来就是在时间压力下作出选择，其信息的完整性无法被过度要求。经搜集并具有充分信息，再通过"成本－效益"评估方法衡量后决定应实行的作为与时间压力下之实时预防处理，两者原本就有取舍上的困难。这便是实行预防原则的进退维艰之处。若以了解复杂环境系统作为风险决策的前提，则会遇到另一个难题，就是人类对某些环境风险的观测时间还不足够，无法揭示环境系统中所有可能的行为，致使科学家无法通过观测数据来证明过往未曾出现的新状态。

对此，预防原则要求通过系统性的长期监测和具前瞻性的实验研究，以期能过滤出一些预警信息，并找出更多证据，让人类对环

境风险有更多的了解。例如，《联合国气候变化框架公约》第 4 条第
1 款即指出，关于气候系统的科学、技术、工艺、社会经济和其他层
面的研究，以及系统性观测及数据档案的开发，其目的在于增进对气
候变化的成因、影响、规模、发生时间以及各种应对策略所带来经济
和社会后果的认识，以期能减少或消除在这些方面所存在的不确定
性。由于预防性措施是在科学证据尚不明确时所实行的暂时性措施，
就环境管制的角度而言，应通过下列机制的运作确保预防性措施的
可行性：一是随时检视相关科技的发展，定期追踪检讨预防性措施；
二是如有新科学证据出现，便应适时调整相关措施。而在制度体现上，
主要表现为"谨慎预防"理念下的环境预警制度以及生态空间用途
管制制度等。

（四）关于风险预防原则法律拘束力的判定

如前所述，自 20 世纪 90 年代开始，预防原则在欧盟内部已逐渐
达成共识，在许多政策纲领、政治声明或白皮书中被提及，更进一步
具体规定于《欧盟条约》及欧盟二级法律中，例如指标和规则，特别
是适用于环境、基因改造生物及食品安全领域。就欧盟的观点来说，
将预防原则法典化，主要是希望通过法律原则的建立，赋予其法律拘
束力。例如，在欧盟行政法上 [1] 表述预防原则的适用时强调，以预防
原则为基础，采取相应的预防措施；破坏环境的行为应在源头处被优
先防止，而污染者必须付费；同时，为响应环境保护的要求，在适当
情况下应允许会员国采取临时性措施。欧盟第 178/2002 号法规第 7 条
进一步就预防原则作出更明确的规范：一是在特定情况下，经过对相
关信息的评估，对健康危害影响的可能性已被确认，如果仍存有科学
不确定性时，可以采取暂时性风险管理措施，以确保欧盟健康高标准

---

[1] 长期以来行政法被视为国内公法，但是随着欧洲联盟及其成立条约的颁布与适用，确实产生了跨越
国界并由超国家体实施的行政法。参见：高秦伟.论欧盟行政法上的风险预防原则［J］.比较法研究，
2010（3）：54-63.

的保障，直到取得更多科学信息以进行更全面的风险评估为止。二是前项措施应符合比例原则，且不会因为对欧盟健康高标准的保障而产生更大的贸易障碍，同时需将技术、经济可行性及其他正当因素纳入考虑。这些措施应于合理期间内被重新检视，并取决于业经确认的健康或生命风险的性质，以及对于澄清科学不确定性与进行更全面性的风险评估所需的科学信息。上述欧盟第178/2002号法规已超越前述《欧盟条约》宣示性的原则规定，对欧盟机构、会员国、欧洲厂商及科技研究机构发生法律拘束力。此外，欧盟法院也陆续通过判决承认预防原则属于欧盟法律的一般原则。

由于美国的主导与坚持，在欧盟以外其他全球性的文件中，预防原则的理念几乎仍是以预防性策略或措施等作为主要用语，以此淡化其强制力。许多国际协议采取比较模糊的措辞，使其不会立即或自动适用，只是促使会员国为履行其国际义务做好准备。当时以美国为首的一些国家，通常都是在有确切科学证据证明产业界的相关行为将造成环境或人类的损害时，方采取管制或防治措施，此即所谓科学证据原则。这类国家主张，各种试图降低风险的措施，不能对国际贸易或个别产品的市场性造成过高的限制，故而对风险预防原则采取较为保留的态度。甚至部分国家出于自身利益考虑，滥用预防性措施来抵制或对抗其他国家的科技或贸易活动。此外，通过国际公约所揭示的预防原则建构管制体系（例如二氧化碳的减量排放、基因改造食品的禁止贩卖等），将使工业化或农产品及食品出口国遭受较大的利益损失，故而部分国家始终裹足不前。

欧盟和以美国为首的相关国家对预防原则效力看法的巨大差异，恰好反映出各国对具科学不确定性的环境风险处理模式尚不具有充分的共识。换言之，科学的不确定性常常是决策者忽视环境风险的最大理由。局限于人类对自然认知的有限性，环境管制决策者们在针对"可能的环境危害"时基本秉承了预防为主的理念，现在国际社会联合在臭氧层耗竭、气候变化问题上采取行动的做法就是一个例证。但是，由于现阶段各国对实行风险预防原则效力认识上仍存有极大歧见，在该原则的具体内涵未经普遍确立前，各国以自身利益取向来解读及主张预防原则的内涵及效力似乎成为目前一个无法避免的态势。我国环境法规中已有明确采取预防原则的立法存在。[1] 但是，这些属于较为原则或宣示性质的法律规范，很难说有什么强制的拘束效力，即使政府未遵照相关意旨执行业务，对应的制裁规定也不明确。因此，应用风险预防原则的过程必须是公开的、知情的、民主的，使环境风险管制决策包容利益可能受影响的各方，以提升环境管制决策的科学性和正当性。

综上，环境管制，即环境风险管制，其着重于环境灾害污染的风险预防，是为实现特定公益属性的环境任务，通过各种行政手段来影响私部门，以达成环境保护任务目的一种法治措施。环境管制不同于传统秩序法的"危险防御"的管制体系，其要求在可能的损害发生之前，或者在确定损害会发生之前即采取环境管制措施。近年来，环境管制行政着重于环境灾害污染的风险预防，其具有高度专业性、科学不确定性和复杂性等特质，致使相关法制逐渐采行"风险预防"的管制思维，并且在管制革新中通过框架式立法及不确定法律概念、行政裁量的实施等赋予行政机关更广泛的决策空间，以保持环境管制措施的弹性。然而，政府、民众或专家对环境风险的认知，常受到社会、经济、政治等因素的影响，看法多存歧异。在进行环境风险的行政管制时，为了适切作出决策，国家应设计相关机制，采取具多元领域参与的开放性、互动性的风险沟通方式，以了解社会中存在的各种观点和价值。民众参与行政决策是一个趋势，甚至是热门议题。然而，任何制度的实行均须有坚实的理论基础。"实然"绝不等于"应然"，特别是在

---

1 参见我国 2014 年修订版《中华人民共和国环境保护法》（以下简称《环境保护法》）第五条、第三十九条。该法第五条规定环境保护坚持保护优先、预防为主、综合治理、公众参与、损害担责的原则。该法第三十九条规定，国家建立、健全环境与健康监测、调查和风险评估制度；鼓励和组织开展环境质量对公众健康影响的研究，采取措施预防和控制与环境污染有关的疾病。

法治化过程中，法理论依据可作为制度设计或运作的原理原则，以避免流于表象探讨或仅局限在个案处理。本书后面将分别就民众参与环境风险管制的理论基础，德国、美国等国家和国际条约中关于民众参与环境风险管制的法律表述予以介绍，并深入探讨民众参与环境风险管制的正当性、可行性和必要性。

第三章　民众参与环境风险管制的根据

第一节　民众参与环境风险管制的理论基础

一、民主原则

（一）民主理念的阐释

民主的基本内涵在于基于一定规则和程序，实现民主的国家制度。在民主体制下，人民拥有最高主权。民主法治是公平正义的根本制度保障，是国家的最高权威，任何组织和个人不得拥有超越法律的特权。然而，民主首先是一种国家制度，是一系列保障主权在民的制度体现。作为社会主义核心价值观的民主理念，强调民主是法治精神和治国理念。具体而言，我们追求的民主是人民作主，也是创造人民美好幸福生活的政治保障。在民主社会，容忍、合作和妥协是其奉行的理念。民主是一种社会状态，更是决策合乎民主原则。我国《中华人民共和国宪法》（以下简称《宪法》）也确立了民主原则。[1] 另

1　我国《宪法》第二条确立了民主原则，其中明确规定中华人民共和国的一切权力属于人民。这包括两层含义：第一层含义是国家权力的存在来源于人民，即国家权力由人民作为制宪者确立，人民赋予了国家权力存在的民主正当性；第二层含义是国家权力的行使来源于人民，即在制宪者确立了某项国家权力之后，权力的行使必须反映出人民的意愿，这是国家权力行使的民主正当性，权力行使的民主正当性水平取决于人民通过特定制度和程序对其控制和影响的程度与效果。

外，民主原则功能的实现，即通过合理设计行政程序弥补对行政权约束的不足。环境问题的社会非难性更需要决策中民主原则的适用，以期环境行政行为的合理和合法。

（二）环境民主原则

在现代公共决策过程中，民主原则可以表现在广泛的主体参与、决策过程具有民主性等方面。民主是保障决策正确的必要条件，因此在公共决策中必须贯穿透明、参与、协商等基本要素，以实现公共利益的最大化。在环境保护领域，环境民主原则的实质，是确认和保障参与权益。环境民主原则也被表述为"公众参与原则"或者"依靠群众保护环境原则"等。环境民主原则是环境法的重要原则之一，是"环境法的精髓和灵魂"，其要旨就是必须要让民众参与到环境保护的法治化进程中去，并成为推动和实践这一进程的主力军。环境民主原则已成为世界各国环境法律领域公认的一项基本准则。《里约环境与发展宣言》明确了环境民主原则适用的基本内涵。[1]美国1976年《联邦土地政策和管理法案》第"103节定义"对环境民主参与予以界定[2]。环境民主原则得以发展的力量之源主要在于公民"环境权"的实现。环境资源危机既是人类社会利用环境利益关系的平衡问题，也是人与自然之间和谐共处的关系问题。只有实行环境民主，强化社会参与，才有利于环境决策的顺利推行。

1　《里约环境与发展宣言》原则10明确提出，环境问题最好是在全体有关市民的参与下，在有关级别上加以处理。在国家一级，每一个人都应能适当地获得公共当局所持有的关于环境的资料，包括关于在其社区内的危险物质和活动的资料，并应有机会参与各项决策进程。各国应通过广泛提供资料来便利和鼓励公众的认识和参与。应让人人都能有效地使用司法和行政程序，包括补偿和补救程序。
2　美国1976年《联邦土地政策和管理法案》第"103节定义"将环境民主参与表述为，在制定公有土地管理规则，作出关于共有土地的决定及制定公有土地规划时给受影响的公民以参与其事的机会。

二、公民环境参与权的实现

（一）公民参与权的属性

公民权利，既包括宪法规定的基本权利[1]，又包括宪法上基本权利在一般法律上的具体化。公民权依照其属性的不同，可以划分为实体上的和程序上的公民权两类。程序意义上的公民参与权，是宪法所赋予公民的基本权利的具体化，是落实人权公约义务的迫切要求，是风险社会治理的客观需要和走向"善治"的必要途径。公民参与权包括知情权、建议权、意见被慎重考虑和救济的权利，其作为公民基本权利的程序要素，性质上本身就是一种基本权利；抑或只是存在于基本权利上的某种功能，仅是作为观察基本权利的某个面向。传统的德国行政程序由于受到"程序仅具有辅助意义"的理念影响，倾向弱化程序价值和"相对人"程序权利。之后，特别强调程序保障的欧盟法则通过直接有效性、优先适用性、同等程度的保护以及有效原则等多种机制，促使德国开始进行大范围的行政程序改革，内容包括行政公开原则的确立、对公民程序基本权利的承认以及加速行政许可的制度设计等。

（二）程序性的环境权

在现代社会，法治国家理念的普及需要扩大公民参与的程度。公民参与权，更多被表述为一项积极权利、程序性权利。在我国《宪法》第三十三条（尊重和保障人权）和第三十八条前半段（人格尊严）也蕴含了"基本权利应当受正当程序保障"的要求。将个别基本权利中所具有的程序保障功能加以抽离并整合为一个整体概念，也将此称为"程序基本权"，此也即所谓狭义的"程序基本权"。德国学者多认

---

[1] 所谓公民的基本权利，是指由宪法所规定的为保障每个人充分发展其个性，而必须享有的有关人身、政治、经济、文化等方面的首要的、根本的、具有决定性意义的权利。

为除了司法基本权（诉讼权）外，并无法从实体的基本权利推导出程序基本权，亦即基本权利的程序功能并不具有主观权利的性质，而属客观功能之一。环境保护与人权保障紧密联系，但将环境权作为一项独立人权推进时却遭遇到诸多难题，实体性的环境权在国际法上尚未建立。为解决这一困境，学者们提出"通过人权实现环境权"的思路，强调程序性环境权的适用。这些权利得到国际环境法律文件的确认，具体包括环境知情、表意、决策和救济的权利。程序性环境权的立法转化，在于一国法律体系下的内部架构；程序性环境权的实现，在于功能层面的解释展开。

（三）公民环境参与权的实现

公民参与权实现的功能指向主要是基于正当程序的权利防御和基本权利冲突的解决。一方面，程序本身对于基本权也具有相当的保护作用。在传统基本权利受到干预时，在防御权的领域程序规范可发挥一定的功能。权利的防御权能是指权利主体应享有的一种要求其他人承担不得侵害其权利的不作为义务的能力。在一个真正实行宪政和法治的国家，通过要求国家作出涉及人民基本权利的决定前进行一定的程序，可防止基本权的利益损害的发生，或至少降低基本权受损的风险。例如在强制执行时，可以通过程序保障使基本权利免受不当侵害。在国家与市民社会二元分立中，以"防御功能"为核心的公民基本权利构建出现在经济领域。就防御权的角度而言，公平而正当的程序从一定程度上有助于解决实质标准难以制定的困境。立法者在法律中使用不确定法律概念、限制民众的自由或权利时，即应设计或配置相对应的行政程序，以使基本权利的限制要件具体化。

另一方面，公民环境参与权实现的功能指向在于构建基于正当程序的基本权冲突解决机制。程序思想在多元国家可以更好地发挥其功能，通过事前程序的实行，可确保参与者的沟通，并适度调和相互对立的意见，预防不同基本权利主体间的利益冲突，以及重要决策过于草率地被决定。根据宪法学中基本权利的分析框架，宪法环境权具有"主观权利"和"客观法"的双重属性。在"主观权利"层面上，宪法环境权具有防御权的功能和受益权功能；在"客观法"层面上，宪法环境权具有制度性保障功能、程序保障功能和第三人效力。越是抽象的法律构成要件，越需要充分的程序机制，通过一定形式化的过程以及司法审查的程序，保障基本权利免受侵害。在资源有限、价值多元的现代社会，单纯的实体层面的行为规范无法完全解决基本权冲突的问题，多数基本权利主体间的竞争，还有赖分配程序及意思形成程序调和其利益。例如，面对具有高度复杂性、长期性、影响深远的大型环境行政决定（如核电厂的设置），鉴于其所牵涉对象众多而广泛，如何通过组织及程序规定在设施经营者与周遭居民间，抑或是社会上持各式各样看法的民众间妥适地调和彼此间的利益，此时便需保障民众参与的机会并在公开的意思形成程序中，在考虑不同观点下寻求一项所有人都可期待或至少不反对的妥协之策。

综上，有关宪法层面环境参与权的提倡实质上是对民主理念的强调。如前所述，环境问题具有高度的风险不确定性的特质，使得环境风险管制涉及太多利益冲突与决策上的风险而往往成为政治学选择的问题。因而，单纯自然法式的环境权利分配与环境管制决策风险以及利益衡量的特质未能相融。因此，有必要在环境风险管制决策中纳入整个民众参与体系与程序，来保证环境风险决策的理性和正当性。作为公民参与权属性的环境权，可以将其定性为参与环境决策的程序权，使环境权的讨论从拥有环境转变为参与环境决策。如此，将能更吻合环境风险管制的特质，也更能涵盖民主理念在社会转型期具有的风险共治的新内涵，从而实现合理风险管制与民主参与的主旨。

三、民主正当化的诉求

（一）概述

在民主理念下，国家的主权属于国民全体。因此，国家所有行为必须建立在直接或间接的民意基础上。以现代管制国家的角度观之，如何"正当化"行政部门的庞大权限，建立其与民意的联结，此即行政权民主正当性理论的由来。德国法哲学家考夫曼认为，探寻民主正当性的法哲学命题，其实质在于探究何谓正确之法以及如何认识及实现正确之法。正当性问题具有普遍性，行政权的正当性命题是行政法的根本命题。市民参与公共决策既提供了多方主体充分交流协商的平台，又回应和衡平了多元的利益诉求，提升了行政效率和效能。至于行政权的民主正当性，依据德国学者提出的理论，有三种不同形式的正当化途径：事物及内容的民主正当性、组织及人事的民主正当性以及制度及功能的民主正当性。[1]

在美国行政法的理论建构上，有关行政权正当化主要有四种不同的理论模式：传送带模式、专业模式、参与模式、尊严理论[2]。行政权存在的正当性，便是将该程序价值内化为机关日常运作的准则，通过行政机关内部正义的形塑，发展出一套行政理性来保障当事人权利。正当性，是致力达成基于经验和理性两个维度的合法性。[3]在当代风险社会中，面对某些特殊领域的行政事务，决策的民主正当性不论从经验层面还是从理性层面都需要吸纳更广泛多元化的主体参与，以补足决策的理性和合法性。例如，难以精确估计的高风险措施、对于未

1　在德国，法哲学家波肯弗尔德创建了"正当化链（Legitimationskette）"理论。该理论的实质表现就是任何国家权力的行使，都可以随时以一个"不中断的民主正当性锁链"回溯连结到国民身上，从而实现民主原则。

2　尊严理论，此理论并不认同联邦最高法院针对程序参与（正当法律程序）妥适性所提出具有浓厚工具理性的利益衡量标准，并认为正当法律程序应加入人性尊严的内涵，亦即行政程序的参与不能只是追求决策的正确性，更应强调尊严程序价值，例如衡平、理性、参与及隐私等。参见：陈瑞华．程序正义的理论基础：评马修的"尊严价值理论"［J］．中国法学，2000（3）：144-152.

3　从经验层面而言，正当性表现为得到社会的普遍认同和尊重；就理性层面来看，正当性是经过道德哲学论证而取得的合理性。参见：刘杨．正当性与合法性概念辨析［J］．法制与社会发展，2008，14（3）：12-21.

来世代存在不确定性的环境或能源决策以及对于人类发展属于不可逆转的重大决定等，在取得信息和处理技术上，行政机关已明显有跟不上脚步的局促感。据此，拓展"新行政法"的制度框架和模式，通过民主参与保证行政决策的正当性十分必要。

（二）民众参与是行政权正当化的重要来源

如前所述，为在环境风险管制决策中顾及动态权利保护的要求，相较于传统直观式、条件式的立法技术，各国逐渐采用大量的裁量、不确定法律概念以及目的式规定，将确定公益以及衡量利益的责任转嫁给行政机关，以应对复杂的风险社会。而行政机关往往需要借助外部的团体、人员参与合作才能妥善完成行政任务。现代法治社会，基于人权保障，权力须以权利为目的与归宿。参与虽具有强化民众对行政决定的接受度，但鉴于行政权在采取开放式、目的式的法律规范下被授予广泛的具体形成权，必须针对各种利益进行衡量，民众参与也可能造成民主正当化水平的下降。因此，为有效防止行政决策"事物及内容的民主正当性"回溯机制的弱化或丧失，构建能够容纳各方利害关系人意见的参与机制可以被视为行政权"制度及功能之民主正当性"的要素之一。在彰显自由主义、个人主义的宪政传统下，民主概念强调国家行使公权力过程中应尽量提供各种意见表达的渠道，以利多元看法呈现，并认为此种参与国家意思形成的模式，有助于提升国家行为的民主正当性。由于实现民主的渠道相对多元，不完全以民意代表机关为唯一的传递路径，行政权行使的民主正当性也可通过其他方式获得。此种体制容易发展出对行政程序中民众参与机制的高度重视，并通过程序参与的多元主义的防卫机制，用以建构一套保护少数的制度，例如行政决策过程中的民众参与。

美国的行政法学认为行政行为主要是为了作出政策决定，至于人民参与的意义，早期被认为可以制衡政府滥权。20世纪60年代以来，受到多元主义的影响，美国的行政法学又认为行政决策程序应提供一个不同意见辩论的场域，以使行政决策更具有民主正当性。当时盛行的法理学主张的"法过程论"[1]认为，并不具有一种可以确保实体决定完全正确的法律操作模式，故而制度的程序设计与结构安排比实体的规范更为重要。该理论主张实体决定必须尊重具有最适功能结构的程序机制，并尽量避免在实体问题上采取立场或订立标准。这一立场反映在 20 世纪 70 年代开始的诸多环境立法中。环境法律的制度设计，主要是在研讨一套能尽量产生正确结果的互动程序，而不是通过"专业判断担保实体的正确性"。这套制度主要是通过环境信息的揭露以及行政程序，提供一个各界论辩的场域，使民众积极参与从而达成追求环境保护的目的。就这个角度观之，民众参与是行政权相当重要的民主正当性来源。

四、民主理论新趋势：审议式民主

（一）源起：自由主义式民主的发展与反思

社会学法学的代表人物庞德认为法律的目的是控制社会，并保护和协调社会利益。自由主义是当代民主政治的哲学基础，通过宪法保障自由主义的基本价值，并以民主"多数决"的方式制定公共政策是自由主义民主的核心。自由主义强调个人自由的优先性及人的平等性。自由主义式民主经过长期的发展逐渐形成了自成体系的民主理论。[2]对于差异性的包容及承认生活方式的多元性，是所有自由主义思想的共同核心价值。基于社会事务的复杂性，即使是具有充分理性的人，

1　所谓"法过程论"，是指以经验主义地阐明法系统本身的运作过程为课题，即以社会中现实的法系统为对象，关于其各个构成要素，结合实态探究其运作过程（如法适用过程、司法过程）。它关注影响法系统运作过程的各种社会因素，是一种过程分析的方法。20 世纪 70 年代以后，"法过程论"的影响力逐渐在法律学术界消退，代之而起的是以政策分析为基础的各种理论。其中，最著名的乃法律经济分析，迄今实务上仍可持续见到该理论的影响。参见：FALLON R H Jr. Reflections on the Hart and Wechsler Paradigm [J]. Vanderbit Law Review, 1994, 47（4）：953–991.
2　自由主义民主理论建立在个人权利、自由竞争的市场经济和国家与社会的分离三大基石之上，是以政治平等、法治、分权与制衡为基本原则，以代议制民主为主导模式的一种有关国家权力的恰当范围与限度的政治理论。参见：乔贵平，吕建明. 自由主义民主理论评析 [J]. 政治学研究，2009（4）：31–41.

能够彼此开诚布公地讨论、辩论并形成一致的共识往往也是不太容易的。既然无从期待社会上的每个人都能接受同一价值观，那么必须寻求合理途径让一个社会能够求同存异，在分歧中仍有达成共识的可能。

自由主义处理个人差异和多元主张的典型方式是区分公共领域与非公共领域，通过"民主机制"在公共领域制定多数人都能接受的管理规则以确保社会的稳定，并将政府的权威局限在公共领域内。至于非公共领域政府则不得干涉，并应保障各种不兼容甚或对立的主张均得以适度呈现，维系社会多样性和多元价值观的发展。另外，制定公共领域管理规范的机制时从民主原则的要求出发，重视所有个体成员的平等性及自决权，并以"多数决"作为指导原则。当每一个人对公共政策具有不同意见时，基于人的平等性，"多数决"便成为决策的依据。然而"多数决"并非必然是神圣、绝对而明智的，也可能演变成"多数暴力"，导致自由主义所重视的个人自由和权利被牺牲。

总之，作为 20 世纪颇具影响力的民主模式，自由主义民主以强调个体权利保障为主要特点，最终以代议制政府为其最基本的运行方式。但是随着时代的发展，也不可避免地暴露了一些问题，引起不同学者的批判。在反思中，我们对自由主义民主予以新的认识。由此，"多元主义"的观点应运而生了。

（二）"多元主义"观点

多元主义民主是第二次世界大战后盛行于西方的，以考察社会中多元利益集团在政治生活中所起的作用的一种政治思潮。"多元主义"相对于"一元论"而言，认为群体生活所遭遇的问题未必只有一个正确的答案。在"自由主义"民主思维下各种价值观并存往往无法调和甚至是相互冲突，没有任何一个答案能够单方面代表所有的好或坏，相互竞逐的各方团体或个人，其主张也无法代表所有的价值观（即便已经尽量让各方意见获得显示或表达的机会）。然而，"多元主义"并不是指所有不同的主张都必须被接受，这主要因为社会或群体在这一理论预设下将不可能形成决策。一个社会必须建立在公共规范之上，而且在不同价值产生冲突时，应提供解决争端的机制。在理想的状况下，民主政治主张应让不同的价值通过和平说理、讨论、沟通甚至竞争等手段争取实现的机会。多元社会基于多元利益的取向，通过组织活动，以利益博弈形成社会的多元压力点，达到影响国家决策的目的。衡量一个政治过程是否符合民主，至少应从程序有效、权利保障、资格限定等五项标准[1]来判断是否让民众有充分的参与。概言之，多元民主理论是对民主形式的一种现代破解，揭示了现代民主形式的真实机制，即不同社会集团利益的竞争。由此，民主被还原到制度本身去研究将更有意义。

换言之，"多元主义"要求一种自我选择的权利，经由全体社会成员的共识自由选择其正义观念并据以形成社会制度与法律结构。然而，在现代社会结构中，在功利主义的影响下，民主理念下的多元利益常常被整合、被集团化，从而可能与保障多元主体权益平等实现的初衷南辕北辙。基于此，凸显"多元主义"民主为实现自由平等的价值诉求的社会制衡、经济民主、自治与控制等注重民主现实性的方法论被提及，这使得民主的实现从形式上转向实质性层面正当民主机制的构建。

另外，在民主意见达成过程中，除了关于优与劣的选择外，人类还常面临优与更优的选择。例如，环境影响评价中拟定的几个方案，可能存在不同人对于其所属意的答案也多能提出言之成理的论据，从而造成对"最优方案"或"替代方案"选择上各方意见最终可能僵持不下的情况。针对此困境，"多元主义"主张合理的处理方式便是持续不断培养和塑造具有决定权者的让步和宽容的态度，承认任何能够提出论据的陈述和答案都有值得聆听及尊重之处。在这样的认知下，人们可以相互检验不同意见及价值立场的可取之处，以利于决策更加

---

[1] 衡量一个政治过程是否符合民主，罗伯特·A.达尔至少列举了五项标准：即有效的参与、投票的平等、充分的知情、对议程的最终控制、成年人的公民资格等。参见：罗伯特·A.达尔.论民主[M].李风华，译.北京：中国人民大学出版社，2012：71-78.

圆满。因此，产生了更为理性的多元民主，即"审议式"民主。

（三）"审议式"民主

1. 理论发展背景

近代以间接代议民主为主要潮流的民主制度，在法案审议或政策制定的过程中，通常将决策权力交给较有能力的精英机构，使得民众没有实质参与的渠道，只能放任政治人物、利益团体或政党竞相追逐私利，甚至不满而无奈的民众往往沦为定期改选时投票的工具。为弥补代议民主之弊而被提倡的直接民主（公民投票），亦有许多待解决的难题。譬如，直接民主制度强调政治上的平等，将决策权力交给较不具专业素养的公民，相对来说政策问题被一定程度简化，人民只能在预设的选项中做选择，在缺乏互动和反思下对议题作出反应，而且决策结果的正当性取决于投票数的多寡，这将无助于决策质量的提升。因此，当代的民主理论强调在作出决定之前，应重视思辨过程和意见的形成，以此为基调逐渐发展出"审议式"民主的概念。

2. 理论内涵

"审议式"民主，是保障公民参与决策等的理念与原则，其内涵包括"参与"和"审议"两大部分。[1] "审议式"民主除了鼓励参与外，更企盼民众通过理性和真诚的申辩过程寻求共识。鼓励公民参与决策和优化决策是"审议式"民主的理想。概括而言，"审议式"民主是容纳多元利益并存的、参与机制适度开放的一种动态演变的治理形式。"审议式"民主理论希望建构一种基本观念，就是各方皆有意愿理解彼此价值、观点及利益，同时维持重新评估或修正的可能性，以共同寻求公共利益或各方皆能接受的方案。依循"审议式"民主理论的这一观念，在决策中即使不同意他人的意见，甚至最终未能达成共识，

1　乔恩·埃尔斯特（Jon Elster）指出，"审议式"民主包含两部分：一是所有受到决策影响的公民或其代表，都应该能够参与集体决定，这是审议式民主的"民主"部分；二是集体决定是抱持理性与无私态度的参与者，经由论理的方式来形成的，这是审议式民主的"审议"部分。参见：ELSTER J.Introduction ［M］//Deliberative Democracy.Cambridge：Cambridge University Press，1998：1–18.

所有参与者皆应通过持续的对话过程在事实上对议题均能有所贡献，并有意愿在未来继续合作。

"审议式"民主更加着重参与和决策质量间的关系。"审议式"民主的倡议者指出，每个人应该公开其抉择的理由，通过相互诘问来检验各自所持的理由是否能说服自己和他人，并期待公众能够跳脱自利的观点去审视公共议题。而理性的基础来自知情参与，亦即针对沟通与辩论的议题，民众应有获得必要信息的渠道，据此提升自行判断和提出观点的能力。

"审议式"民主并非对已然确定的既有立场加以认可或批准，而是一种具开放性的利益及价值选择的动态探索过程，在建立共识之前应保证民众有充分的发声和参与渠道。民众参与环境风险管制决策的审议可能是极有价值的社会资源。如果能依据民主理念的指引，对民众参与审议加以引导，不仅可以疏解环境管制带来的环境抗争的压力，更有利于环境保护政策的推行和制度化实现。"审议式"民主强调理性的重要性，希望通过理性沟通、审议及决策过程，建立包容、平等、自由的讨论与沟通机制。

为使各有论据却不兼容的诸多主张趋于一致，强化"审议式"民主的实现，有利于将环境保护等公共决策中民众的诉求、表态和行动视为民众参与环境风险管制重要的一环。正如面对良善生活多元理念时，公民有良善生活的选择尊严，而政府需审慎地保持中立。国家保持中立主要表现在两个方面：程序中立和目的中立[1]。归纳学者对"审议式"民主基本原则的理解，主要有如下几项：公开性，即民众及政府对于自身的主张及行为应加以合理并公开的证成；责任性，即国会议员及行政官员必须对其人民负责；互惠性，即民众

1　程序中立，是指争议的解决应诉诸某些被正当化的程序，而这些程序呈现出来的特质应具有中立性，例如公正、公平、公开等。通过这样的程序，民众可以随时检验社会的基本结构，尤其是与宪政及基本正义有关的事项，强化民众对于体制的信任，进而产生一种内在的稳定力量。目的中立，是指国家对于任何特定的价值观不能有所偏袒，也不能意图去左右民众的看法与选择，并应确保每个民众具有平等的机会去实现其价值观。参见：约翰·罗尔斯.正义论［M］.何怀宏，何包钢，廖申白，译.北京：中国社会科学出版社，2001：76-77.

应通过理性、互惠的思考方式，寻求一个道德上值得尊重的共同立场，即使这个立场在部分人看来是错的；自主性，即尊重个人自由并提供公平的实践机会。

需特别指出的是，"审议式"民主并不主张完全放弃"多数决"，而是探讨在"多数决"的前提下民众理性如何呈现的问题。因此，"审议式"民主是对聚合式民主[1]以及任何形式的以独立投票并加总的形式来呈现民意的民主模式的矫正，是对原有公民偏好的形成机制和公民偏好的呈现机制的有效补正。另外，"审议式"民主并不全然否定代议制度，因为无论是基于宪政体制的要求或社会事务复杂性使然，民众仍然需将许多事情交由政治人物（代表）来处理。然而，相较于代议制度而言，"审议式"民主更强调民众必须有共同讨论、理性说服他人或被他人说服的机会，通过此种审议方式形成意志，同时要求政治人物响应，并且对该响应负责。换言之，"审议式"民主，希冀构筑起强公共领域向弱公共领域[2]负责的机制，从而更充分地实现民主。

3. 理论实践

一般来说，"审议式"民主的进行方式，系针对具有争议性的议题邀请一定数量的民众，事前接触、阅读并消化吸收与议题相关的专业信息，经初步的讨论和交换意见，并可以在公开论坛就尚有疑义的内容咨询专家学者，然后在具有一定信息和知识的基础上，就该议题进行辩论并作出判断，最终将这些观点写成报告，并向社会大众公开，供政府部门参考甚至作为行政决策的依据。自丹麦20世纪末首次开展公民会议（共识会议）的实践以来，国际社会中多个国家和地区的效仿使得"审议式"参与民主日益成为一门"显学"。以"审议

1　所谓"聚合式民主"（aggregative model of democracy），是一种通过投票聚合公民个体意见的民主模式，通常包括所谓的"精英"民主理论和"多元"民主理论。参见：谈火生.民主审议与政治合法性[M].北京：法律出版社，2007：166.

2　在哈贝马斯看来，"弱公共领域"是一种非组织化的舆论形成的载体，与之相应的是市民公共领域（civil public sphere）；而"强公共领域"则是高度结构化和形式化的，与之相应的是政治公共领域（political public sphere），特别是立法机构。参见：谈火生，吴志红.哈贝马斯的双轨制审议民主理论[J].中国政协理论研究，2008（1）：32-39.

式"民主为理论基础的参与式科技评估制度逐渐自欧洲发展至全世界。相关参与式科技评估机构的设置主要可分为三种类型：一是设立于国会。例如，英国、法国、德国、比利时及欧洲议会皆是此种类型。二是设立于行政体系。例如，丹麦科技委员会（Danish Board of Technology，DBT）。三是设立于民间部门。例如，美国的科学研究院，荷兰的大学研究中心或公益团体等。以瑞士为例，鉴于专业性及特殊性的考虑，针对涉及科学及技术层面的立法工作时，亟须独立于行政部门以外的科学顾问资源提供中立而客观的观点。1991年瑞士联邦议会通过立法成立瑞士科技成果评估中心（TA-SWISS），由14位经济、科学、社会及政治领域的代表组成，通过会议方式界定议题，交由科技评估委员会针对每个议题组成支持小组，执行专业科技的评估工作。

当然，任何理论都一定会有其局限存在，"审议式"民主也不例外。针对该理论被提出的质疑或困境主要存在以下方面：一是如何确定参与者的范畴；二是如何激发参与者具有均质而充分的理性；三是如何保障信息提供的客观性；四是审议结论的效力保障。换言之，"审议式"民主带来了以强化参与为本位的改革方向，但也同时面临着参与不足甚或参与不能的困境。缺少了民众参与实践方式和选择基准的形塑，各利益主体之间的意见不能互通有无，也就更谈不上观点的衡量和权重。正如，审议追求的是公共利益，而非促进支配者的观点。基于这样的认识，我们应在民主实践中，探索一种法治的"混合模式"。据此，基于民众参与的基本理论，在国际条约和一些国家的立法中开始对民众参与环境风险管制的法治进路进行了实践探索。

第二节　民众参与环境风险管制的实践基础

民众参与环境行政决策，是民主法治理念和提升环境开发活动效率理念的重要体现，也是"环境权"理论在环境法上的具体体现。从环境风险管制的实质出发，民众参与环境风险管制不仅必要而且应当，它与国家的政治民主化进程是紧紧联系在一起的。目前，各国环境法中均设计了民众参与环境风险管制的相关制度。法律是私人间利益竞争的冲突解决方式，同时也是追求公共利益的形成手段。法律制度的设计或解释，往往需考虑一国的政治体制及社会结构，并通过各方不同观点的竞逐或折中而最终产生。即使是相类似的民众参与制度，在不同国家的基础理念与国家权力互动预设也一定会有差异。

一、民众参与环境风险管制的法律表述——以《阿尔胡斯公约》为例

（一）概述

有关环境事务的民众参与，自20世纪90年代开始，就不断在国际公约中被提及。1991年通过、1997年生效的《关于跨界背景下环境影响评价的埃斯波公约》，又称为《埃斯波公约》，是第一个以环境影响评价为主要内容的国际文件。《埃斯波公约》也率先针对民众参与环境影响评估程序加以规范，其内容可谓详尽。但是，囿于《埃斯波公约》仅限于对可能造成严重跨国环境影响的特定开发行为予以评价，其仍具有一定的局限性。联合国1992年在巴西里约发表的《里约环境与发展宣言》，则首次揭示环境事务处理的整体性民众参与架构。该宣言第十项指出，环保问题必须由所有不同层面的关心社会的民众积极参与才能有效解决等民众参与的主张。遗憾的是，该宣言并未进一步提出可供执行的具体措施，更偏向于宣示性质。

《阿尔胡斯公约》[1] 则是将环境事务决定程序中的"信息请求""民

1　《阿尔胡斯公约》，即1998年6月"欧洲环境"进程第四次部长级会议上通过的《在环境问题上获得信息、公众参与决策和诉诸法律的公约》。《阿尔胡斯公约》被看作对《里约环境与发展宣言》的继承和发展，使得宣誓性的参与有了实质的内涵。

众参与"及"接近司法"列为公约的三大要项，并且在规范内容上提出颇为具体的制度设计建议。《阿尔胡斯公约》被誉为"欧洲环境决策"中的里程碑。不同于早期充满宣示性口号的架构性环境保护公约，《阿尔胡斯公约》通过对条款内容的细致化，进一步赋予相关概念定义，并且在执行的条件上予以明确化，使其规范具制度化的实践可能性，成为第一个整体性且有执行可能性的环境决策程序的民众参与国际规范。该公约是在联合国欧洲经济委员会（UNECE）主导下通过的，其缔约国遍及欧盟各成员国。欧盟本身于 2005 年 2 月完成批准程序，并且在《2003/35/EC 指令》《1376/2006 规则》以及《85/337/EC 环境影响评估指令》等要求下予以推行，可谓是最致力于实现该公约规范内容的区域。

（二）《阿尔胡斯公约》的目的及其对相关概念的界定

1.《阿尔胡斯公约》的目的

《阿尔胡斯公约》的制定目的，主要是希望改善民众在环境保护方面获得信息的途径，并且能够促进民众有效参与环境决策，并以此提高环境行政决策的质量以及民众对环境问题的认识，让民众有机会表达自己对环境事务的关切，并使政府机关对于这些关切给予应有的考虑，提高决策的责任感和透明度，加强民众对环境决策的支持。该公约在前言处即开宗明义指出成员国应按照公约规定保障民众在环境问题上的参与权利。进一步分析条文内容，可更清晰地了解公约的规范意旨，"提高行政机关获取信息与作出决策的正确性"以及"提升民众对于决策的接受度"等属客观功能面向，而"将信息请求、民众参与及接近司法等规范加以权利化的努力"则具有主观功能的属性。

2.《阿尔胡斯公约》对相关概念的界定

《阿尔胡斯公约》的规范对象"公共机关"（public authority）一词，系指中央、地方或其他层级的政府以及依据国家法律行使环境公共行政具体职责、活动或服务的自然人或法人，且不包含行使司法或立法职权的机关或机构（第 2 条第 2 款）。换言之，其主要是以行政机关为规范对象。至于"民众"（the public）的定义，系指一个或多个自然人或法人以及依据国家法律或实务组成的协会、组织或团体（第 2 条第 4 款）。"相关民众"（the public concerned）则是指正在受或可能受环境决策影响或在环境决策中具有利益的民众；为扩大参与，提倡环境保护并符合本国法律要求的非政府组织亦应被视为具有利益（第 2 条第 5 款）。基于国际法原则与平等主义的理念，在该公约规定范围内，民众在环境问题上的权利，不因公民身份等的不同而受到歧视（第 3 条第 9 款）。

（三）《阿尔胡斯公约》对相关民众参与机制的表述

1. 民众知情与环境信息公开

民众想切实有效地参与环境行政决策，其前提在于能够充分而实时取得与决策相关的环境信息，并以此作为参与发动、参与方式、程度及内容等参与细节的考虑依据。行政机关持有的环境信息，其概念范畴的界定，以及行政机关应如何处理相关环境信息 [1] 的主动或被动公开事宜，即属重要的待规范事项。至于环境信息获得方式，则可分为民众申请及行政机关主动公开两类，下面分别予以介绍。

（1）经由民众申请

《阿尔胡斯公约》第 4 条第 1 款规定，对于民众提出有关取得环境信息的请求，行政机关应确保在国家立法范围内，使民众获得相关信息。民众提出申请时，无须声明其涉及何种利益（without an interest having to be stated），政府提供的方式则是交付含有或构成相关信息的文件材料复制品。当民众依据国家法律规定提出申请时，行政机关

---

[1] 依据《阿尔胡斯公约》第 2 条第 3 款，环境信息，是指以书面、影像、声音、电子或任何其他物质形式所呈现的信息，主要分为以下三类：一是各种环境要素的状况。例如空气和大气层、水、土壤、土地、地形地貌和自然景观、生物多样性及其组成部分，包括基因改造有机体以及关于这些要素之相互作用。二是正在影响或可能影响一项范围内环境要素的各种因素。例如物质、能源、噪声和辐射，以及包括行政措施、环境协议、政策、立法、计划和方案在内的各种活动或措施等。三是正在或可能受环境要素状况影响或通过这些要素受第二项所指因素、活动或措施影响的人类健康和安全状况、人类生活条件、文化遗址和建筑结构。

应允许其以免费方式，快速检索民众参与行政决策程序所应具备的相关信息。这些信息的内容应至少包含以下说明：一是拟议活动的地点及其物理和技术特性，包括预计产生的残余物和排放估计。二是拟议活动对环境的重大影响。三是预防或减少各种影响的预计采取措施。四是以上内容的非技术性概述。五是申请人曾研究过主要替代办法的概要。六是根据国家立法，应向行政机关提交的主要报告和咨询意见。然而，基于环境信息应尽量公开的理念，该公约也要求，应"从严"解释据以驳回申请的理由。

（2）行政机关主动公开

《阿尔胡斯公约》第 5 条第 1 款规定，行政机关应具备并更新与其职权相关的环境信息的能力[1]。《阿尔胡斯公约》第 5 条第 2 款规定，各成员国应在国家立法框架内，确保行政机关以透明方式[2]向民众提供环境信息，并确保环境信息被民众确实有效掌握。第 5 条第 3 款则规定，各成员国应逐步通过电子数据库此种公共电信网络的途径供民众检索环境信息。第 6 条第 2 款又指出，行政机关应于环境决策初步拟定时，就要斟酌以适宜的方式（如公告、单个通知等），使民众知晓相应的环境信息，特别是程序启动、民众参与的机会、准备举行公开听证会的时间和地点、可索取相关信息的行政机关或供民众查阅相关信息的地点、可提交意见或问题的行政机关或其他官方机构的时间安排等与拟议活动相关的环境信息。

2. 民众参与的模式

《阿尔胡斯公约》特别针对典型的行政机关决策行为，依其属性差异设计了三种类型的民众参与模式，它们分别为：参与特定行为的决策（第 6 条）、参与环境计划方案和政策（第 7 条）以及参与拟定

1　例如，在人类健康或环境面临人类活动或自然原因造成任何急迫威胁的情况下，行政机关应立即向可能受影响的民众发布政府所掌握的一切能够帮助民众采取措施以预防或减少损害的信息。参见《阿尔胡斯公约》第 5 条第 1 款（c）。

2　基于《阿尔胡斯公约》的规定，以透明方式主动公开的信息包括：一是向民众充分介绍有关行政机关所具备环境信息的类型和范围，提供信息的基本规定和条件，以及获取信息之手续；二是建立和保持切合实际的安排，例如，公开清单、登记册或档案，要求行政官员协助民众取得本公约规定的信息、确定联络点等；三是免费提供上述所指清单、登记册或档案中包含的环境信息。

行政命令或具法律拘束力通用文书（第8条）。

（1）民众参与特定行为的决策

《阿尔胡斯公约》第6条要求行政机关在进行特定行为的决策（包括开发许可、计划确定等）时，应赋予民众参与相关决策程序的机会，并且在程序进程与民众意见的考虑上有较为明确而细致的规范。

本条界定"特定行为"的概念范畴，可大致分为下列两类：

一是属《阿尔胡斯公约（附录一）》所列的各项行为。例如，能源设施的设置（天然气、火力及核能发电厂、核废料储存等）、金属生产与加工、矿业、化学工业、废弃物管理、一定规模以上的工业、交通或水利设施、石油化学工业等，其拟议活动（行为）的行政决定，各成员国应强制适用《阿尔胡斯公约》第6条有关民众参与的规定［第6条第1款（a）］。二是未列入《阿尔胡斯公约》，但可能对环境产生重大影响的拟议活动行为，其准否的行政决定得由各成员国自行决定是否适用《阿尔胡斯公约》第6条［第6条第2款（b）］的规定。

由此可见，《阿尔胡斯公约》（第6条）相关规范内容特别重视民众参与的时机问题，要求对于不同阶段的程序参与应有合理的时间范围。行政机关应预留足够时间，将《阿尔胡斯公约》规定的相关信息通知民众，使民众具有充分时间得以有效参与决策过程。此外，有鉴于民众参与实质意义层面的实现，《阿尔胡斯公约》（第6条第4款）特别强调应在决策方案初步拟定完成或有意向实施时即启动民众参与的程序，以实现实质有效的参与。如此，也是为了避免行政机关在"心意"已定的情形下，即使是面对积极参与的民众，依然竭力捍卫或正当化其决策立场的不合理现象。为利民众参与程序的顺利进行，《阿尔胡斯公约》要求行政机关应视情况鼓励可能的申请人在申请核准前，先行确定相关民众的范畴进入讨论程序，并且提供关于其申请内容的信息（第6条第5款）。

综观整个民众参与程序的核心，则在于提出意见或问题。就此，《阿尔胡斯公约》（第6条第7款）明确规定，民众得以书面形式或视情况在公开听证会或对申请人的询问过程中，提出与拟议活动相关的任何意见、信息、分析或见解。再言之，该公约承认书面及口头两种民众意见表达方式，但以书面呈现为原则，在特定场合才可以口头方式为之。民众参与制度是否确实有效，除前面提及的信息获得渠道畅通、意见提出时间充分、意见表达具实质影响力及意见提供方式多元等要素外，尚有一不可或缺的要素，即《阿尔胡斯公约》（第6条第8款）的规定，即行政机关必须确保行政决策中民众参与的结果应得到适当的考虑。行政机关如能及时作出翔实的响应，不仅具有相互沟通、提高透明度与民众接受度的意义，也有助于法院就进入司法程序案件的合法性审查。至于具体的响应方式，《阿尔胡斯公约》（第6条第9款）规定，行政机关作出决定后，应依适当程序实时通知民众，所通知的相关信息则包括决定的内容及所依据的理由和考虑。

（2）民众参与环境计划方案和政策

《阿尔胡斯公约》第7条要求，各成员国应作出适当安排，在提供民众必要信息后确保其在透明和公平的框架下参与制订与环境有关的计划和方案，并设法在适当前提下使民众有机会参与制定与环境有关的政策。

首先，行政机关应考虑《阿尔胡斯公约》的目标，确定可参与的民众范畴，继而适用《阿尔胡斯公约》第6条第3款、第4款和第8款的规定，即行政机关应于决策前，将《阿尔胡斯公约》第6条第2款规定的相关信息通知民众，并预留时间供民众做充分的准备；另外，应确保民众尽早参与行政决策程序，使其在所有备选方案尚具讨论与修正的空间时，就可以促成意见或问题的提出；最后进行行政决策时则应适当考虑民众参与的结果。

（3）民众参与拟定行政命令或具法律拘束力的通用文书

《阿尔胡斯公约》第8条规定，行政机关拟定可能会对环境产生重大影响的执行法令和其他具法律约束力的通用准则文书时，民众可在各种备选办法尚未确定前于适当阶段进行有效参与。行政机关对于民众参与的结果则应尽可能给予考虑。为致力促进该公约的这一要求，应采取下列步骤：首先，确定足以有效参与的时间范围；其次，发表或以其他方式公布行政命令的草案；最后，提供民众直接或通过代表性协商机构提出意见的机会。

3. 民众参与的司法救济

有关环境信息的取得或公开以及环境行政决策行为的民众参与，《阿尔胡斯公约》已有相当细致的规定，并责成各成员国具体落实于其国内法令制度中，这对扩大环境决策的民众参与有其建设性意义。然而，相关法律规定的执行如未能有相应的监督或审查机制，恐将仅剩下宣示的效果。一般来说，我们无法期待行政机关能够始终如一地恪守法治、克制自律，应通过包括司法权在内的他律机制来确保行政机关不会扭曲或选择性地实施民众参与制度。并且，在民众与行政机关间的认知有所差异时，赋予民众司法救济渠道，可通过公正第三者的裁夺予以认定来避免纠纷悬而未决或失之偏颇。因此，《阿尔胡斯公约》认为应通过司法机制保障民众参与的正当利益，并使参与决策机制的法律得到切实的执行。

《阿尔胡斯公约》第9条第1款规定，各成员国应通过立法方式，保障民众依规定申请索取信息时，如遇到申请被忽视、部分或全部的申请被不当驳回、未得到行政机关充分答复等情形时，可请求法院或依法设立的独立公正机构加以审查。民众针对行政机关就其申请提供法定信息的处理，如有不满意者，除可通过法律规范请求法院审查外，国家还应设计快速程序，将此类不服案件交由行政机关重新审酌或法院以外的独立公正机构进行审查，而且特别强调，相关程序的实行应是免费或是不昂贵的。《阿尔胡斯公约》为民众参与环境风险管制决策提供了实践范本，其相关规定对民众参与的实现意义重大。在此影响下，一些国家也开始了民众参与环境风险管制法治进路的探讨。

二、民众参与环境风险管制的法治进路

（一）民众参与环境风险管制的法治认同——以德国、美国为例

1.德国法观点

行政法是有关行政的法，行政法的中心主题就是对政府权力的法律控制。依照德国行政法学的看法，行政决定的正当性源自国会经由法规范的授权以及行政机关对法规的正确解释与适用。国会通过法律文字（构成要件及法律效果）具体化其授权，行政机关则拥有主管事务的一般性专业知识，在国会授权下，经由事实认定与法律适用来作出个案决定。德国著名的行政法学者奥托·迈耶基于国家与社会二分的角度，进一步强化了公、私法[1]区分的功能和价值。在奥托·迈耶创立行政法总论的年代，对于当事人程序权利的保障并非行政法的重点，行政决定的正确性及对于当事人的保障主要通过事后行政诉讼的方式加以处理。因此，德国传统行政法着眼于"法律保留"与"议会支配"，侧重行政行为实体内容的合法性控制而非程序性控制，有"重实体轻程序"之谓。在这样的理解下，行政决定的达成原则上一般是不需要民众意见的参与，只有在处理特殊性个案时，才可能需要民众提供更清晰的事实或更专业的知识，以协助行政机关作出正确的决定。换言之，民众的参与至多提供行政机关无法掌握的信息，以此提升实体决定的正确性。

经由一定的程序使民众相信该决定为正当并进而接受该决定，此即所谓"经由程序的正当性"[2]。近年来，面对风险社会之多元性及复杂性，行政行为必须具有一定程度的弹性。为弥补因此所造成的国

1　奥托·迈耶认为，基于国家与人民之间是命令与服从的关系，故公法是政治国家中控制公权力的强行法；人民内部之间是平等和自愿的关系，故私法是市民社会中实现意思自治的自由法。

2　卢曼提出了"经由程序的正当性"，认为法律系统通过提供立法的可能性从而经受政治上的影响；而政治系统则通过民主化抵御将修改法律的动议变成实际决定的诱惑。参见：李忠夏.基本权利的社会功能［J］.法学家，2014（5）：15-33.

会法律拘束力弱化，以民众参与方式作为强化行政民主正当性的主张，逐渐为人所提倡。此外，欧盟对于行政程序也极度重视，如《欧盟基本权利宪章》第41条"享受良好行政的权利"，特别将行政程序中攸关民众知悉之事项（涉及利益影响的个别措施之事前通知、获取信息及行政决定附加理由等）列为基本权利，经欧盟执委会明确要求相关机关或组织立法或制订规则时应予采纳，并且为欧盟法院所肯定和承认。作为欧盟成员的德国，也不得不就其对于行政程序的看法，在法制层面及理念上进行相当程度的调整与适应。继而，随着公法与私法由"对抗"走向"合作"，行政实施效果成为判定"行政正确"标准。因此，如何以程序保障民众参与成为各国考量的观点。

2. 美国法观点

英、美法系国家历来较为注重程序，甚至认为无程序保障即无权利保障。以美国经验为例，自殖民时代开始，鉴于诸多移民在之前欧陆原生国家遭遇许多不愉快经历（专制王权和官僚的欺压），故对政府组织采取比较怀疑的立场；而且出身各异的移民，其生活方式往往有极大差异，难以形成一致性的价值观。唯一能共同接受的只有能够包容不同价值的程序与政府组织。由于信奉"自由主义"理念以及对于"最小"政府的设想，这些移民及其后代往往认为国家并不能代表任何高于个人的利益，也不能将其价值判断强加到人民身上。因此，国家的任务就是维持一个公平开放的程序，供人民协商及竞逐利益。受此理念影响的美国行政法学，多认为行政的主要活动乃是为作出政策决定。而对于民众参与的看法，早期认为可以制衡政府滥权；随着多元主义的影响，尤其在面对快速变迁且具有复杂性的行政事务时，鉴于国会直接监督的能力有限，认为可以提供一个不同意见辩论的场域，在法律中规范一定的程序赋予民众广泛的决策参与机会以利监督的实施。就此来说，民众参与是行政权相当重要的民主正当性来源之一，依此建构的行政法体系，也自然以程序保障为其核心价值。英、美法系国家不强调公法与私法的区分，甚至很长一段时间内并不承认行政法的存在，正如行政权领域的确定是通过在国家权力中划出立法权和司法权而完成的。因此，美国行政法的理论并非是基于对行政法自身的证明，而是通过对立法技术的延续和与司法审查的衔接而确立的，从而在行政法理论上主要体现为授权立法和司法审查的内容。

3. 小结

时至今日，两大法系在行政法的很多理论上都有趋同之处。但总体上来说，仍然可以看出两者在研究重点和理论体系特色上的差异。就民众参与行政决策的立论面向而言，德国和美国对于民众参与行政决定的理念及制度预设的认知差异大致可区分为以下几个方面：

一是参与的法治模式取向不同。德国取向"人民基本权利保护"的法治模式，较为严格地限制程序参与的当事人资格。在民众参与方面，整体上不如美国强调"广泛的参与"而具有丰富多元的参与渠道。

二是行政程序中民众参与的规范化不同。德国是一个比较强调团体化的社会，在行政程序中较缺乏利益团体参与的规范，早期只有在部分环境专门法律文件中设有颇为严格的团体参与途径；只是近年受欧盟相关立法的影响，已渐有转变。美国则是承认环保利益团体在行政程序中的地位，肯定其具有正向的价值与功能。

三是对民众参与的支持性理念理解不同。德国对于民众参与的讨论往往回溯到宪法层次所确立的民主原则，然而法释义学下的民主原则非但无法充分支撑民众参与制度，反倒需通过进一步诠释才能克服理论障碍。美国宪法则强调多元参与式民主，普遍肯定和认可民主原则基本上是作为积极引入参与的支持性价值。

综上，无论在德国还是美国，民众参与环境风险管制在理论上都获得了足够的支持。但由于德国在民众参与环境风险管制理念上首先预设公私主体的对立与划分，其构筑的民众参与的实现更倾向于程序意义上参与机制的优化以及"公私协力"下民众参与环境风险管制制度的完善。英、美法系国家由于不强调公法与私法的区分，所以在民众参与环境风险管制的思维路径上更倾向于如何保障和实现多元主体参与环境民主治理路径的设计。虽然，不同国家在民众参与环境风险管制的具体理念预设和制度因应上存在不同，但保障更广泛的民众有效参与环境管制决策已达成共识。同时，基于环境共治的理念，各国在保障民众参与环境风险管制的思维路径上均包含两方面内容：一是在程序上优化民众参与机制，确定民众参与环境决策的方式及选择机制；二是在制度层面构建"多元主体"参与共治的环境管制新形态。因此，基于达尔的"多元主义"民主理论[1]，"公私协力"实现环境共治成为多元主体参与环境管制的核心路径。

（二）民众参与环境风险管制实现的路径

如前所述，随着现代社会的急速变迁，国家的管制需求日渐提升，但国家本身经常无法迅速、弹性、有效率地应对来自管制对象的瞬息万变。市民社会理论早已突破了国家与市民社会"二元对立"的传统范式，实现了重大发展并对当代法治变革具有重要意义。它不仅是西方的经验和逻辑，也展现了对人类现代命运和前途的深层关怀。当代行政活动的领域不再仅停留在高权事务内，而越来越活跃在国家与社会两级间新类型的活动场域。社会管制开始了一场由自身体制变革而引发的多元主体共同参与管制的社会治理结构转型，"公私协力"成为当前环境治理转型的基础和主导范式。我国 2014 年《政府工作报告》中首次提出"多元共治"的理念[2]。多元共治主张构建合作与竞争、互动与互制并存的共治机制。因此，环境多元共治是在政府、市场和社会三重体系日臻完善的条件下，为因应传统"命令–服从"

---

1 达尔所倡导"多元主义"民主理论由七项制度构成，包括公民有自由表达的权利、公民具有获取信息资源的便利、有授予选举产生的官员以控制政府决策的最终决定权、公民具有切实的权力来组成与加入政治组织等。参见：罗伯特·A. 达尔，布鲁斯·斯泰恩布里佐纳 . 现代政治分析 [M]. 吴勇，译 .6 版 . 北京：中国人民大学出版社，2012：81—107.
2 李克强总理在 2014 年《政府工作报告》中首次提出，推进社会治理创新，注重运用法治方式，实行多元主体共同治理。这被看作我国社会治理实践经验的总结和新要求，也是政府治理体制改革的新境界。

为中心的政府环境管制所导致的环保目标悬置与制度硬化、运动式环境执法以及执法者与污染者合谋形成法律规避等诸多弊病下的一项新的治理模式。

多元主体共同治理环境，在法治的面向上而言，其实质就是通过制度的构建，实现政府与社会协力实现环境保护的目的。例如，在突发环境事件应急管理中，基于我国 2014 年修订版《环境保护法》的规定[1]，形成了政府主导、社会协同的社会组织参与突发环境污染事件公共监测预警应急机制。建立环境污染公共监测预警机制的目的，是要尽早向社会和公众发布预警信息，引起社会各界的警惕和注意，将可能的损失降低到最小化。同时，对突发环境事件的处置结果包括事故发生原因、造成的危害以及后续处置措施及其遗留的不良影响等，也必须向社会公布，保障公民的环境知情权。

另外，在区域环境污染治理上，探索多元共治的协同机制新路径；在自然资源保护方面，强化产权制度及协议管护等民众参与资源保护的新范式。总之，民众参与环境风险管制的实质在于实现环境多元共治，即秉承民主与管制"互动与互制"理念，构建由政府、市场与社会组成的多元主体共同治理的环境治理新模式。

关于民众参与环境风险管制的多元主体的范围界定，如果借助公、私法划分的观点，环境多元共治的参与主体还可以表述为"公"与"私"两者。公部门泛指政府，私部门则泛指相较于"公部门"以外的行为主体。然而，这种公私主体二元分化的概念虽简易却过于抽象。政府对于社会福利任务的实现只是可能的部门之一，而并非垄断公共任务履行的唯一部门，其他的社会福利提供部门包括非形式部门[2]、市

1　参见我国 2014 年修订版《环境保护法》第四十七条，各级人民政府及其有关部门和企业事业单位，应当依据《中华人民共和国突发事件应对法》的规定，做好突发环境事件的风险控制、应急准备、应急处置和事后恢复等工作。

2　非形式部门包括家庭、亲属、朋友及邻居等共同体，乃是生产福利的最原始部门。参见：周海华．公私协力履行环境行政任务的正当性及其适用型态[J]．西南民族大学学报（人文社科版），2018，39（11）：86-91．

场[1]以及第三部门，三者则可统称为私部门。换言之，多元参与共治的主体范畴可以扩大为除市场之外的私部门的范畴，即相较于管制机关而存在的广大民众。

多元共治在环境公共事务管理中的落实，无非是探寻环境管制决策中一条蕴含法制、协商、自治交融互动的法治进路。环境公共行政，也是具有环境管理职能的机关依法管理环境事务的有效活动。公共行政必须依法举行，而且必须是有效[2]的。当然，公共行政管理的有效性和效率的实现离不开行政法的发展。进入现代，行政法与公共行政朝着良性互动的方向发展。在这一趋势下，公共行政实现多元参与主体共同利益，要求行政法通过体制内生激励来提供公私合作有效开展的制度回应。

随着政府职能逐渐扩大，政府职能中保持社会稳定的调节职能趋于加强，主要表现在政府通过与各种利益集团、各种社会力量之间的妥协来达到平衡等方面。个人、激励与交易成本成为制度激励与可持续性发展的关键词。为确保公共行政管理活动的顺利进行，多数国家在行政改革中通过宏观协调，将一部分职能交还给社会，由社会组织替代政府进行直接管理，实现社会职能社会化，这成为当代政府公共行政职能发展新趋向，公私部门的合作关系也在这一背景之下展开。

公私协力混合行政对传统行政法带来了诸多挑战。公私协力，是近年来政府寻求提升治理能力、改善治理效果的主流思维，其概念并不局限于公私双方合作产出，形成对价与利益结合的互利关系；公私协力强调的是"公私部门基于相互认同的目标，而在不同行动者间形成的动态关系"。公私协力更是契合了国家治理体系和治理能力现代

1　市场是由财物或劳务的供需双方所组成，市场关系的建构特征在于时点性质的关联性。政府如何引导市场提供公共物品并维持相当之质量，是需要构建相应的制度来实现的。参见：周海华．公私协力履行环境行政任务的正当性及其适用型态［J］．西南民族大学学报（人文社科版），2018，39（11）：86-91.
2　有效包含两层含义，即有效性和效率。

化的本质[1]。虽然目前公共行政领域学者对于公私协力尚未形成统一的定义，但基本的核心内涵趋于一致。具体来说，在公共行政视野之下，公私协力理念至少涵盖以下核心要素：其一，"合作参与"代替"竞争控制"；其二，公私协力关系中参与主体的地位是平等的；其三，"互利共赢"是公私协力的目标。

基于上述对环境"多元共治"实现进路的探讨，协同管制成为承接环境公共事务多元共治的法治化进路选择。管制作为市场条件下政府干预经济的手段，通常被理解为"由行政机构制定并执行的直接干预市场配置机制或间接改变企业和消费者的供需决策的一般规则或特殊行为"。民众之所以需要参与环境管制，是由环境资源的公共属性所决定的。在现代社会中，民主的实质是协商论辩而非对抗妥协，因此，在环境风险管制下民众参与模式应当向协商转向，借由多元主体的协商对话来强化民众参与，最终形塑环境风险管制决策的正当性。

换言之，"协力行政"[2]即是通过更广泛的社会参与完成行政任务，履行资源整合管理、满足民众需要的基本目的，而这也正契合了环境"多元共治"的实质。

三、小结

综上，民众参与环境风险管制实际上可以表述为公私协力下的协同管制，在这一语境之下，参与环境管制的民众范围应当与私部门的类型界定相当。换言之，参与环境管制的民众即为与公部门通过对话、竞争、妥协、合作和集体行动实现环境多元共治的私部门。在国家与

1　基于公私协力履行环境行政任务的正当性而言，恰恰贴合了环境风险管制的实质属性。因此，文中所列举的私部门均可以适当的方式参与环境管制，此即民众参与的实现。
2　这里探讨的协力行政主要是民众身份的协力，即公私协力在环境行政中的运用。按照公民在"协力行政"中扮演的当事人角色的不同，可以将协力行政分为两种类型，即行政相对人身份的协力行政和民众身份（纯"私主体"身份）的协力行政。民众身份的协力，又称为公私协力行为，是指行政主体在其职责范围内为实现一定行政目的，但基于本身的条件限制和公务上的需要，借助行政相对人以外的私主体（包括公民、法人和其他组织）的协作，针对行政相对人共同作出行政行为并产生行政法效果的行为。参见：陈峰，黄学贤.协力行政的兴起及其行为型态探析[J].求是学刊，2010，37（1）：74-80.

社会展开普遍、广泛、深度的互动与合作中，政社合作模式大体上分为法团主义模式[1]、合作治理模式[2]、第三方治理模式[3]和契约关系模式[4]四种。德国一些地区以国家担保责任为理论基础制定了《公私协力简化法》作为推行公私合作模式的法律依据。

环境行政中所涉的公私协力乃国家与私人主体共同运作的管制范式，如果国家单方面进行私经济行为而不涉及私人共同参与作为的，则不属公私协力的概念范畴。环境公私协力的型态指双方主体合作行为样态的描述，非指单一或特定的合作行为，而为多种合作样态之集合。据此，"多元共治"理念下公私协力履行环境行政任务究竟如何展开，民众参与环境风险管制将如何实现、以何种型态实现皆成为接下来予以明确的问题。

1　法团主义模式，旨在将公民社会中的组织化利益联合到国家的决策结构中，寻求在社会团体和国家之间建立制度化的联系通道和常规性互动体系。
2　合作治理模式，该理论旨在将包括政府在内的多个利益相关者聚集在一个公共舆论空间，公共和私人部门的界限变得模糊，通过协商达成共识形成决策。
3　第三方治理模式，强调公共与非营利机构在很大程度上共享责任、公共资金和公共权威，通过开放一部分公共领域让非营利组织参与进来，使公共服务提供具有一定程度的多样性和竞争性，从而益于提高效率、减少成本。
4　契约关系模式，是新公共管理运动的直接产物，被认为是替代传统官僚的公共服务供给模式的最佳选择。它是指政府通过委托或购买等契约方式将公共服务外包给其他政府、私人部门或非营利组织，其目的在于减少政府成本、提高效率。根据政策环境的不同，可以采取竞争、谈判和合作三种不同的契约形式，契约关系模式蕴含了合作参与、民主行政、公平效率等价值内涵。

第四章　民众参与环境风险管制的方式选择和制度型态

在前文针对风险管制及民众参与制度应依循的法律原理原则及相关国家的观点加以探讨分析的基础上，我们可以发现"协力行政"理念下民众参与环境风险管制实现的思维进路表现在两个层面：一是民众参与环境风险管制时通过优化参与机制充分、有效参与以确保管制决策的正当性和效率性；二是民众参与环境风险管制时通过制度设计确立和实现公私部门合作行为的功能、型态。换言之，前者是民众参与环境风险管制从程序层面的实现，需要对民众参与的具体方式予以厘清；后者是民众参与环境风险管制从实体层面的实现，需要构建和完善环境协力管制制度型态以及明确相关法律制度的适用。针对民众参与环境风险管制如何充分、有效实现，有学者提出了社会治理中公众的"六阶参与"和政府的"五型一体"的主张。[1]换言之，民众参与环境风险管制的有效实现需要根据参与规模和参与途径等因素选择合适的参与层次。另外，随着"参与式"行政的发展，民众参与的实践类型趋向多样化发展，可以分为"行政操纵型、专家主导型、授权型、协作型和技术辅助型"民众参与。因此，民众参与环境风险管制的制度型态也是研究的议题之一。

1　"六阶参与"是指根据公众在社会治理中的影响力，将公众参与分为学习、反馈、建议、合作、授权、自治六个层次。"五型一体"是指构建透明性型政府、开放型政府、回应型政府、服务型政府和有限型政府，并与公众参与社会治理的法治化形成一体。参见：武小川.论公众参与社会治理的法治化[D].武汉：武汉大学，2014.

第一节　民众参与环境风险管制的方式选择

民众参与环境风险管制从程序层面的实现，需要对民众参与的具体方式予以厘清。民众参与环境风险管制决策程序层面上主要涉及两类：间接参与决策的形成和直接参与决策的形成。以下结合德国、美国管制机关在进行环境行政决定时，有关获得环境信息、陈述意见、听证、其他中间类型（如说明会、公听会），甚至是直接参与决策等民众参与的法律制度来进行介绍，探讨其发展沿革与具体规范，并就制度本身及其背后不同的理论预设加以分析，继而研究相关制度运作上的优缺点与对我国的影响。此外，还将研究各国法律学界及司法实务针对不同行政事务采取相应的民众参与方式，探讨并归纳整理可供操作的民众参与方式选择标准。

一、民众参与环境风险管制的方式

（一）获得环境信息

1. 概述

信息供给是激发民众积极参与的第一步。信息改变权利的分配，是通过改变人们的认识，创造一种关于权利的新共识的。对于参与环境决策的民众来说，只有较为充分地了解相关环境信息之后，才能评估各种行为的可能性或替代方案，甚至是其后果与效应，以利作出较合乎理性的决定。在行政决定过程中，民众常因信息地位的不对等，无从获得充分的信息以致无法有效参与，也就更谈不上主张权利。在科技发达、信息传播迅速的现代社会，信息的取得、管理与公开，已经是民主法治国家无法回避的课题。环境信息公开，如企业排污、产品信息等公开，是解决民众参与环境风险管制决策的前提和手段。信息的提供有助于实现有意义的参与，也有助于建立行政机关与民众彼此间的互信关系。公共信息的获得与流通，也与言论自由的质量息息相关，对于民主原则的深化，实具功效。环境信息公开是国际上公认的新一代环境治理手段，也是我国建设"阳光政府"的基本要求。基于监督政府施政，保障民众权益，促成透明化政府的理念实现，行政机关确有责任与义务提供民众必要的环境行政信息。

环境行政信息的知悉，属于最为广义的也是最为基础的民众参与形式。依据环境信息提供的方法，可分为"主动公开"（例如，由行政机关主动刊登于政府公报、网站或其他适当方式公布）及"被动公开"（依民众申请提供）。还有一种取得行政信息的方式，便是行政程序进行中当事人"卷宗阅览"制度。这一制度的设计理念在于：一方面可使民众在与行政机关互动的过程中，主动要求行政机关提供其攻击防御所需的相关信息；另一方面也促使行政机关适度释放出与国家机密、商业秘密等无关，但对公共利益影响较重大的信息，尽可能弥补民众与政府间的信息落差。

2. 德国、美国立法体例述评

德国法律传统上采取案卷"有限公开"原则。德国有关信息公开制度的发展，相较于美国或北欧各国显得保守而缓慢，民众阅卷权只有在法定列举的情况下才能够成立。至于行政机关一般性、全面性的信息公开规范，则是近年才通过特别立法的方式呈现。以卷宗阅览为例，德国相关法律规定[1]，当事人在行政程序进行中，为防卫其法律上的利益或欲认知事件事实而有必要时，行政机关应准许当事人阅览相关档案。此项规定有限的开放当事人具有档案的阅览请求权，但仅限正式行政程序的当事人提出申请，且以防卫当事人权利相关事项为限，包含"申请人及被申请人""行政机关的行政行为拟指向或已指向的人"以及"利害关系人"。鉴于过于广泛而无限制的阅卷权恐将妨害行政机关的公务执行，而且也可能会损及国家和其他民众的保密

1　参见德国《联邦行政程序法》第 29 条第 1 项的法律规定。

利益，同条也规定基于例外不予提供阅览的条件，如基于公务机密及行政裁量等。由此可见，德国行政程序法上的卷宗阅览属"原则不公开、例外公开"的体例。然而，这样的情况在近十年开始有所转变。

环境信息公开是一种新的环境管理手段。欧共体理事会也通过相关政策指令[1]要求成员国应实施信息公开。在此前提下，德国于1994年公布《环境信息法》，规定"任何人"不需证明有任何正当利益，对于有关环境的信息皆具有请求自由接近的权利。只有相关信息仍得因公共利益及私人权益（个人资料、知识产权、商业秘密）的保护而得例外不公开。至于其公开的方式则为"提供数据""卷宗阅览"以及"以其他方式的信息载体提供使用"。此后，为履行《阿尔胡斯公约》与《关于自由获取环境信息的指令》，德国在2006年进一步公布《信息自由法》，全面性地公开政府持有的信息。该法第1条开宗明义宣示，"任何人"皆得依据该法的规定，向联邦机关及受其委托执行公法上行政任务的自然人或法人请求获悉任何公务信息。除接受申请而公开（被动公开）外，还有简便的主动公开规定，即要求各联邦行政机关在政府官方网站公开信息的目录，表明机关所搜集及拥有的信息项目。至此，整个德国信息公开法制已转变为"原则公开、例外不公开"的运作体例。

美国的立法模式，并未特别处理行政程序进行中当事人卷宗阅览的问题，而是一般性地规范政府信息公开的法制，并与行政程序相关事项并于联邦行政程序法中规范。美国1966年公布的《信息自由法》（*Freedom of Information Act*，FOIA）[2]乃二次世界大战后首见的信息公开立法。其立法精神在于确保民众能够拥有充分的信息，作为监督国家行政的基础；凡涉及政府运作的信息，应以"公开为原则，不公开

1　1990年6月，欧共体理事会通过了《关于自由获取环境信息的指令》，并要求所有成员国在1992年12月31日之前实施贯彻该指令的必要的国内法律、法规和行政规定。该指令第1条即明定其目标在于确保获取、传播公共部门所持有的环境信息的自由，并规定获得此类信息的基本条件和情形。
2　美国《信息自由法》确立了任何人都可以向联邦行政机关申请获取特定信息的法定权利，并为这种权利确立了司法救济程序作为保障。这是美国也是世界各国历史上首次在法律上确立可以诉诸法院的具体化的知情权。

为例外"。依据该法规定，联邦行政机关应主动在联邦政府公报刊登各机关的组织规定、程序规定、最终决定、政策声明、法令释示、机关所在地及职员名录等行政信息，此即主动公开。该法施行迄今超过40年，已累积丰富的行政实务经验与诸多司法判决见解，是各国研讨信息公开法制的重要参考依据。期限规定是信息公开制度中的重要内容，美国联邦信息公开制度有关期限规定相对比较翔实和具体。

此外，任何人只要能够合理描述该档案记录以便于机关辨识调阅，并且在规定的时间地点缴纳规费后，均可申请联邦行政机关公开其所持有的行政信息，此即被动公开。该法亦列举不予公开的信息，主要是基于国家安全、机关内部事务、商业机密或个人隐私等理由，得排除主动或被动公开的政府信息。根据美国《信息自由法》的实施经验，行政机关即使因上述例外规定拥有一定程度的不予公开范围，仍必须面对庞大的信息公开申请案件，而其处理时间往往超过《信息自由法》所规定的10天期限。有关行政机关处理民众信息请求旷日累时的问题，在美国一直备受诟病。因此，美国《信息自由法》授权行政机关以计算机传播或其他电子化方式将政府信息公开，便于公众阅览或取得信息。

（二）陈述意见

1. 概述

陈述意见属于最基本、最原始的民众参与形式。为保障人权，一般法治国家在行政决定前，均应赋予权利给受不利影响的当事人陈述意见的机会，此乃最低限度的程序权利。陈述意见是花费成本最少、最具经济性的一种参与方式，也是可以接受最大民众参与容量的参与模式。陈述意见将给予当事人辩明的机会，维护其权益，也利于协助厘清事实以提高行政决定的正确率。在行政程序终结前，提供当事人陈述意见的机会或权利，乃是因为当事人对事实的了解及关注往往较行政机关更清楚，经由当事人的陈述，可有效减少行政机关处理问题的盲点，避免达成错误的决定。然而，陈述意见这种参与方式仍有局限性，主要由于其性质上属于行政处分相对人单方意见表示，与行政机关间未必有对话的机会；当事人的陈述往往无法影响既定决策，至多提供信息给予行政机关决策参考之用，容易流于决定、公布决定、为既成决定辩护的无效沟通模式。

2. 德国、美国相关立法述评

（1）德国

德国《联邦行政程序法》中所规范的当事人听证权，相当于我国《中华人民共和国行政诉讼法》中针对行政处分的陈述意见机会，属"非正式程序"，并不以言词辩论为必要。依据德国相关法律规定，在作出干涉当事人权利的行政处分前，行政机关应就与该决定相关的重要事项，给予当事人陈述事实的机会。此处所称的当事人，包含申请人及被申请人，以及行政机关的行政行为拟指向或已指向的人以及利害关系人。这一规定基本上是一种请求权条款，即除法定情形外，行政机关均有义务给予民众陈述意见的机会。该条规范相当简洁，有关当事人陈述意见的方式及通知应具备的内容等，均未有明文表述，可理解为交由行政机关自行决定。至于接获通知的当事人，其陈述意见的方式也无明确规范，属非要式行为，并不限书面方式，且只需在干预行政处分作出前为之即属合法。由于本项规定仅给予当事人就事实陈述意见的机会，然而事实问题或法律问题在适用上本来就颇难截然区分，故有认为此种限制不甚合理。当然，基于公共利益或急迫性具有立即处理的必要者、重要期限的遵守、作成一般处分或大量处分、行政强制执行等原因，行政机关例外可不给予当事人听审的机会。

另外，只要与公益性的强制性要求相抵触时，行政机关即可不给予当事人听审（陈述意见）的机会。由上述规定观之，公益性因素被作为是否给予当事人陈述意见机会的一个重要价值考虑，其范围不可谓不广泛。

（2）美国

按美国《联邦行政程序法》将行政程序（相当于我国法律所称行政行为）分为两大类：行政裁决与规则制定。行政机关处理涉及单纯双方相对法律关系[1]时多适用行政裁决程序，着重事实分析及证据调查，并赋予当事人及利害关系人表达意见的机会。涉及行政裁决的制度设计部分，属"正式行政裁决"（Formal Adjudication）者，其决定程序必须是准司法式（quasi-adjudication），即提供当事人听证权，由相对独立的听证官员甚至是行政法法官（administrative law judge）主持行政裁决程序，在事前通知相关当事人，给予其以言词或书面提出证据、陈述事实、反驳的机会，实施交互诘问证人制度，并且依据听证记录作出裁决，最后还应接受严格的司法审查。非正式行政裁决[2]，即非法所明文规定，而是通过司法判决逐步建构出来的概念，有关赋予当事人行政决定的参与程度或当事人程序保障的充分程度，便需以司法机关审理个案时所提出的判断标准为断。

由于司法裁判所涉及的个案情节及欲处理的问题均有不同，所呈现出的民众参与方式或程序保障程度也不相同。具体的判断标准，迄今多采取1976年美国联邦最高法院在"马修斯诉埃尔德里奇"案中整理归纳以往司法判决所发展出来的"利益衡量公式"，即通过平衡考虑政府利益、个人利益的重要性以及程序本身的有效性三个因素来决定听证的形式。依照该公式，需考虑三个要素[3]，即私人利益、程

1　相对法律关系，是对立统一的权利义务关系，有对应的、特定的两极当事人。例如，婚姻关系有夫与妻的两极，买卖关系有出卖人与买受人的两极，在三人以上合伙中，某一合伙人对其他合伙人（两个以上的合伙人）也是对应的两极。参见：隋彭生.绝对法律关系初论［J］.法学家，2011（1）：59-70.
2　行政裁决的决定程序若非采审讯式，不以调查事实或证据为主要目的，也无须依据听证记录作出决定，则为"非正式行政裁决"（Informal Adjudication）。
3　依"利益衡量公式"需考虑三个要素分别为：一是将受政府行为影响的私人利益；二是程序保障的价值，即经由使用的程序，利益被错误剥夺的风险以及额外或替代程序保障的可能价值；三是行政成本（政府利益），包括牵涉的职能以及额外或替代程序保障所伴随的财政与行政负担。

序保障的价值以及行政成本。经此公式判断，不同个案即可能得出不同结论。若作出的决定直接涉及相关主体的利益处分，则要求采取最严谨的程序保障，便是即使成文法未有明文需进行正式听证，法院还是会要求行政机关针对此类个案实行正式行政裁决程序，例如"戈德伯格诉凯利"案。

除上述民众参与方式之外，还有许多其他类型的程序保障，为行政机关所广泛运用。例如通知、说明理由、口头或书面的陈述意见、公正的裁决等。但最起码，"非正式行政裁决"几乎都会给予程序当事人以书面表达意见的机会，而相关意见对于行政机关来说，仅需在作出裁决时加以斟酌即可。实务上，行政裁决大多数是经由非正式程序达成的。行政机关在发布规则时，应考虑利害关系人提供的数据，且只需要附上一份简要的说明，载明行政命令各项规定的依据及目的即可，此称为非正式规则制定（Informal Rule Making）。非正式规则制定程序的启动，始于对社会民众通知（预告）该规则的草案。其目的是让社会民众清楚该规则的内容，斟酌自身利益受影响之处，以利于向行政机关提出评论或看法。继之而来的民众评论程序，要求行政机关应保留弹性空间，接受民众意见，并做适度响应。民众除了理解行政机关提出的规则草案并加以评论外，各行政机关应赋予利害关系人请求订定、修正或废止某一行政命令的权利。

然而，陈述意见制度并非没有缺点，其也存在一些弊端。如，预告及评论程序有时失之广泛；所针对争议事实不一定是确实或必要的，且在部分影响较大的案件中，并没有提供程序参与者交互诘问的机会；等等，亦颇令人诟病。此外，行政机关未被要求需认真考虑评论过程中各方提出的意见，这将使民众参与的实效大打折扣；另一方面行政机关也未被要求清楚交代其形成决策的理由，这也将使法院事后审查变得困难。

（三）听证

1. 概述

如上文所述，基于行政机关处理一般案件的程序正义要求，通常是赋予当事人陈述意见的机会。但针对重大或影响较为深远的案件，则应适用比陈述意见更为慎重、正式的行政程序。因此，许多国家法制上发展出类似诉讼之言词辩论程序，即听证程序。单就"听证"一词所包含的程序要素而言，各方看法并不统一。从最宽松的给予当事人陈述意见的机会，到最严格的类似于司法审判的程序，皆可涵盖在广义听证概念之下。简言之，听证系指当事人对于政府的指控或不利决定具有答辩或防御的机会，此乃"双方兼听"理念的实践。狭义听证制度的程序较为正式，已接近司法审理程序，主要希望通过严谨程序的践行及严格效力的规定，落实保障民众参与权利。听证的核心要素即为言词辩论，是具有辩论化与透明化取向的程序。听证中的当事人可陈述意见、提出证据，并经主持人同意后询问机关代表、鉴定人、证人及其他当事人。因此，听证属于模仿司法的程序，同时强调程序的要式性及听证记录对行政行为的拘束性。行政听证笔录的法律效力是听证制度中的核心问题。听证的功能主要为：确定利益、引进重要的评价观点、确保利害关系人陈述意见、平衡有关的利益。

虽然，听证制度可以弥补陈述意见在单向式、容易流于为既定政策辩护等面向的缺陷，但其功能仍有一定的局限。即使听证可以促进不同意见的对话，但毕竟掌握最后决定权力的是行政机关，若其已有既定立场，参与者也只能通过听证程序保全证据，之后经由司法程序寻求正义。此外，听证的规定越加细致、程序进行越加严谨完善，行政机关抑或是民众所需付出的成本与时间也会因此增加，所以并不是所有行政决定都适合听证。只有事实关系复杂，对公民权利与公共利益影响较大的行政决定，诸如兴建电厂、铁路、公路等影响环境的重大开发案才有实行必要。换言之，许多国家和地区都会在行政决策中细致化民众参与的方式和路径，尤其在涉及公民切身权益的环境行政事务中更是如此。

2. 德国、美国立法体例述评

德国《联邦行政程序法》第 63 条规定，经专业法律明文规定者，行政机关作出行政决定前，原则上须经言词辩论[1]。这里所说的"正式程序"，也就是一般理解上的狭义听证程序。至于专业法律中有明文规定须进行言词辩论的情形，主要有德国《联邦公害防治法》第 10 条有关大型污染性设施的设立许可程序、德国《联邦原子能法》第 7 条第 4 项有关核能电厂及核废料处理厂设立的许可程序等。依据德国《联邦行政程序法》第 67 条规定，适用正式程序（听证）的行政机关，应在言词辩论后才能作出决定（行政处分）；同条也规定例外不经言词辩论的情形[2]。至于相关法规命令制定过程中应否践行听证程序，《联邦行政程序法》中并没有涉及法规命令订定的相关章节，故由各专业法律自行规范。例如，1974 年《联邦公害防治法》授权主管机关订定许可的要件（第 7 条）或联邦政府在划定特殊保护区域（第 49 条）时，应针对相关专业团体[3]进行听证。

多元合作背景下，行政手段和组织形式日益多样化，行政机关被赋予行政形式选择自由。然而，多元社会下参与各方意见容易呈现分歧的状态，如均需通过交互诘问或证据调查程序以期聚焦并形成共识，恐旷日累时。同时，行政机关所需支出的劳力、时间及费用将相当惊人，甚至可能最终仍无法完成行政命令的订定。行政形式选择自由理论具有一定法理基础，也有一定法律界限。这主要是从 20 世纪 70 年代开始，美国司法体系和国会认识到正式规则制定程序的缺点，但对于单纯陈

1　德国《联邦行政程序法》第 63 条第 1 项规定，根据本法规定的要式行政程序进行，以法规对此规定者为要件。参见：埃贝哈德·施密特－阿斯曼，等.德国行政法读本［M］.乌尔海希·巴迪斯，编选.于安，译.北京：高等教育出版社，2006：421.
2　"例外不经言词辩论"的情形主要是：基于处分的实质内容与当事人所申请者相同或为其所不反对，抑或是当事人对于行政机关通知不实施言词辩论、不加反对或自行放弃或情况急迫等因素。参见：同上注 1.
3　依据德国《联邦行政程序法》第 51 条规定，专业团体由学术界、当事人、相关经济行业、交通行业及污染防治的联邦最高行政机关共同组成。

述意见的简略程序及效果不彰也感到无奈与忧心，因此，才不断尝试通过司法判决或国会立法等方式提供较为折中的规则制定程序，让行政机关可以采取较"预告即评论程序"更严格，但又不及于正式听证程序"双方争讼式"般繁复的程序，即听证程序。

（四）公听会

1. 概述

公听会，即公开听证会，简称为"公听会"，是指行政机关就影响多数人权益的事项作出处分或行政决定时，向处分相对人、利害关系人、专家学者、社会公正人士甚或包括一般民众在内的多数人广泛搜集意见的制度。其对象可以是广泛、多数的利害关系人；也可以是没有任何利害关联的一般民众。行政机关在听取各方意见时，可以是具有利害关系之个人利益与事项的反映，也可以是专业或公益意见的搜集。公听会的举行，主要以采集会的方式，在特定时间、特定地点，邀请与特定议题具有利害关系或一定程度关联性的民众，以及对该议题有所研究涉猎的专家学者或具有兴趣的社会人士提出看法与建议，用以广征各界意见，作为行政决定的参考。公听会和听证在适用范围上是有区别的，公听会主要针对价格决策听证、行政立法听证等抽象行政行为。

2. 参与公听会的时机、参与者及参与效力

现行体制上，针对公听会的进行并没有通案性的一般规范，主要是由个别行政法规依其业务属性加以具体规范。

现行法规范对于公听会举行的时机或条件，有采取强制规定的；另外，也可以赋予行政机关裁量空间，由其自行决定是否召开公听会。一般来说，公听会的进行程序，首先是由主持人或其指定的人进行相关计划的简报或说明，接下来则开放现场以便于参与者表达意见或发问。其方式在实务上大体分为两类：一是纯粹登记发言制。即在会议进行前开放有意发言的参与者登记，之后在会议进行中依照登记顺序

上台发言；如有未经登记仍想发言者，则应在所有登记者发言完毕后，经主持人同意后才能发言。二是专家引言及民众登记发言混合制。即先由受邀的专家学者针对议题进行较为深入的陈述或讨论后，再开放一般民众或团体自由或登记发言。

通常，公听会参与者大致可分为学者专家、相关行政机关、受议题影响的民众及其他一般大众等类型。总体来说，公听会的参与者，其范畴可能会相当广泛。然而，参与者数量的增加带来的往往是参与质量的降低，况且公听会的举行时间与场地空间均具有一定的局限性，主办机关需作适当因应，在制度设计上尽量在参与的量与质之间寻求一个折中或平衡。另外，通过考察有关公听会举行的相关法令，几乎没有例外地都会要求主办单位做好公听会记录，记载与会者的陈述或发言要旨及其所提出文书，以及主办单位的响应、说明和处理情形（包括与会者针对程序或实质问题所提出的异议及其处理）等要旨。甚至有部分规定要求进一步统计与会者对讨论议题的赞成或反对意见。主办单位应在公听会结束后一定期限内完成会议记录，并将其内容通知与会者或以适当方法加以公开。至于公听会记录的法律效力，多数的看法是认为公听会的效力属于尽力性规定，并不具有强制性，其结论也无法律拘束力，意见仅供决策参考。

3. 与其他民众参与方式的比较

（1）公听会与陈述意见

公听会与一般陈述意见的主要差异在于，二者的参与主体虽然都较为广泛且不仅限于利害关系人，但公听会采取会议方式，民众意见的提出仅局限于会场上为之（当然不排除委任他人在会场以书面提出意见），更具有集中的效果；而陈述意见则设定一定的期间，在该期间内民众可以无限制地提出意见，意见内容指向较为发散。此外，陈述意见，多是要求民众在接触及观览政府公开的特定信息后，以书面为原则向行政机关提出意见，行政机关并没有响应的义务。但现行法令所规范的公听会制度，多设计有意见响应的机制，希望通过主办机关自行或转请其他适当机关针对民众所提出的意见加以响应，从而达到政策说明、双向沟通及减少民众疑虑的目的。

（2）公听会与听证

至于公听会与听证的差异，主要体现为以下三个方面：

一是参与主体不同。公听会的参与广泛，但听证的参与限定在当事人及利害关系人（法规命令的听证除外）。

二是可提出的意见范畴不同。公听会的意见搜集范围广泛，但听证则仅限于陈述案件所涉相关事实，并提出或主张相关证据。

三是结果（记录）的效力不同。行政机关在作出应经听证的行政处分时应斟酌听证结果，法规如有特别规定，听证记录将拘束行政机关。至于公听会的结论，对行政机关通常不具有一定的法律拘束力。

公听会是行政主管机关作出行政决定前，广泛收集民意，以资参考的制度，属咨询的性质；听证则需依循法定程序为之，其性质类似于诉讼程序中的言词辩论程序；公听会与听证两者的性质及法律效果确有不同，法规明文规定应举行听证者，不应以公听会代之。

（3）公听会与说明会

目前行政实务中，还有一种与公听会性质相近的民众参与方式，也即说明会。细究说明会的性质，是由行政机关或开发单位针对有争议的事务，向相关民众加以解说释疑的一种程序。虽不排除民众可以在说明会进行时提出询问并要求响应，但一般来说，说明会比较倾向于单方倡导的模式。行政机关或开发单位对于民众提问没有响应的义务，甚至最终也无须作出结论，自然不会有拘束行政决策的效力。站在政府信息公开的角度，说明会有其功能及存在的必要，但过于简化的程序确实无法进行后续较为细致的沟通、协调及问题的厘清。因此，与其举行说明会，不如采用公听会方式，并通过法律制度适度加强其程序效力，明确制定关于特殊性或专业性议题的讨论及共识（结论），以拘束行政机关，从而发挥民众参与的实际功效。

总之，公听会本来就属于一种折中式、中间类型的民众参与方式。其程序较一般性陈述意见更为详尽，且要求行政机关应针对民众提出的意见加以回应，具有双向沟通功能，相较于仅单方接收民众意见而无须响应的陈述意见程序而言，实具一定程度的积极性及建设性。另外，公听会不像听证程序那么复杂而烦琐，对于行政机关来说，所需付出的人力、时间和费用又相对较低，但所能获得的效果却不一定低于听证程序。另外，如果针对部分具特殊属性公听会（例如针对高度专业性、技术性或争议性议题所召开者）的结论或记录，除了提供主办机关参考外，还可进一步将其效力规范化，要求机关从事行政活动、作出行政决定时应予充分考虑甚至切实遵守，则其所能发挥的民众参与效果将更大。因此，公听会的制度化可以体现在适度扩大适用公听会的事项范围、完善参加主体的代表机制以及加强公听会结论或记录的效力等。

（五）直接参与环境决策的形成

1. 概述

直接参与环境决策的形成，主要包括直接参与决定、协商式立法以及投票表决。基于环境立法中环境利用主体间法律关系的复杂性、环境保护法益的共同性，环境管制策略一旦以立法予以确定，即会对相关民众产生一定的管制效果。因此，民众参与环境风险管制不仅体现在管制过程中的知情、意见的表达上，更应体现在参与作为环境管制标准制定的过程中。为使立法机关在立法中面对涉及重大利益调整问题时能够更好地"集中民智、了解民情、反映民意"，构建民众参与立法的协商机制已成为很多国家民主原则的现实体现。另外，针对具有高度专业性、技术性的环境管制业务，组织结构多元、议事程序繁复的立法机关站在功能结构取向的机关最适理论角度，将若干细节规定授权履行环境管制职能的行政机关以法规命令为之，实乃不得已而为之。行政机关从事管制工作时，在立法者的授权下，进一步制定具体且可供操作的管制标准[1]，对于管制的落实与民众基本权利的保障至为关键。

环境风险管制机关虽具有相对专业的知识和较有效率的文官体系，然而科技日新月异，行政机关所拥有的专业性不一定能与民间蓬勃发展的各种学科或机构比拟。因此，有关专业性法规命令的制定，往往需通过民间专家学者的参与和协助，才能与时俱进，并保持一定的技术水准。然而，法规命令的实施尚需进一步考虑法规本身的可行性与民众的接受度，此则属于政策决定的范畴。在受管制者（开发利用环境行为者）与因管制而获益者（本能利用环境行为者）之间往往存在浓厚的冲突性质，法规命令揭示的管制标准，其订定或修正因此常遭到质疑。受管制者始终认为标准过于严格，而受到保护的则倾向于认为标准过于宽松。

另外，过高的管制标准将造成企业营运成本增加，进而选择关厂出走或者虽勉强接受但阳奉阴违，均将导致法规规制效能的大幅降低；过低的管制标准则无法说服社会大众，且无法预防或改善环境被破坏的事实，而致法规实效性低落。即使是一个严谨且具有科学充分论据的法规命令，其制定及实施仍应充分考量实施范围内的政治、经济、社会和文化等诸多因素，以及受规制者或受影响者的态度和想法，适度地进行折中和调整。例如环境管制行政，便相当强调政府与民众的互动，并通过环境信息公开，以争取民众的同意及理解。此外，政府与民众应相互合作以将民意纳入环境决策的过程，一方面强化社会大众的环境意识，另一方面可以适度降低利益冲突的困境。例如政府与民众达成环保行政契约、协议，或者在民众参与的前提下制定相关环境保护技术规范等。

1　此处所称的管制标准，除法规命令外，也应包含行政规则。例如，将行政裁量具体化的裁量基准以及将高度科技性法律概念具体化的解释性规定等行政规则；此类行政规则对于复杂事实的认定和行政机关内部资源的有效运用具有重要功能，因此，应比照法规命令的发布程序，便于民众周知。例如，有关生态功能区划具体实施规则的制定、颁行，应充分考虑民众的参与。

2. 协商式立法的实践

立法协商制度是民主立法的重要制度创造。基于哈贝马斯"法律商谈"程序理论，协商是立法全过程中的协商。美国国会于1990年颁布《协商制定规章法》，将相关程序予以制度化。该法首先要求行政机关需确认协商制定规则是出于公益目的才可启动相关程序；其次，行政机关在综合考虑各种因素[1]后决定是否施行协商行政立法的程序；再次，由行政机关或外部当事人提议设立一个协商委员会，并指定行政机关的官员或第三方人士为召集人；最后，成立协商委员会进行立法。

但由于环境利用行为和环境保护技术的发展经常处于一个动态的过程，在标准管制行政中常会出现现有规制水平较低而无法适应新的环境问题的情形。所有这些都需要在环境行政决策中考虑这一现实，以促使决策能够防范环境风险。直接环境决策的达成一般应当遵循环境行政的"标准管制原则"，即环境管制机关有权制定、适用及解释环境管制标准。但是，在缺乏法律程序规范的条件下，管制机关对具体个案的标准选择具有较大的弹性空间，并可能存在标准适用上的随机性、模糊性与难以掌握性等问题。为克服这些问题，在环境行政上应施行"管制协商"（regulatory negotiation）式的规则确立方法，即在民众的协商下决定受管制者所适用的标准等。由此，民众直接参与环境管制决策（如环境强制标准、环境规划等规范）的形成是必要的和正当的。

以我国为考察对象，立法协商越来越受到关注，协商式立法的功能[2]也逐渐被重视。"探索建立有关国家机关、社会团体、专家学者

1　这些需综合考虑的因素主要有：a. 规则制定的必要性。b. 存在有受规则显著影响的少数可确定利益。c. 经由召集可充分代表利益受到显著影响的人，组成均衡代表委员会的合理性及可能性。d. 当事人以诚实信用方法就拟制定的规则协商达成合意的意愿。e. 委员会是否存在于一定期限内就拟制定规则达成合意的合理性及可能性。f. 采用协商规则制定程序是将不合理地迟延规则草案的公告以及最终规则的发布。g. 行政机关的资源是否充足，以及其是否愿意将相关资源（包括技术性支持）移由委员会运用。h. 在尽可能与法律义务保持一致的前提下，行政机关是否愿意将委员会合意形成的规则内容作为刊登联邦公报实行公告与评论程序的基础。

2　在中国特殊国情背景下，协商式立法至少具有保障公民权利实现、弥补代议制弊端、完善人民代表大会制度和推进法治中国建设等四项主要功能。

等对立法中涉及的重大利益调整论证咨询机制"是《中共中央关于全面推进依法治国若干重大问题的决定》中首先提出来的。2017年底，全国人大常委会办公厅发布了两个立法的工作规范[1]，起因在于我国目前的立法机制和程序面对日益复杂的利益博弈，尚非完善、全能地保障各方主体意见的充分表达。两个工作规范的目的是深入推进立法协商，使立法机关在立法中面对涉及重大利益调整问题时能够更好地集中民智、了解民情、反映民意，使立法活动更加符合客观实际和发展规律。这两个工作规范也高度概括了"重大利益"的范畴及参与主体的选择范围，并基于此对构建相关利益主体的商请机制、完善参加论证咨询活动的利益主体遴选制度做了表述。

综上，现阶段各国在涉及环境管制相关法规命令制定的程序中，均考虑构建民众评论或表达意见机制，鼓励民众参与环境决策的直接形成，但在民众直接参与决策形成的参与时机上相对滞后。例如，满足民众的知情参与，在立法中首先要求行政机关必须提出法规草案。然而，当行政机关公告法规草案时，其实已经确定了管制的问题、相关的数据与信息，甚至可以说业已具有一定的立场而限制了自我反思的空间，此时，行政机关与利害关系人或公益团体的关系往往是属于对抗性质的。再者，民众在法规命令制定时，通过意见陈述所发表的评论，大多是不同意草案内容的意见，通常只能看到其指出行政机关做错了什么，却未必能提出有效的改进建议。具体而言，欲提出评论意见者，本身不太可能提出具体计划或措施，抑或是规划一个长期的行政策略；即使有这样的作为，现行行政诉讼程序也没有为他们提供机会，使其可与行政机关就这类措施或长期性策略进行充分沟通，而只能把这些评论限定在他们所公布的法规草案框架中。为解决这一问题，可考虑实行"协商式"法规制定模式，寻求一个各方都能接受的最大公约数，以促成环境管制政策的形成。例如，在研讨环境管制标

---

[1] 这两个规范分别是《关于立法中涉及的重大利益调整论证咨询的工作规范》和《关于争议较大的重要立法事项引入第三方评估的工作规范》。

准的过程中，行政机关应重视并适度采纳民众的意见。意见交流及磋商将减少环境主体间的对峙，促进双方了解和对话，以利达成共识。此外，行政机关还可以与民众就实施进程作进一步协商，通过分阶段、渐进地强化管制措施，逐步达成环境管制目标。

二、民众参与方式的选择基准

环境公共管理中民众参与的实现[1]，需要明确民众参与环境风险管制特定的参与方式和选择基准。民众参与方式的选择（包括应否参与和如何参与等判断），本质上也是环境民主原则是否有效适用的体现。因此，为落实民众参与的法律原理、原则，使环境管制行政机关作出决策时，能有更明确的具体操作标准来选择适当的民众参与方式，以实现环境管制中民众参与机制的优化。据此，以正当法律程序判断因素为基础，探寻民众参与环境风险管制方式的选择基准是接下来的重要议题。

（一）概述

1. 德国法观点

自 20 世纪 70 年代末期开始，一改过往重实体轻程序的基本权利体系讨论，德国宪法学界及实务界在给付请求权（受益权）的基础上，逐渐发展出具客观功能的"基本权利组织与程序的保障功能"理论。迄今为止德国学界大致承认，所有的基本权利或多或少具有组织及程序的面向，并以该理论为基础，逐渐开展讨论如何通过"适当"的组织及程序法规"充分"保障基本权利，尝试提供一个较为清晰的轮廓。

1　环境公共管理者面临的民众参与难题包括三个方面：第一，公共管理者必须决定在多大程度上与公众分享影响力；第二，公共管理者必须决定由公众中的谁去参与公共决策过程；第三，公共管理者必须选择特定的公民参与形式。参见：约翰·克莱顿·托马斯.公共决策中的公民参与：公共管理者的新技能与新策略［M］.孙柏瑛，等译.北京：中国人民大学出版社，2005：10—11.

　　首先是斟酌不同类型行政事务的差异，尽可能具体界定当事人范围，避免过度排除基本权利主体参与程序的权利，并确保程序参与人的主体地位，在行政程序进行中不会受到不当干扰，而具有充分主张自己的权利或利益的能力。但也需注意避免无意义或过广的参与造成行政决定迟滞或消耗过多不必要的成本。

　　此外，行政机关应尽可能地公开相关信息，让信息无障碍地在管制机关与参与者之间交流。然而，正如政府信息公开有时间的限制，其他行政决定的作出也应遵守一定期限以避免法律状态悬而未决。有关相关期限应依据行政事务的类型而作适当规范，避免有侵害民众权益或造成行政效率低下的情形发生。在以"基本权利—国家义务"为核心的宪法分析框架中，国家保护义务虽然对基本权利具有普遍性的工具主义价值，但是基于人权内容的"二分法"差异，社会权较之自由权在关于国家保护义务的论证逻辑、体系结构及实现路径等方面均呈现出一种"反向性"特征。因此，由程序所导出的结果，必须能够保护基本权利主体的实体利益，并使国家合法且正确地作出公平的决定。

　　上述程序要求并不是一个可有可无的概念，而是要在个案具体认定时，视各种因素[1]综合判断而选取并加以排列组合机制。当然，民众参与环境风险管制时基本权的程序保障功能，至少是体现"合理""正当"的程序。

　　2. 美国法观点

　　基于《美利坚合众国宪法》增修条文第 5 条及第 14 条第 1 项的要求，在行政决定的制度设计上，应配置具有正当法律程序精神的相关机制，并为行政机关所遵守。基本上，美国联邦最高法院系依不同案件性质加以斟酌，针对限制或剥夺私人利益的方式及理由、有无其他替代手段，以及衡量受到不利影响的私人利益与限制或剥

1　个案具体认定时程序方式的选择，可以视涉及基本权的种类、基本权侵害的强弱、侵害范围的大小，与造成实际损害风险的大小等各种因素综合判断而选取并加以排列组合。

夺私人利益所欲追求的公共利益等因素综合判断，并且要求在一个有意义的时间及以一个有意义的方式为之。换言之，正当法律程序所要求的是具有弹性且符合个别情形的程序保障。目前美国联邦最高法院所采取的主要判断标准，也系前文提及的 1976 年 "马修斯诉埃尔德里奇" 案[1]发展出来的 "利益衡量公式"。利益衡量公式要求先行判断政府所采取的既有程序会发生错误并造成人民利益被剥夺的风险大小，以及采取额外或替代程序之后错误风险被降低的程度；经考虑行政成本（财政及行政负担等）后，认为额外或替代程序是可以被轻易地实施，政府并得以作出更正确的决定，则此程序即属正当。相反地，一个需耗费过多行政成本且无法明显降低错误风险的程序，即属非正当程序。

（二）民众参与方式的选择基准

民众参与的方式到底以何种基准来选择，上述德国、美国观点给出了大致的依据，包括管制行为的性质、民众基本权益的影响、行政成本等利益的衡量。针对民众参与方式及其选择基准，法学理论上也有相应的表述，其中民众参与的进阶理论（也可表述为 "参与阶梯"[2]）即是具有代表性的学说。从公共管理的角度，也有关于民众参与管理时决策型态模型[3]的阐述。在选择民众参与方式时，需要回答诸如政府有充足的信息吗，公民接受性是决策执行必需的吗，谁是相关民众，民众参与决策型态的选择对提升决策质量有益处吗

---

1 在 1976 年 "马修斯诉埃尔德里奇" 案件中，法院声称，决定本案中的行政程序是否符合宪法（正当程序）要求，必须分析受到影响的政府利益和私人利益。法院在该案中明确地提出了是否适用正当程序原则应当权衡的因素和标准。参见：何海波. 通过判决发展法律：评田永案件中行政法原则的运用 [J]. 行政法论丛，2000，3（1）：437—471.

2 安德鲁·弗罗伊·阿克兰认为，民众参与阶梯共有六级，由低向高依次是研究和数据收集、提供信息、咨询、参与、合作和协作、授权。参见：安德鲁·弗洛伊·阿克兰. 设计有效的公众参与 [M] // 蔡定剑. 公众参与：欧洲的制度和经验. 北京：法律出版社，2009：299.

3 约翰·克莱顿·托马斯从公共管理的角度，为公共管理者更好地运用公众参与技能构建了一个决策模型。在这一决策模型之下有五种决策型态，它们分别是自主式管理决策、改良的自主管理决策、分散式的公众协商、整体式的公众协商及公共决策。参见：约翰·克莱顿·托马斯. 公共决策中的公民参与：公共管理者的新技能与新策略 [M]. 孙柏瑛，等译. 北京：中国人民大学出版社，2005：66.

等一系列问题。换言之，对这些问题的衡量实际上就是在构筑实现民众有效参与决策的模型。因此，民众参与环境风险管制，是有不同层次的、可衡量的，并且具备可选择属性的参与。

在民众参与环境风险管制决策过程中，民众参与作为一种直接的民意表达方式，可以提供类似议会立法一样的民主形式和内容，因而成为补充环境管制决策裁量基准正当性基础的首选方案。但是，基于裁量基准行政自制属性和行政成本的考量，民众参与模式不宜做过于绝对和僵化的规定并强制环境管制行政机关予以适用，而应在参与阶梯理论的指引下，通过构筑民众参与方式的选择基准，由行政机关结合决策的类型自主决定适用哪一种民众参与模式。例如，我国《环境影响评价公众参与暂行办法》对民众参与层次从低到高依次表述，从公开环境信息到举行听证会，而具体适用哪一种形式鼓励民众参与则需由行政机关结合一定的标准进行选择。民众参与在环境管制领域具有明显的工具理性，即民众参与环境风险管制是为了实现一定的目的和社会作用。因此，实现民众参与的功能和作用是选择参与方式要考量的基准之一。除此之外，民众参与方式的选择，也必然会受到环境公共事务对自身利益影响广度和深度的权衡。

总体来说，环境管制中的民众参与不是一种"结果论"意义层面的民众参与[1]，而是过程论意义层面的民众参与。民众参与方式的选择在一定程度上决定了参与的功能实现程度。因而，适切地选择民众参与方式，不仅有利于民主原则的实现，培养环境积极公民；更有利于环境福利政府的塑造，推进环境保护共治。结合上述民众参与阶梯理论，环境管制决策形成中民众参与方式选择需考量的选择因素包括以下方面：

1　"结果论"意义层面的公民参与，即公民参与在可以取得积极效果时才应予以适用。这种观点忽视了参与过程本身的意义。

1.环境管制决策事务的复杂程度

判断事物领域的差别对相应程序选择的影响，一个相当简洁的标准便是"大事大办，小事小办"，具体来说则是从比例性的观点出发，越重大的案件应适用越繁复、慎重的程序。例如，核能电厂等重大设施的兴建原则上应举行听证。另一个观察面向则是以事实关系复杂程度作为判准。在科学技术发展、环境生态系统、全球气候变迁等领域中，环境风险管制所涉及的事实关系常具有相当的复杂性，行政机关需借助专业性及技术性的科学分析与评估，才能为决策或行政决定提供参照依据。例如，鉴于环境灾害的成因复杂、灾害发生概率及可能的损害程度不定，行政机关进行环境灾害敏感区的划设条件制定及具体区位的划设管制，其所涉及的事实关系复杂而难以确认时，即应采接近司法审理模式的听证程序，通过以言词辩论为中心的严谨程序的适用，以利于公正、客观地作出行政决定。除较重大案件或较复杂事实的处理应采听证程序外，其他的行政决定则多以"陈述意见"作为最低的程序保障或者民众参与程度的要求。

2.限制民众权益的强度和范围

民众参与方式的选择，在一定程度上体现公民基本权利的程序保障功能。概括而言，程序保障功能对国家权力具有拘束力。从其效力看，基本权利的程序保障功能并不对应于公民的程序请求权，其仅是要求国家提供具体组织和程序的义务。一般而言，民众范围的界定，常常以是否受到直接影响（或存在利害关系）来予以判定。政府环境管制决策对民众权益的影响程度也会牵动所应选择的程序或民众参与方式。环境管制对民众权益造成重大影响的应实施较慎重的程序，例如听证；对于当事人权利侵害有限的则可以适用较简单的程序安排，例如提供陈述意见的机会。程序保障的强度则应与其所涉及的实体利益成正比。具体而言，影响程度可以是基本权利的限制强度。例如，财产权的剥夺属于权利行使上的全面性禁止或去除，其较诸局部性、片面性甚至暂时性的财产权限制的影响程度更大，自应采取较严谨的程序。

此外，行政决定可能影响的范围大小、时间长短也是一个考虑因素。例如，同样是划设特定水土保持区进行开发管制与工程治理，影响的范围及人口差异性极大，或涉及大范围或多数人的权利者相较涉及小范围或少数人者，应实行更严谨的程序。

3. 社会利益的实现

现代国家中，实现公益是政府施政正当性的来源及依据。公共利益属于典型的不确定法律概念，具高度的抽象性及一定程度的复杂性。相对于私益而言，公共利益就是所有法律主体所共有的利益。公益的实现往往取决于判断不同的价值后所形成优先的价值标准。例如，核能发电相较于火力发电属于较为洁净与效率较佳的能源供给方式，对环境保护确有帮助；但其安全性（核外泄）及核废料的处理问题对人类生命及身体健康却又可能存在极大威胁性。因此，环保节能（公益）与人身安全（私益）等利益之间的判断取舍就可以通过选择适当的民众参与方式来形成优先的价值标准，以形成正当有效的环境决策。在环境决策中，公益与私益的对立冲突并非不可调和，因为维护公益可能同时将保障私益涵括在内。

民众参与公共利益的判断应有可以衡量的客观标准与机制，以有利于经由论证取得具说服力的共识作为环境管制的依据。因此，以公共利益作为在进行环境行政决定时所应选择民众参与方式的判断因素，可以得出如下结论：对于公共利益影响重大的环境行政决定，例如兴建电厂、铁路、公路等影响环境的重大开发案，应实行听证程序；其余环境决策则视公共利益维护的情况，采取陈述意见或公听会等参与方式。

4. 各项可能程序的成本

程序的实行与民众参与制度的赋予，对于行政机关或民众来说，均需支出一定的人力、时间与成本费用。虽然广泛而充分的论述对事实的澄清或发现有所帮助，但因当代政府普遍面临行政资源有限甚至不足的困境，行政机关执行行政决定时，势必会受到成本和时间因素的影响。为求资源有效运用，制度设计上仍应将行政成本及效率问题纳入考虑。据此，行政机关便不可能全无限制地提供程序参与的机会并容纳所有意见，而应留意过度参与可能造成政策决定的拖延与效率低落等问题。同时也应避免参与不足可能造成的民众权益保障不周或无法协助管制机关作出适切的行政决定等情形的发生。

换言之，行政机关在选择既有程序以外的或替代程序时，除针对错误风险的消解程度加以评估外，还需一并考虑财政及行政负担等行政成本。如果替代程序在成本考虑上是可以被轻易实施，政府并得以作出更正确的决定，则此程序即属正当，而有实行的必要。相反地，一个耗费过多行政成本且无法明显降低错误风险的程序，即属非正当的程序，自无须实行。

诚然，在判断上述相关因素时，还会面临另一个前提性的关键问题，便是案件是否重大、事实关系是否复杂、影响程度轻重与否以及所涉范围是大或小等。其中关于重大、复杂、轻重或大小等概念，均属抽象性与不确定性的叙述性语词。为便于行政机关操作执行，并强化可能受影响的民众参与的预见可能性，行政机关常以解释性行政规则将相关概念加以具体化及明确化。然而，考虑到相关概念的界定攸关民众参与程序的选择，对其权益影响不可谓不大，仅以行政规则位阶的解释加以规范，确有不足之处。为符合法律保留原则，应将相关概念的界定放在法律或其授权制定的法规命令中将其具体化，并通过量化标准列出足够认定的条件。在民众参与环境风险管制方式选择基准的判定过程中，立法意图提供所指识别的标准。

而且，相关条件或标准应符合社会客观价值，不违反专业领域认知以及社会通识，并为受管制影响者所能预见。换言之，当这类条件或标准的制定涉及一定的专业与技术时，即应邀请相关领域的学者专家参与，并启动民众参与程序广纳各界意见以求周延。另外，专业领域的认知不见得与社会上一般观念相符，在具体化判断标准过程中除专家学者的参与外，更应强调民众参与制度的建置，以使社会一般价值认知与专业社群看法能有一个交流、沟通的平台，期能消弭歧见、维持寻求共识达成的可能性。

三、小结

环境议题具有浓厚的科技背景，加之环境风险不确定性的本质，使得环境管制即使决策于未然也必须涉及利益分配。因此，如何妥善地做好制度设计，让民众参与环境风险管制的各个阶段，一直是个热度很高的议题。民众参与各种方式和择定标准的探讨，主要目的在于从程序面向保障公民基本权利的防御功能。行政决定的决策理性从实体问题的精确转移到相关利害关系人于行政决定程序的公平参与，有利于保障公民基本权利实现。民众参与功能实现与民众参与模式 [1] 选择可以通过表 4.1 的分析予以具体呈现 [2]。

1　实践中无论选择适用何种功能定位下的民众参与模式，都为实现两个目的：一是通过参与格局的设置增加行政决定的可接受性；二是通过参与中的信息释放，克服决策中的信息不对称，从而促成理性决定的形成。

2　对参与方式的总结，除了按照相关法律规定中呈现的论证会、听证会等，这里采用学者观点做了三种类型的梳理，即在新行政程序观视野下的民众参与基于功能实现层面的划分，可细化为以信息提供功能为主的参与、以权利利益防卫功能为主的参与和以促成决策形成功能为主的参与。参见：唐明良．新行政程序观的形成及其法理：多元社会中行政程序功能与基本建制之再认识［J］．行政法学研究，2012（4）：45—52.

表 4.1　民众参与的类别、特征、方式及选择基准

类别	特征	参与方式	选择基准
以信息提供和资政为主要功能的民众参与	参与广泛，往往在决策初步拟定阶段，重在信息的搜集和促成决策的方向	以非对抗性的方式获得环境信息，主要以陈述意见、公听会等为主	◆环境风险管制决策事务的复杂程度
以权利利益防卫为主要功能的民众参与	以受直接影响作为参与范围的界定，重在通过参与维护可能受损的权益	采用非正式听证、公听会、正式听证	◆限制民众权益的强度和范围 ◆社会利益的实现
以促成决策形成为主要功能的民众参与	参与体现了对决策权的分享和共担，是最直接体现环境民主原则的参与	直接参与决定[1]、协商参与	◆各项可能程序的成本大小

第二节　民众参与环境风险管制的制度型态

由上文论述可知，民众参与环境风险管制既是协同合作原则在不同环境保护参与主体上的体现，也是公众参与原则的具体体现。目前，民众参与环境风险管制的制度型态包括两个层面：一是鉴于公众参与原则内容的具体多样，从程序上保障民众有效参与的制度型态；二是鉴于环境管制多元合作或协力共治下民众参与环境风险管制的制度型态。如前文所述，广大民众作为人类活动的主体，为维持自身生存休戚相关的环境品质，参与环境管制是风险管制的需要也是民主原则的体现。以下首先从第一个层面，即公众参与原则法律适用的层面探讨民众参与环境风险管制的法律制度类型。

1　所谓直接参与决定，就表示不是单独决定，而是与行政机关分享一定程度的决策权。比如域外环境影响评价法律规定中常见的由行政主体邀集团体、学者、专家及居民代表等，参与界定环境评估的范畴便是直接参与决定的典型例子。

一、程序上保障民众有效参与的制度型态

在参与民主决策时，公民享有程序意义上的参与权，这些参与权包含了知悉、表意以及获得尊重的权益诉求。实现民众参与环境风险管制的上述权利，从程序上保障民众有效参与，即是基于法规范的要求与现实的考虑来阐释环境民主原则的法律适用。总的来说，程序上保障民众有效参与的制度型态，主要体现在如下几个方面：

（一）完善许可程序中的民众参与制度

民众参与在民主社会中是民众表达民意，参与政治生活，决定国家和公共事务的主要方式。我国 2015 年 9 月 1 日起实施了《环境保护公众参与办法》，2019 年 1 月 1 日起实施了《环境影响评价公众参与办法》，这两个文件均对参与机制作了详细的规定。任何环境主动开发利用行为均会带来环境性状的改变，从而影响环境利益在代内和代际之间的公平实现。因此各国目前都制定有专门的环境影响评价制度和环境利用许可制度，以对政策计划和规划的编制以及拟制项目实行听证或公众参与环境影响评价。完善许可程序中的公众参与机制，应首先将保障社会主体参与作为国家环境保护的法定义务；其次应对公众参与的具体方式予以细化的规定，拓宽公众的范畴、延长参与的时效以及明晰参与的方式；最后强化环保组织参与。

参与是贯彻民主法治理念和提升开发活动效率的应然之策。从环境风险管制的角度出发，强化公众参与在环境评价中的作用也是至关重要的。环境影响评价中的公众参与机制，在功能的期待上和制度的设计上，都应当有意识地积极谋求决策理性的提升和消解可能的纠纷。因此，为维护民众环境权益，通过参与达成共识信任基础，构筑广泛且有效的公众参与机制和细化的程序很重要。"替代方案"和"公众参与"是环境影响评价制度的灵魂，完善许可程序中的公众参与机制对保障公众环境权益很关键。在民众普遍难以参与到许可证管理和环

境评价过程的情况下，目前应强化环保许可过程中的信息公开制度，实现民众参与权。

（二）建立决策信息公开与披露制度

决策信息公开是参与的基础。由于每一个环境决策，尤其是开发利用环境资源的决策都会涉及公众环境权益，公众有权监督环境管制决策形成的过程。信息的获得是监督的基础，也是保障公众参与环境管制决策权利实现的前提。因此，建立决策信息公开与披露制度就显得非常的重要。阳光就是透明，阳光就是对话与沟通，阳光就是公正与公开。要做到阳光行政，就得有平台、有渠道让老百姓参与进来。我国 2014 年修订完善的《环境保护法》对环保部门和负有环保监管职责的部门应当公开的信息范围也作出了原则性规定，强调政府和企业环境信息公开的义务。[1]

如前所述，依法获取环境信息是民众参与环境风险管制的一项重要权利，也是民众参与环境保护、监督环保政策实施的一项重要手段。因此，环境信息应以公开为原则，不公开为例外。除涉及国家秘密、商业秘密、个人隐私之外的环境信息均属于法定可以公开的政府环境信息。民众参与必须有充分的咨询体系的支持。基于现实的考虑，可以将环境信息以更周详的方式予以公开。例如，推送信息至微信公众号、发布简讯或新闻、公开说明等。

（三）推行环境决策代表人参与制度

环境决策涉及复杂的科技背景，为保证民众参与环境决策形成的效率和效能，支持和鼓励环保组织、环境积极公民代表公众参与决策

---

1 我国 2014 年修订版《环境保护法》第五十四条规定，国务院环境保护主管部门统一发布国家环境质量、重点污染源监测信息及其他重大环境信息。省级以上人民政府环境保护主管部门定期发布环境状况公报。该法第五十五条规定，重点排污单位应当如实向社会公开其主要污染物的名称、排放方式、排放浓度和总量、超标排放情况，以及防治污染设施的建设和运行情况，接受社会监督。

必要且可行。尽管一般居民是与环境决策利益存在直接利害关系的最重要的群体，但是考虑参与的成本和收益，一些民众由于专业知识欠缺或"搭便车"的心理，即使向他们提供了充足的信息，有时也难以形成有效参与。换言之，考虑最大化地实现民众参与的功效，鼓励和支持各类非政府的环境组织或者其他团体作为民众利益的代表参与决策，是各国的普遍做法，此即环境参与代表人制度。环保组织相对于普通民众，有更专业的知识背景和更高的热情，能更有效地参与环境公共事务的管理。

因此，由环境组织中这些积极公民代表民众参与决策更有利于决策的理性。对于管制机关而言，社团组织的参与，不仅带来压力以制约决策的盲从，同时也是一种协力，提供更多的技术支持保证决策的理性。总之，构筑环境参与代表人制度，由各个环境团体代表民众参与环境决策，是一种更有利于公共利益实现的保护机制。

（四）完善民众参与的行政和司法保障制度

无救济则无权利。民众参与环境风险管制，其利益应予以行政或司法的回应和保障。在行政保障方面，完善民众参与的行政和司法保障制度主要有以下方面的举措：

首先确立了举报制度。事后举报的本质是公民就环境保护中的现象和行为发表意见、表达诉求，属于民众参与的范畴，也是社会监督的重要形式。我国相关环境法律也表述了这一制度[1]。据此，依法将"举报"作为民众参与的一种重要形式，从加强民众参与的角度对"举报"作了明确规定。一是明确了公众举报权利。举报主体是没有限制的，任何公民都可以举报环境违法行为；有关行政机关应当保护民众的举报权利，建立举报的具体制度方便公众举报。二是可以针对企业违法

---

[1]　参见我国 2014 年修订版《环境保护法》第五十七条规定，公民、法人和其他组织发现任何单位和个人有污染环境和破坏生态行为的，有权向环境保护主管部门或者其他负有环境保护监督管理职责的部门举报。

行为，也可以针对管制机关"乱作为"或"不作为"进行举报。三是增加了对举报人的保护机制，加大对举报人的保护。

其次应建立异议制度。在民众参与环境风险管制过程中，应允许利害关系人在特定期限内向管制机关的决策提出异议，并逐步将范围扩大至社会公众；而管制机关对异议必须进行回应和解释。

最后可以扩大"代履行"制度的适用范围和方式。我国《中华人民共和国行政强制法》确立了环境污染治理的"代履行"制度，将"代履行"的范围扩大至生态修复，而"代履行"的方式也更灵活。当然，司法审查对民众参与环境风险管制权益的实现起到兜底保护的功能。因此，完善环境公益诉讼制度，也是民众参与环境风险管制实现的重要制度保障。

二、公私协力下民众参与环境风险管制的制度型态

当民众以"私主体"的身份与管制机关形成协同合作时，即形成了协同管制的制度型态供给的必要前提。换言之，民众参与环境风险管制从制度层面的实现，需要构建和完善环境协力管制制度型态以及相关法律制度的适用。环境协同管制是协同合作原则在环境法律中适用的具体表现。管制者与民众（私主体）之间的协同合作，从环境政策与法律的适用看，总体上是通过环境行政运用公权力执行的。正如前文所述，"公私协力"是环境管制多元主体参与的法治进路，随着公共任务履行手段趋向多元、多样化，在行政目的上相对于给付行政的规制行政是受到公私协力的思维影响的产物。因此，对于社会法治国家受到国家保留要求的管制责任领域，国家也可能与私人共同合作来履行管制任务。

（一）公私协力履行管制任务的特性

公私协力作为一个政策机制，一方面利用私人的专业技能和管理

效率来推动公共服务；另一方面，预设国家可以依照不同公私协力方案作出规划，并担任有效率的管制角色，确保私人提供给付并维持相应质量。因此，如何将私人提供服务所必须承担的风险，由公部门创设机制予以约束或管制，将成为公私协力成败的关键。具体而言，公私协力类型环境管制任务应具备的特性有以下几个方面：

首先，就角色分配面向而言，公私协力强调的是合作、伙伴、共同作用关系，蕴含公私部门之间要确定合作的共同目的、共同行为和决定的策略。换言之，理想中双方应处于平等地位，纵然不是平等的对话，也不应是单方面强权控制他方。在国家观点上，公私并非互相利用，而是通过"伙伴关系"作为完成任务的机制。也就是说，通过整合公私主体，促使环境行政任务在规划以及执行上可以有更为全面的考虑。公私主体各自扮演不同的角色，公部门着重公共利益的达成、服务质量或价格费率的管控，并监督项目和目的达成；私部门利用资金、技术等优势促成事务的顺利履行并获得利益。

其次，就功能与任务面向而言，国家在公私协力履行环境任务时仍然承担担保责任。"国家担保责任的担保内容表现为国家对民间机构顺利进行公平竞争予以担保的义务，以及对公众持续获得高品质、便宜的公共产品和公共服务予以担保的义务。"由此，可以看出，公私协力带来的责任分配并非责任解除，而是将责任隐性化，国家仍负有公共行政事务履行的担保与监督责任。公私协力的特征有两点，包括私人以行为理性（利润导向）取代或补充任务的执行以及公部门对任务仍保有责任。换言之，在责任分配中，按各阶段去作出不同的责任分配，将选择不同的类型或运用方法。公私协力并非偏向国家，也非完全放任社会，而是国家与民间社会资源的整合。

总之，当公部门本身没有能力对特定任务提供给付而不得不与私人合作时，双方将处于不对等的市场地位，这时国家对于给付质量不一定具有正面的影响力；而在面对特殊领域的任务时，私人因掌握公部门所不具有之专业知识与技术，将因为信息不对称形成私人的信息优势，由此可能危害"伙伴关系"，从而达不到公私协力应有之效能。公私协力特性分析所指向的各个面向，实际上是需要以法律的正当性来予以回应，即不同设置的公私协力型态应在法律保留原则的前提下，遵循比例性原则[1]。因而，环境行政公私协力型态的法定化就显得尤为关键。

（二）公私协力下管制策略的选择

"公私协力"或"协力行政"是近年来政府寻求提升治理能力、改善治理效果的主流思维。让政府与私部门基于平等的地位，双方认同允诺并追寻相互认同的目标，以有策略的方式进行具有民主正当性的行动是协力行政的内核。公私协力的应用并不限于传统关注的公共建设议题，环境政策[2]的应用以及落实也有其发挥的空间。环境政策法定化即形成了环境法律制度，因而，环境政策是大政方针，是推动经济发展、落实生态环境目标的重要依据和措施。作为一种后发的公共政策，环境政策主要有四种方式进入政策领域，即伪环境政策[3]、附带环境政策[4]、环境政策主流化[5]及纯环境政策[6]。目前，从各国实践来看，推行环境管制政策成为主要举措。同时，在不同的环境管制

1　比例性原则的主要含义是指一个公权力措施虽然有必要，但该措施不得与所追求的目的失去比例，或是说手段必须与所追求的目的具有适当的比例关系。

2　国务院制定并公布或由国务院有关主管部门，省、自治区、直辖市负责制定，经国务院批准发布的环境保护规范性文件（包括决定、办法、批复等）均归属于环境政策类。

3　伪环境政策，即号称符合环境要求，但实际上只是在政策上覆盖了一层环保的伪装而已。不过，有些政策最开始可能是伪环境政策，但随着政策的发展和政策角色的参与，可能变成有真正环保内容的政策。参见：环境保护部环境工程评估中心.环境影响评价相关法律法规：2015年版 [M].8版.北京：中国环境科学出版社，2015：74—89。

4　附带环境政策，也就是政策主要目的不是环境保护，但有意或无意地附带了一些环境保护的内容。例如，英国在20世纪80年代关闭了大部分煤产业，改为天然气，主要是为了私有化、引入竞争和遏制垄断和产业联盟，将经济结构调整为服务和金融产业，同时也附带着遵守欧盟委员会关于减少二氧化硫排放的指令。这种类型现在还很常见。

5　环境政策主流化，是指将环境目标更严肃地、全面地和透明地纳入公共政策中。政府常常与环保组织一道，推动环境政策的主流化，如英国的风电政策，一方面是为了发展绿色能源，另一方也是为了达成能源分散化和减轻化石能源依赖的长期目标。这是现今环境政策领域的主流和努力方向。

6　纯环境政策，也就是通过政府和社会的努力，激进地、彻底地将现在的政策变成完全符合环境要求的政策。这种类型还很罕见。

政策[1]推行中，民众参与协力行政时的策略选择也不相同。

　　民众以私主体的身份协力行政，不仅能提高环境事务的管理效能，还有利于相关环境机构执行能力的拓展。民众参与环境风险管制实际上形成了公私协力的互动关系，这种互动关系在新公共管理"多元参与"治理思维的影响下主要表现为"水平互补"合作模式和"水平融合"合作模式[2]。基于这些公私合作模式，依照国家在管制过程中与私部门互动的角色，可以将管制的类型区分为直接管制、间接管制（主要表现为依靠诱因的管制）以及框架管制（主要表现为调整私主体之间利害或增进一定公共利益而设立基本框架所形成的管制，如环境认证管制）。管制手段无论是直接或者间接，其目的都在追求公益的实现。公私协力具有"自由参与"以及"地位平等"的特性，符合公私协力概念的管制类型有间接管制及框架管制。

　　无论是间接管制还是框架管制都属于自主管制的范畴，公私合作管制属于国家管制松绑角度下的社会自主管制类型。自主管制是国家利用私部门自律性行为以达成特定目的而行使的管制手段之一。国家除了在管制过程中扮演着提供协助、诱导私部门进行自我管制外，对于特定任务的实现仍然负有最终担保责任。当自主管制无法实现特定任务时，国家仍可通过其他方式达成目的。自主管制并非单纯是社会自我约束行为，其与国家管制行为息息相关。因此，自主管制多少带有国家介入的成分。一般而言，环境自主管制分为诱导模式、监查认证模式等。由此，公私协力下的管制策略选择可以表述为如图 4.1 所示。

1　目前，环境管制政策工具大致可分为三类：一是"命令－控制"型措施；二是经济激励型措施，主要包括收取污染税、可交易的污染许可证制度；三是社会公众的自我控制型措施。
2　在"水平互补"合作模式之下，公部门仍然是相较处于主导的地位，但也不是完全指挥或控制的型态；私部门处于配合地位，但并不是处于完全服从与无异议的地位；在"水平融合"合作模式下，私部门不再只是依附于公部门的附和体，也不只是单纯配合公部门，而是与公部门形成一种水平式融合的互动关系。参见：吴英明.公私部门协力关系之研究：兼论都市发展与公私部门联合开发［M］.高雄：高雄复文图书出版社，1996：15-23.

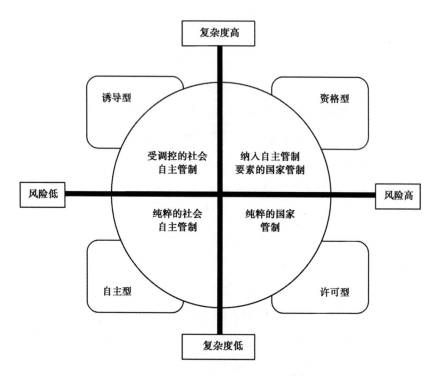

图 4.1　公私协力下的环境管制策略[1]

（三）环境社会自主管制的制度型态

制度是由法律确定的行为模式或行为准则。在我国环境立法实践中有基本制度和特别制度之分。就基本制度而言，主要是将环境保护法律中具有共通性的重要制度分为事前预防类、行为管制类、影响与诱导类以及事后救济类等四大类环境基本法律制度。民众参与环境政策的形成有利于推动环境法律制度的实现。例如，事先预防类环境法律制度中的环境标准制度、环境计划制度、环境影响评价制度，行为管制类中的环境许可制度等，这些制度中均设计了保障公众参与有效实现的公众参与机制，也正好回应了民众参与环境风险管制决策过程

1　本图由笔者参考学者观点绘制。参见：陈志军.公私协力法制下之社会自主管制［D］.台北：台湾政治大学法律研究所，2011：273.

所涵盖的制度型态。

然而，基于风险预防原则适用下管制策略的选择，民众以私部门身份与管制机关（公部门）合作参与环境管制的策略型态是社会自主管制，与其相回应的主要是影响和诱导类的环境基本法律制度[1]。目前，世界各国在环境法上社会自主管制法律制度的型态基本概括为以下三类：

1. 诱导管制模式下的自主管制制度型态

诱导管制模式下的自主管制制度型态，主要是基于市场诱因引导环境利用人的行为往有利于环境保护的方向发展的制度型态，其涵盖的自主管制制度主要包括环境费、环境税和生态补偿金制度、排污权（用能权）交易制度等。环境费、环境税和生态补偿金的制度设计，从环境保护基本原则而言，具有落实原因者负担原则和将预防原则具体化的意义。换言之，环境费、环境税和生态补偿金制度都建立在将人们主动利用环境和资源行为而产生的"外部不经济性"予以内部化的经济学原理之上，主要通过经济诱因运行管制。排污权、用能权交易制度则是在设定总量控制的基础上，在环境管制部门的监督下，排污者或用能者将其依法获得的部分或全部排污量或用能量，通过市场交易或法定方式移转给其他主体的制度型态，因此，这一交易制度又被称为"总量管制与交易"制度。

环境法上的优惠和鼓励措施（也称为"环境补助行为"），主要是为达到环境污染防治和生态保护的公益目的，国家给予私人财产价值的给付，以降低私人从事环境保护活动的成本，诱使私人环境利用行为符合环境保护目的的间接管制制度型态。环境法上的优惠或鼓励措施基于给付方式的不同，可以分为两大类：一是直接补助行为，即直接为金钱或财产价值的给付，例如补贴或奖励；二是间接补助行为，

---

[1]　影响与诱导类的环境基本法律制度也称经济刺激与市场类法律制度，它们是环境立法运用市场诱因引导环境利用人施行有利于改善和保护环境行为的产物。与直接针对环境利用行为的行政管制类法律制度所不同的是，影响与诱导类法律制度具有间接管制的特征，即在环境行政管理中运用经济杠杆原理，通过一定的经济诱因和良性影响措施，鼓励环境利用人主动采取有利于环境的行为。

又称为费税优惠行为或规费免除及规费减轻行为，经常表现为减、免征费或征税等。

2. 监查认证模式下的社会自主管制制度型态

监查认证模式下的社会自主管制制度型态，主要包括自我监查及认证制度。在环境领域中所出现的自我监查模式，主要包括环境保护专责人员、产业自律性管制以及企业环境报告书等制度类型。其中，环境保护专责人员是比较典型的自我监查制度型态。国家以法律要求开发利用环境者（尤其是企业）履行设置环境保护专责人员的义务，通过环境业者内部进行自我监督以补充国家行政监督的不足。设置环境保护专责人员这种自我监督机制在德国已实行多年，其最早在1957年修订水资源管制制度时采取的"水域保护负责人"制度，以及后续在环境污染侵害防治措施当中采取的"侵害防治负责人"制度以及循环经济管制中的"废弃物负责人"制度等，均属此一制度类型，即统称为环境保护负责人制度。环境保护专责人员，是针对私部门主体内部监控环境保护事项所设立的法定制度，据此，私部门内部依法必须设立专责人员或机构成为其法定义务。

认证，是一种信用保证形式，通过认证判定诱使环境利用行为往有利于关切环境或生态保护的方向发展。环境认证制度现在主要包含体系认证（例如，ISO 14000国际环境管理体系认证）和产品认证（环境标志认证）两类。环境标志是产品的证明性商标。标注环境标志的产品在国际贸易中因为满足环境规则的条件从而能获得更广泛的市场和利益。自德国率先于1978年由政府推行"蓝天使"标志后，环境标志制度已在各个国家环境管制中普遍推行。

总之，环境认证，是对于符合环保要求的产业制作流程或最终产品，由政府发给证明或核准使用某种环保标志，并经由各种传播媒体的宣传，将此类信息提供给一般民众并影响国民消费习惯，提高获得环境认证标识产品的竞争力的自主管制型态。由于获得环境标识的认证标准相较于现有法律规范的一般标准来讲要求更高，因此，获得环保认证有促进环境保护的作用。另外，环境认证依据是通过市场机制诱因的手段促使企业自发申请，是否接受该管制标准是由企业自行选择，不申请环保标志者，并不会受到事后的强制或处罚，因而，所有环境认证均属于环境自主管制的制度型态。

3. 团体自律模式下的自主管制制度型态

自律，即行为主体的自我约束、自我管理。团体自律模式下的自主管制制度型态，主要包括自愿性环境协议制度和行业自律性行动计划制度。自愿性环境协议是自愿性环境措施的一种特殊形式。自从日本 1964 年第一个实施"自愿性环境协议"以来，美国、欧洲、加拿大和澳大利亚等国家和地区相继将此模式作为一种新型的环境治理方式，在农业、旅游业等领域广泛运用。自愿性环境协议，一般是指为保护环境、防止公害发生，环境开发利用者（企业）与所在地居民或地方政府基于双方合意，就企业需采取一定作为或不作为的环境防治措施所签订的书面协议。换言之，环境协议是政府针对其行为会造成环境污染的环境利用主体，基于多元参与的合意所拟定的，其内容主要体现在对于环境污染防治与改善措施、事故的处理及相关损害赔偿等事项上，以期通过协议进行自律性约束。

自愿性环境协议在达成国家或地方环境管制决策方面有更大的空间和更多的余地，具有多元性、过程性、包容性与灵活性等突出优点。环境协议不同地区的具体变现形式有差异，但总体上而言适用非常广泛，涉及污染防治、生态保护、旅游开发、环境管护以及共同农业政策的推行[1]等各个领域。环境协议多以自愿为基础，相较

---

[1] 农业环境协议的推行填补了共同农业政策中的空白，在欧洲这一农业自主管制制度也创造了大多数的有价值的农村景观。欧盟委员会对这一农业环境政策做了如下表述：共同农业政策改革中在环境方面的指导思想，是农民应当无偿地遵守基本的环境标准。然而，无论社会怎样希望农民能够提供超出这一轴线水平的环境服务，这项服务都应当通过农业环境措施予以采购。参见：布莱恩·杰克. 农业与欧盟环境法 [M]. 姜双林，译. 北京：中国政法大学出版社，2012：134-135.

于强制规范更具有适用的灵活性。从主要国家环境协议制度的实践看，日本主要是由地方政府与数个或一个企业签订公害防止协议。欧美国家则大多是政府与各企业团体之间达成自愿环境协议。例如，美国是由产业界通过向联邦政府或州政府宣誓表达遵守一定的承诺的方式形成环境协议；欧洲各国则主要是由工业同业公会与政府协商等方式达成协议，并广泛应用于工业、农业和能源等基础经济领域。

　　"行业自律既是行业内交易规则的自我制定过程，也是一种与政府监管相并列的市场治理手段。"行业自律性行动计划是行业为了推动环境、经济和社会的协同发展所达成的自律性行动倡议，主要表现为温室气体排放的自律性减量行动、不特定民众所达成的自愿性节约能源的行动以及为达成上述行动有效实施的其他行动计划等。例如，"环境监测行业自律公约"即可以看作是一种行业自律性行动计划。行业自律性行动计划实际上是基于环境指导和信息公开基础上的社会自主管制思维方式，其本质在于倡导形成行业自律与政府管理良性协调运作，因此，又被称为"协力型"行政指导。环境法上的行政指导是环境行政中典型的柔性手段，是协同合作原则的具体体现，是政府在综合环境行政中运用最多的环境法律措施，如针对环境违法行为提出改善建议、劝告和命令等。环境行政指导的方法多样，多数不具有法律拘束力，而且需要环境利用行为人自愿接受并履行，因此，环境行政指导具有柔和性和自主性的性质。行业自律性行动计划的签署各方以互信互赖为基础达成行动方案，使得这一"协力型"行政指导具有合意的性质；同时，行动计划参与者之所以采取自律行动，是为了规避更严格的管制规定。因此，行业自律性行动计划可以看作环境自主管制的制度型态之一。综上，民众参与环境风险管制的制度型态可概括为如图 4.2 所示。

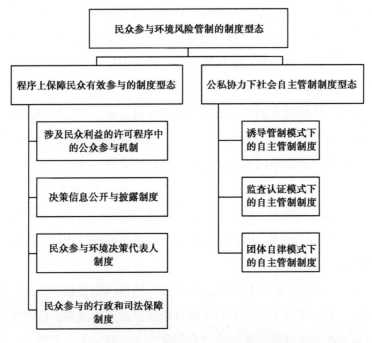

图 4.2　民众参与环境风险管制的制度型态

三、小结

随着"环境权"理论受到越来越多的关注，我国 2014 年修订版《环境保护法》也以法律的形式确认公众参与环境时有获取环境信息、参与环境保护和监督环境保护的环境权益。有关环境权的法律表述为完善信息公开和公众参与制度奠定了更为明确和坚实的权利基础。民众参与方式及其选择标准的探讨，也是为了落实民众参与机制、增强民众参与制度的可执行性。民众参与不只是行政机关保障行政决策科学、民主的内部程序，还是民众的一项法定权利。民众参与环境风险管制决策时，除了明确事前、事中参与机制，向可能受影响的民众说明情况、征求意见外，还应疏通事后参与机制，即民众可以对环境违法行为进行举报，有关社会组织可依法提起环境公益诉讼等。可见，如果把民众参与作为改善环境质量、遏制环境污染的新武器，完善保障民众参与权利实现的环境信息公开与披露制度、民众参与决策代表人制度及民众参与司法保障制度，将大大提高民众参与环境风险管制的法律地位和实际效果。

另外，从环境管制的目的来看，只要民众参与符合环境法律的要求，就应当鼓励并认可民众以私主体的身份参与环境协同合作管制。公私协力下管制策略的选择主要是社会自主管制，其制度型态包括诱导管制模式下的环境费、环境税和生态补偿金制度、排污权（用能权）交易制度以及环境法上的优惠和鼓励措施等制度；监查认证模式下的自我监查及认证制度；团体自律模式下的自愿性环境协议制度和行业自律性行动计划制度。

综上，通过比较分析和研究民众参与环境风险管制的方式与制度型态，一方面厘清了民众参与环境风险管制的逻辑进路，梳理了民众参与环境风险管制法治化的方式和制度型态；另一方面也提出了待解决的问题，那就是这一逻辑进路在我国民众参与环境风险管制的实践中是否得到充分的体现，制度又该如何因应？据此，下章将以环境敏感区的划设管制为例，以期通过对我国民众参与环境风险管制的现状述评和问题检视，找到我国民众参与环境风险管制机制优化和协力管制下社会自主管制制度型态构建和完善的突破口。

第五章　我国民众参与环境风险管制的法治现状及问题检视

第一节　我国民众参与环境风险管制实效之检讨——以生态敏感区划设为例

一、概述

减缓与调试极端气候与不当人为开发对敏感性及脆弱性环境的冲击，实属近年来备受各界关注的环境课题。1982 年联合国《世界自然宪章》（以下简称《宪章》）指出：应限制会对自然环境产生影响的活动，并采取可降低风险或其他不利影响的最佳可行技术，特别是避免可能引起自然环境不可恢复的破坏活动。针对可能会造成显著风险的活动，应于事前进行彻底而详尽的调查，其倡议者应证明预期的效益大于潜在的危害，且当潜在的不利影响尚无法被全面了解时，即不得进行相关活动。该《宪章》的规定，即宣示在环境资源管理上，采用资源预防的观念作为环境规划的基本原则。人类生活方式需与地球的承载力保持平衡，基于世代永续发展的利益，应当向未来保留一定的生活空间与可承载性。为避免竭泽而渔，维持生活品质和防止环境破坏，如前文所述，因环境风险具有不确定性，基于对人民基本权利负有保护义务，国家对于此类环境风险仍需进行一定程度的事前处理或干预。国家环境保护义务包含了环境现状保持义务、环境危险防御义务以及环境风险预防义务。针对国家环境保护义务的实现，基于环境风险规制的理念，尤其强调当风险的发生对环境具有严重或无法恢复损害的可能性时，国家有进一步采取预防原则的相关措施，以防止或减轻可能的损害发生的作为义务。

目前存在一种环境风险管制的惯常模式，即通过法律制度的设计，将具有环境敏感性的地带划定为特定区域，通过各种行政管制手段限制或禁止区内的开发行为，以避免人为活动所可能产生的环境影响；甚或辅以土地征收补偿、容积移转或租税优惠等措施，永久性转移居民至其他区域，以此来实现特定区域的环境保护。然而，不断强化的管制行为[1]，不仅附加了过高的行政成本，也往往招致民众的不满及抗议甚至出现了"管制失灵"[2]。因此，基于国家总体资源有限且需为有效利用的角度，近年对于环境管制逐渐采取较为软性的方式。例如，由政府划定特殊的环境区域，并在现阶段可行的科学技术的支援下建立监测与预警系统，通过民众参与来实施环境管制。当然，民众参与环境风险管制也有助于"提高环境管制的国家力量"。

（一）生态环境敏感区的界定

生态环境敏感区的概念起源，最早是由美国法律学会在 1965 年研拟的《土地开发规范》草案中提出"危急地区"[3]（Critical Areas）

1　环境管制行为的强化，主要通过命令控制或强制许可的手段来实现环境保护的目标。具体而言，如通过区域限批、环境管制责任追究、节能减排目标管理等手段来强化环境管制的硬约束。

2　环境管制失灵，是指政府在进行环境管制过程中，没有防止无法修复的环境问题的出现；或实施环境管制后，虽然可以修复的环境问题在短期内和表面上得到了治理，但效率低于未实施管制的现象。参见：魏玉平.中国环境管制为什么失灵？——从管制者角度的分析[J].江汉大学学报（社会科学版），2010，27（1）：104—109.

3　按照美国法律规范的解释，危急地区可概括表达为以下五种区域：实施土地买卖或开发计划的地区、环境危急地区、可能或已被重大设施冲击影响的地区、新社区及其邻近土地、大型开发计划且其冲击影响超越地区性者。其中，环境危急地区（Areas of Critical Environmental Concern）为"由于缺乏管制或不适当的开发使用，将造成该地区的环境、生命财产或长期公共利益的损失，且其严重程度将不仅限于地区性者"。

一词演变而来的。美国 1973 年《国家土地使用政策及规划法案》中，依据该学会对此概念作了发展，归纳出五类"危急地区"。因此，具有潜在环境风险发生可能性的地区皆属之。该法案进一步将环境危急地区分为四类：一是脆弱或史迹地区，包含河流、湖泊沿岸地区、重要野生动物栖息地及其独特性的景观或史迹等；二是自然灾害地区，包含洪水平原、潜在地质危险地区、雪崩地区及火山活动地区等；三是再生资源地区，包括集水区、地下水含水层、地下水补注区、重要农业、畜牧业及林地等；四是其他具有显著重要性的地区，例如对环境产生冲击的重大公共设施兴建地区或交通路线等。

自美国环境保护署于 1975 年在研究报告中使用"敏感土地"（Sensitive Land）的用语开始，此后美国各州在研拟危急地区方案时，有逐渐使用"敏感地区"来包含极易因人为因素而导致环境负面效果的地区的趋势。一个常被提及的案例，即为新泽西松林委员会将环境敏感区界分为四大类型：一是生态敏感地区，例如防洪、净化水质、水资源提供或野生动物栖息等地区；二是文化景观敏感地区，指的是具有重要历史考古或文化价值的区域及建筑物；三是资源生产敏感地区，指的是人类必需物质的生产地（如农作物、森林、砂石）或生产前述物质所需的资源（如土壤、水）；四是天然灾害敏感地区，主要指的是具有潜在地滑、洪患、雪崩或火灾的地区。我国环境敏感区 1 常指的是需特殊保护地区、生态敏感与脆弱区以及社会关注区。

（二）生态环境敏感区的划设及管制理念

纯粹就环境本身外在条件及其所造成影响与人类基本生存条件的

1　环境敏感区，即《建设项目环境影响评价分类管理名录（修正）》（环境保护部令第 44 号）第三条（一）所拟区域。具体而言，需特殊保护地区：即指的是国家法律、法规、行政规章及规划确定或经县级以上人民政府批准的需要特殊保护的地区，如饮用水水源保护地、自然保护区、风景名胜区、基本农田保护区、水土流失重点防治区、森林公园、世界遗产地、国家重点文物保护单位、历史文化保护地等。生态敏感与脆弱区：是指沙尘暴源区、荒漠中的绿洲、严重缺水地区、珍稀动植物栖息地或特殊生态系统、天然林、重要湿地和天然渔场等。社会关注区：主要指的是人口密集区、文教区、党政机关集中办公地点、疗养地、医院等，以及具有历史、文化、科学、民族意义的保护地等。

关联程度来说，以环境敏感区的划设及管制较符合防范自然现象或人为因素所致的生态环境风险损害，以保障民众环境利益的环境风险管制理念。环境敏感区的划设及管制，涉及灾害发生概率、风险损害程度及影响区域等范畴，属于一种环境风险评估的过程，首先应当确定需要加以关注及处理的环境指标，进而基于理性的风险决策模式，以科学技术方法分析风险发生的可能性，并通过"成本－效益"评估，衡量及考虑采取或不采取管制行为的潜在利益与成本，经综合考量包含政府资源、执行能力、民众接受程度等因素在内的各种政治经济文化条件后，设定一个适当的保护标准，也就是所谓的安全标准，并辅以不同的管制手段，以确保安全标准被切实遵守或达成。通过区域空间管制来控制环境损害的发生条件、降低易致环境风险发生损害的程度并且提高环境的损害承受能力，以此减缓环境损害所带来的冲击。甚至为了防止或免除严重或无法恢复的环境损害威胁，在灾害成因或影响均还不具有充分科学确定性的情形下，即采行"谨慎预防原则"的相关措施以为因应。

环境敏感区的划设及后续相应管制行为应以可持续发展作为环境资源管理的指导原则，这对生态系统的平衡、环境损害的预防及土地资源有效利用等，具有相当重要性。可持续发展的理念最终仍是以人类福祉为目标，并非一味地限制经济发展，而是追求环境保护与经济发展的调和，要求经济增长必须建立在生态保护的基础之上。我国 2018 年通过的《中华人民共和国宪法修正案》新增"生态文明"，进一步强调经济建设与环境保护的协调发展。换言之，环境资源并不是一个受到绝对保护的宪法法益，尚需考量其他同时存在的宪法法益，国家应当尽可能地协调处理经济发展与生态保护的矛盾并寻求实现"多元法益"的实现。

因此，环境敏感区的管制不能只是全面禁止土地资源开发利用，而是应在环境承载量的容许范围内，依据环境敏感度的高低，采取差别化的管制方法，从禁止、限制、有条件开发等不同管制方向思考，通过多元手段交互运用（如经济诱因、官民合作、环境计划或规划等）合理规范开发行为。

另外，政府所采取的保护或限制措施，则应符合"比例原则"，强调手段与目的间的相当性，尽可能达到适当的保护水准。也就是说采取的措施不得过当，在同样能达成目的的不同措施中，应选择限制性最低的一种手段。就环境管制角度而言，其策略和手段可分为两类：第一类是"保育"，指在环境资源尚具有承载能力时，在负面冲击能够被吸收及消解的前提下，有条件地允许土地开发利用，而不是采取全面性的禁止措施；另一类则是"保护"，指当环境资源已濒临或超过其承载能力的极限时，则采取绝对性的措施，严格禁止区内的开发行为。

总之，生态环境敏感区的划设，应有其意欲达成的环境保护理念及环境管制目的，即在预防天然环境风险的发生，抑或是在无法完全防范或消除危险的情形下，尽可能地减少环境风险所带来的冲击。相关理念及目的需通过法律条文予以落实，如通过进一步规范具体的划设标准，为行政机关从事相关划设管制活动设定法律依据。纵观我国环境保护法规范体系中环境敏感区的划设，最具代表性的分别为各级各类自然、文化保护地以及其他环境敏感的区域。相关法律的实施标志着不同区域环境风险管制的不同立法理念，也充分反映环境敏感区划设标准的立法模式演进。因此本书将聚焦水土保持区的区位划设及继之而来的（直接或间接）管制制度，并通过对规范属性及立法模式的进一步分析，以法律实然面与应然面为论述基础，展开相应的民众参与制度的探讨和评述。

二、民众参与环境敏感区划设的方式和效果

（一）水土保持区的划设

1. 概述

我国《中华人民共和国水土保持法》（以下简称《水土保持法》）规范的特定水土保持区制度，是基于加强水土资源保育的目的，要求主管机关针对易产生水土流失的特定区域加以规划、公告并兼采行政管制与工程治理手段，保护、改善生态环境的制度。我国目前在立法中尚未对"特定水土保持区"予以法律概念的界定，仅做了列举表述[1]。基于以上法律表述，我们可将特定水土保持区界定为：经有权主管机关划定，亟须加强实施水土流失预防、维护及治理的地区。这些水土保持区可以涵盖以下几类：崩塌、滑坡危险区和泥石流易发区；水土流失严重、生态脆弱的地区；对水资源安全和生态安全有重大影响的区域；山坡地坡度陡峭具危害公共安全的区域；其他对水土保护有严重影响的地区。就《水土保持法》整体管制架构来看，主要分为两大类：一般水土保持管制和特定水土保持管制。前者属于整体性、通盘性的规范，要求水土保持义务人（土地的经营、使用或所有权人）应依据水土保持技术规范实施水土保持的治理与维护；而后者对于山坡地从事高强度、大范围的开发利用行为者，经主管机关审查、核定后方可从事开发利用活动。

2. 规范属性

水土保持区的划设，从规范层面看似明确，但在实际执行上仍面临条文中许多不确定性法律概念（例如，危险较大、重大影响、危害公共安全之虞等）的解释问题。为消除这些不确定性，提供更为具体

---

[1] 我国《水土保持法》第十二条规定，县级以上人民政府应当依据水土流失调查结果划定并公告水土流失重点预防区和重点治理区。《福建省水土保持条例》第九条规定，水土流失潜在危险较大，对防洪安全、水资源安全和生态安全有重大影响的区域应当划定为水土流失重点预防区；生态环境恶化，水旱风沙灾害严重，崩塌、滑坡危险区和泥石流易发区等水土流失严重的区域应当划定为水土流失重点治理区。

且可操作的划设标准，中央或地方行政机关通过行政立法的方式，在法律授权的框架下自行订立划设标准。此类型的划设标准是以现阶段的科学技术水平评估不利于生态环境的风险发生可能性所订立的安全标准。因此，特定水土保持区划定其法律规范设计为典型的"条件模式"，即一旦法令规定的构成要件成就，就应当划设特定水土保持区。在此模式下，特定区位的划定取决于明确或具体量化之标准的规定，由行政机关综合地形、地质、气候条件与过去已发生的水土流失灾害，经由科学判断所进行的风险评估，将相关因素及条件加以抽象化后所制定出来的明确标准。水土流失重点治理区，即是按照此种立法模式予以划设的。

　　另一类划设标准，对于安全条件的确定须通过设计一套演算的机制才可获得，甚至有一类划设标准是以不确定法律概念来解释不确定法律概念，以至于相关划设的安全条件仍处于高度不确定状态。此类规范的模式，主要是基于自然生态环境的复杂性，明确或具体量化的标准难以通过事前立法的方式来确定，而采用"目的模式"的法律规范予以设计，赋予特定水土保持区划机关较广泛的决策空间，从而可以根据不同地区的自然环境条件做个案考量，甚至在灾害发生的盖然性尚未确定的时候，就可作出划设的决定，以对未来保持弹性。水土流失重点保护区，即是按照此种立法模式予以划设的。

　　3. 分析与检讨

　　划定水土流失重点防治区并进行公告是《水土保持法》明确赋予各级人民政府的一项重要工作。水土流失重点预防保护区、重点治理区的划定是水土流失防治规划和措施布局的依据，也是各级政府的法定义务。由于水土流失重点防治区等环境敏感区的划设需具有高度的专业性和技术性，站在功能结构取向的角度，立法机关确有必要将若干划设细节授权行政机关予以规定的必要。此外，在不违反法律保留原则前提下，行政机关从事环境管制工作时，可就执行环境敏感区划设管制法律的技术性或细节性次要事项自行发布行政规则加以规范。同时，行政机关从事环境管制工作时，对环境敏感区资源保育落实与民众基本权利的保障至为关键。条件模式下之特定区位划设标准，其规范明确、具体且清晰，呈现出来的形式理性及操作便利性，对划设机关来说，不啻是个易于使用的管制机制。

然而，其相对制式的运作逻辑，较缺乏对问题的敏感度与机动性，能否妥善处理复杂的环境风险问题尚有疑问。目的模式之下的区划，在法律所建构具方向性及目标性的框架下，赋予划设机关更大的机动性和弹性，有利于充分应对环境风险复杂多变的事实。

当然，采用目的模式或预防原则的环境敏感区划设时，相关法律或法规命令，不宜仅因出于赋予划设机关一定行为空间的考量，而将划设条件做过于空泛的规范。因为过于空泛的规范，对于据以执行划设的管制机关而言，在实际运作中恐连最基本的方向、原理、原则均无可依循；即使是用相当宽松的标准来检视，也恐将违反法治原则的最低程度要求。因此，在不确定条件下实施管制的前提，在于立法者及行政机关应持续留意科技的发展，适时地调整或修正相关法规范，并且愿意在不排除反思解决方案与目标的情况下设计管制问题的解决方案。据此，环境敏感区的划设，往往需要通过民众的参与和协助得以顺利推行。

（二）民众参与环境敏感区划设的现状述评

1.民众参与环境敏感区划设的现状

每个社会都有自己对安全的看法，相关议题的讨论时常反映出各种价值观，安全标准的定义可以说是一种社会建构，其重点在于决定何种风险是可以被接受或忍受的。人们将愿意接受或忍受的风险，称为"可容许的风险"或"剩余风险"，主要是基于损害发生可能性与利益获得多寡的衡量。正因为环境风险评估因人而异，法律在决定环境敏感区的划定标准时，应设计一套机制将各方对风险的看法及评估纳入考量，例如启动陈述意见、公开咨询会或论证会及听证等程序。民众参与行政程序，有助于其信赖行政机关的评估，也有助于行政机关提高判断的正确性。为使特定环境敏感区的划设标准更加详细和周延，制度设计上应赋予社会大众了解相关标准内容的机会，提供多元意见沟通辩论的场所，使其能斟酌自身利益向行政机关提出评论或看法。

　　然而，目前我国关于环境敏感区划设的法律规定中并未特别针对民众参与划设标准制定的意见表达程序加以规范。如前文所述，我国的民众参与主要体现在行政许可中的听证以及环境法环境影响评价中的公众参与，这均是按照行政程序法规制定的民众参与程序。当然，《关于地方立法过程中涉及的重大利益调整论证咨询的工作规范》也正探索建立对地方立法中涉及的重大利益调整的论证咨询机制。从这些内容当中可以看出，民众参与一般要求行政机关在相关管制文件草案初步拟定完成后，应将草案全文刊登于政府网站、新闻报纸予以公告，或以其他适当方法将公告内容广泛周知。任何人则可于主管机关所定期限内，针对该草案内容提出意见。换言之，此项制度赋予任何人均可针对特定水土保持区及环境敏感区的划设标准草案内容陈述意见的机会，其设计理念除了让可能受到法规命令（划设标准）影响的潜在利害关系人表达其看法外，也希望让社会上具有相关专业知识的民众，能以民间专家学者的身份，通过陈述意见被动地参与法规制定过程。但通过分析，目前法律规定还存在对民众参与保障的不足。

　　2. 民众参与环境敏感区划设标准制定时存在的障碍

　　（1）信息公开的充分性不足

　　现行实务中遇到的问题是，几乎很少有民众会真的对划设标准草案提出意见或看法。这主要归咎于现行条文草案公告（信息公开）的充分性不足，致使对该条文内容有兴趣的民众或团体，无法及时而有效地获得相关草案制定信息的渠道。现行的法规命令等草案公告的方式，几乎无例外的是刊登于政府公报，并同时在主管机关门户网站信息公开区登载。虽然公告是现阶段常见的、针对不特定多数人所采取的信息公开方式，但这样的处理方式仅属于法定义务履行的最低限度。在没有具体提示或通知的情形下，有机会去了解或接触公告，进而得知法规命令草案内容的民众，恐怕是少之又少。另外，目前法律制度仅要求行政机关公告划设标准的草案内容，至于研讨该标准过程中相关科学及专业评估分析或其他佐证资料依然无须公开。因此，即便一般民众得以接触并阅览公告内容，但对于相关法律规范的制定常常陷入"知其然，而不知其所以然"的窘境。

（2）行政机关回应机制不完备

另外，即使民众具有陈述意见的机会和通道，但行政机关应否或如何处理与回应民众提出的评论意见，则存在不明确性甚至争议。有学者认为，建立法案公开征求意见的回应机制是建立"公众导向型政府""善治政府"等的内在要求，我国现阶段需在强化政府的回应理念、创立多元回应方式、完善回应制度建设上进一步构建与完善法案公开征求意见的回应机制。据此观点而言，行政机关制定法规命令时仍有说明理由的义务，故应针对民众提出的意见加以回应。但也有反对的意见，主要认为法规命令的制定属于抽象行政行为，并无所谓当事人可言，故也无须就法案公开征求意见设立回应机制。站在行政机关的立场，若就拟定划设标准的法案所提出的意见均需加以回应，且回应的内容和程度也有一定要求，恐将有碍行政效率，造成法规制定的失焦。

然而，现行的立法模式对民众意见的回应全无要求，针对民众就法规命令草案所提出的评论意见，并无如美国《联邦行政程序法》的规定，要求行政机关具有说明理由的义务；民众仅可做单方陈述，并没有与行政机关对话的机会。要不要回应民众提出的意见以及回应至何种程度，目前在法律上并没有明确的表述。现行行政法律制度也并未针对法规命令适当或合法与否可直接进行诉讼的诉愿和诉讼类型予以规范化表述，以至于即使民众发现行政机关的回应有不合理甚至不合法之处，不仅无法就法规命令发布前要求为事前之矫正，就算是事后的救济也不可得。因此，相关草案预告程序或陈述意见制度因行政程序法律制度的不健全而沦为行礼如仪的制式程序，民众参与环境风险管制能否发挥集思广益的功效令人相当存疑。

（3）陈述意见制度的困境

受限于科学因果关系不明、环境风险发生概率不定或影响规模未知等因素，主管机关在制定相关划设标准时即保留有采用不确定法律概念或目的模式立法之空间。此类条件的订立，在相关风险评估上甚至具有预测的成分，无法纯粹通过科学专业加以定义或创造，甚至有进一步采取预防原则的空间。由于每个人对风险的感受并不相同，在研拟具科学不确定性的安全标准时，应特别考虑民众对风险的接受程度，才能兼顾生态敏感区划设标准妥适性及可行性。此时，应通过各种专业方法进行损害发生可能性与利益获得多寡的衡量，并将各种评估方法及衡量结果加以公开并交付民众参与反复辩论，才能够使一般民众有所意识并进而决定可容许风险的范围。现阶段法律规定对于订定环境敏感区划设标准的一般性民众参与，其制度设计仅要求将条文草案公告，并给予民众就该草案陈述意见的机会，但未要求制定机关须予以回应。这实质上对于具科学不确定且需衡量民众对风险接受度的划设条件订定而言，无法达到订定划设条件的政府机关与民众间双向沟通的效果，更遑论进行公开的辩论，这基本上使得环境敏感区划设标准制定中的民众参与失去意义。

三、民众参与环境敏感区风险协同管制现状评述

（一）具体管制措施及其行为属性

水土保持规划属于一种涉及土地管理及工程治理的综合性执行计

划，实质上由主管机关采取计划管制方式，针对特定水土保持区进行整体统筹发展协调的预防类环境管制措施。换言之，为配合长期水土保持计划的实施，特定水土保持区的划定是为保护山坡地、地质敏感区及水源地等敏感环境，主管机关针对亟须保护、保育的土地划定特别区域，采取严格限制破坏土壤情形或全面禁止任何开发行为的环境管制措施。依据我国《水土保持法》的规定，经划定为特定水土保持区的各类地区，区内原则禁止任何可能造成水土流失的活动。[1] 特定水土保持区的划设及管制，属国家对生活在环境敏感区及其周边民众保护规范的具体化过程。直接规定于《水土保持法》的特定水土保护区的管制措施，具有对多数不特定人就一般事项所为之抽象性、对外法效性的法律性质，其具体特定的管制效力是附随于划设公告处分及公告后的相关行政行为而存在。具体管制措施的法律性质与其管制的具体内容息息相关，依据立法者的法律规范，管制措施主要可以表示为以下几方面：

1. 禁止开发

为避免人为因素破坏环境敏感土地环境风险发生的概率，基于水土保持规划，原则禁止在特定水土保持区内有开发行为。就保障民众的角度而言，禁止人为开发的环境管制主要是为民众的环境权益的实现，以期通过预防性的措施减少环境敏感区内的人为活动，从而尽可能地减少保护环境所支付的成本。因此，这种环境管制作为具有公益属性，并且可能涉及对公民宪法保障的基本权利的干预（尤其相关干预具有禁止行使权利或剥夺财产权的成分），具有符合法律保留原则的本质。禁止开发的管制规定，属于特定区域水土保持抽象规范的一部分，将因特定区域的划设公告产生具体的法律效力。换言之，一经

---

[1] 有关原则禁止有关如何造成水土流失的活动的具体规范，参见我国《水土保持法》第十七条，禁止在崩塌、滑坡危险区和泥石流易发区从事取土、挖砂、采石等可能造成水土流失的活动。该法第十八条，水土流失严重、生态脆弱的地区，应当限制或者禁止可能造成水土流失的生产建设活动，严格保护植物、沙壳、结皮、地衣等。在侵蚀沟的沟坡和沟岸、河流的两岸以及湖泊和水库的周边，土地所有权人、使用权人或者有关管理单位应当营造植物保护带。禁止开垦、开发植物保护带。

划设公告为特定水土保持区即同步产生具体特定的管制效果。划设公告之所以具有行政处分的性质，乃是出于配合该公告发布后同时生效的全面性权利剥夺状态，而单就禁止开发的管制规定来说，也必须经由特定区域划设公告之后，才能具体特定为划设行政处分的一部分。例如，经由生态保护红线所划定的环境生态敏感区、脆弱区内，一般禁止开发利用活动。

2. 特许开发

特定水土保持区内环境风险发生的概率，会随着地形、地质或外在气候等因素的不同而具有不确定性，如果不论风险发生可能性的大小一律全面采取"禁止开发"，对于实现民众利益过于苛刻，也不符合比例原则。为强化法律时效性并提高民众守法意愿，行政机关可以考量针对不同的地域与行为类别采取不同强度的管制手段，并考虑运用具有诱导性质的管制手段鼓励民众参与。因此，以"禁止开发"为主要管制手段的特定环境敏感区，在管制机制上应设置例外情形，给予受管制者"特许开发"可能。例如，我国《水土保持法》第二十五条[1]的法律规定，即是此类环境管制的体现。基于继续推动国家重大建设的公益考量及兼顾实际经济发展需求的理由，在不影响水土保持前提下，一定规模以上的开发项目须编制水土保持的相关方案，并经中央及主管机关审核批准后，方不受禁止开发规定的限制，此即特许制的环境行政管制模式。

在该模式下，法律规范原则禁止某些行为；但是，如若开发项目的规模或强度是在环境承载量所容许的范围内则可以例外同意开发。此处主管机关的许可行为针对的是特定的民众（多数是开发建设者）的申请而言，其对象特定而具体。基于这种对法律一般禁止的特许，使特定环境敏感区的管制性质从原本的"禁止开发"变为得以"有条

---

[1]　我国《水土保持法》第二十五条规定，在山区、丘陵区、风沙区以及水土保持规划确定的容易发生水土流失的其他区域开办可能造成水土流失的生产建设项目，生产建设单位应当编制水土保持方案，报县级以上人民政府水行政主管部门审批，并按照批准的水土保持方案，采取水土流失预防和治理措施。没有能力编制水土保持方案的，应当委托具备相应技术条件的机构编制。

件的开发"，也使得土地利用人与国家间的管制法律关系发生了变化。这一解禁，须通过民众的申请及主管机关的核定等程序始能确定。"特许开发"与上述"禁止开发"的法律规范不同，也不会附随特定环境区域的划设处分而同步发生法律效力。

3. 环境管制限缩

据相关法律的规定，在特定环境敏感区内的开发行为若属较轻度的土地使用收益行为应不在禁止之列[1]。此外，为避免对特定水土保持区内具低度开发性质的农业开发行为和具公益性质的政府治理工程造成过度冲击，可通过行政解释的方式适度放宽开发限制[2]。政府环境治理工程属于公共行政目的的治沙或防灾工程，因其开发特定管制区域的土地具有公益的目的，行政机关在适用法律上可以依据授权，阐明此类行为不受开发管制法律的规范范围。然而，对于农业开发行为的排除适用，就民众来说是一种既得利益，则可以通过修正相关的法律程序来予以完善"管制限缩"的问题。

4. 从来合法使用

基于特定环境敏感区的相关禁止性规范可能涉及公民人身财产等宪法基本权利侵害或者剥夺时，在制度设计上应考虑既得利益保障及信赖保护，并就法律制度作出相应的调整或者是转变环境管制之因应措施，其中一种主要因应处理方式就是维持财产权的既有状态。也就是说，在对特定的环境敏感区进行开发行为管制的过程当中，在此区域划设公告之前已经合法存在、使用状态未曾改变且持续至今的既有土地开发行为，在兼顾民众生计的权益考量之下，可予以一定条件的限制而继续保持此开发行为[3]。从《水土保持法》预防、治理的法律

---

1 我国《水土保持法》第二十三条规定，在五度以上坡地植树造林、抚育幼林、种植中药材等，应当采取水土保持措施。
2 我国《水土保持法》第二十四条规定，生产建设项目选址、选线应当避让水土流失重点预防区和重点治理区；无法避让的，应当提高防治标准，优化施工工艺，减少地表扰动和植被损坏范围，有效控制可能造成的水土流失。
3 我国《水土保持法》第三十七条规定，已在禁止开垦的陡坡地上开垦种植农作物的，应当按照国家有关规定退耕，植树种草；耕地短缺、退耕确有困难的，应当修建梯田或者采取其他水土保持措施。

规范内容来看，环境管制主要是针对特定水土保持区划设公告之后的新开发行为。当然，"从来合法使用"适用的具体情形尚需要管制机关在具体个案中结合法律保留原则和比例原则予以明确解释。

（二）分析与检讨

1. 生态环境敏感区划设中民众参与实效的检讨

从特定生态环境敏感区有关的划设、相关法律规定的制定来看，除了机关代表及专家学者外并没有容纳其他意见（一般民众和环保团体的意见）及看法的空间。这或许是因为制度设计上，针对相关生态敏感区位的划设，在相关计划草案的公开展示阶段就已经给予民众参与机会，所以当主管机关进入后期的审议阶段时，便认为无须另行赋予民众参与的机会。因此，这种程序设计方式会产生一个盲点，那就是现行规定要求草案经公开展示并有民众提出异议后，主管机关应将对民众意见的处理情况连同特定生态敏感区划设的草案一并进行审议，然而专家主导参与的审议则只能被动地接受及审议民众相关的异议及行政机关的处理结果（甚至未予以回应处理），就得出具体的生态环境敏感区划设及管制的标准，从而审议部门本身并没有与民众进行相关观点和意见的交流机会。这也就使得民众在程序上的参与权并未得到充分体现。

2. 生态环境敏感区利用管制中民众参与实效的检讨

以我国现行《水土保持法》为例，针对特定水土保持区域采取原则禁止、例外开放、保护带全面强化保护的差别化管制模式，并依据开发行为对环境影响的轻重实施不同程度的管制作为，以此来调和环境资源保护和经济发展。由此，对特定区域的管制并不一味地限制开发行为，是一个比较符合可持续发展理念及比例原则的做法。只有对水土流失风险较大的地区采取目的立法模式，设置保护带，并在该区域选择限制使用收益或指定保护行为来作为暂时性管制措施[1]。除此之外，其余的管制方式均采用"命令－控制"型的条件模式立法，只要法律规定的构成要件达成便发生一定的管制效果，在风险管理的手段选择上具有较少的弹性。

因此，可以增加民众参与环境风险管制的诱因，如我国《水土保持法》中就有关于生态补偿的法律规定[2]。虽然，这一规定首次将水土保持补偿定位为功能补偿，但在民众参与管制作为的经济诱因的提供上则几乎没有相关规范。广义的水土保持补偿，除了对水土保持功能补偿外，还应包括对水土保持贡献者和利益受损者的经济补偿。具体而言，针对保护带的暂时性管制作为导致民众损失尚未设计补偿机制；至于一般性开发活动的禁止，也并无相应的补偿之法律规定，更不要说辅以相关租税优惠或生态利益奖励等新兴经济诱因手段的使用。由此，在生态敏感区管制中，我国采取的管制制度型态更倾向于行为许可类的直接管制制度型态，而较少强调自主管制的制度型态，从而使得民众参与环境风险管制实效不尽如人意。

四、小结

总之，当代社会中面对具有诸多不确定因素的环境风险损害时，鉴于现行科技规范的有限性，并基于民众参与环境保护动态权利实现的要求，为处理具专业性及不可预测性的环境管制事务，相关立法有逐渐采用裁量、不确定法律概念以及目的模式规定的趋势，以期赋予管制机关一定的具体形成权，通过行政自主性的提升，吸纳"多元主体"参与进行利益的衡量，从而应对复杂的环境风险管理及决策。换言之，行政机关往往需要借助外部团体人员参与环境公共决策，才能妥善完

---

1 例如，在侵蚀沟的沟坡和沟岸、河流的两岸以及湖泊和水库的周边，土地所有权人、使用权人或者有关管理单位应当营造植物保护带，禁止开垦、开发植物保护带。参见我国《水土保持法》第十八条。
2 水土保持中生态效益补偿的规定，参见我国《水土保持法》第三十一条规定，国家加强江河源头区、饮用水水源保护区和水源涵养区水土流失的预防和治理工作，多渠道筹集资金，将水土保持生态效益补偿纳入国家建立的生态效益补偿制度。

成法律所赋予的任务，并以此补济因处理特殊专业行政需求所下降的民主正当性的水平。一套公正而足以容纳各方利益关系人多元意见沟通的参与机制，不仅有利于提供环境管制决策的民主正当性和合法性，也有利于弥补管制政策法律拘束力的弱化。环境敏感区的划设及管制具有相当程度的预测性质，例如政府实施的开发管制或者工程治理对风险的防治或减缓是否有效，可能仅是环境风险评估下的预期，并不具有确定性。面对环境风险的不确定性，行政机关的管制与执行应基于合作原则，以增加政府与受管制者、相关民众或专家间的互动。在防止环境损害发生的共同目标下，环境管制决策机制的设计应尽量纳入各方意见，通过各方不同利益与风险接受程度的折中协调，才能更好地兼顾环境管制措施的妥适性及可行性。因此，找到民众参与环境风险管制的制度困境和成因将是提升民众参与环境风险管制实效的一把钥匙。

第二节　民众参与环境风险管制的制度困境及成因

实现经济社会可持续发展，首先要解决的就是如何实现对具有公共产品属性的环境资源的有效配置的问题。自由放任的市场经济难以自发地应对上述问题，因此，通过变革环境管制模式，多元主体参与协同管制成为克服"市场失灵"和"管制失灵"的良药。面对当前巨大的环境压力，可以通过社会广泛参与来提升环境管制的质量。换言之，环境管制，是政府依法通过命令管控或市场诱因，对环境利用行为人行为边界予以限制，并促使其内部化的政府行为。然而，由于我国环境管制存在各种体制上的障碍，例如管制失灵问题突出、民众参与机制的不健全和公民环境权能不明确，以及我国传统环境管制政策自身存在某些缺陷等，皆成为民众参与环境风险管制法治化的主要障碍。

一、环境管制失灵：民众参与环境风险管制的体制性障碍

（一）环境风险管制的既有思维落后

1. 成本效益原则的管理思维

成本效益原则的管理思维，即认为环境具有公共财产及外部性的经济特性，若未能将其适度纳入市场价格体系，理性的经济个体将会被市场的价格机制"诱捕"，进而被"锁住"在环境退化困境之中。因此，此种管理思维，是将环境退化外部成本或其有害影响予以内部化以促使、诱导行为决策者朝环境友善的方向迈进，其主要诉求的环境基本法律制度，如设定环境标准、环境税或环境费、可交易排放许可及财产权协商方式等。但这些制度工具在面对环境不确定时，将面临一些难以解决的困境。此种环境不确定性管理思维认为环境不确定是由于我们对于产生环境退化的经济活动所带来的外部成本未能精确地确认所导致的。就此观点出发，我们很难判断设定环境标准（或可交易排放许可证）的管制工具与课征环境税或环境费的管制工具何者较适宜。

因此，当面对环境不确定时，即使确定已知的各种经济活动产生的环境退化水准，我们仍面临人类对环境退化回应的成本与效益，即交易成本（知觉的成本与效益）的衡量成本问题。当我们利用现今最佳技术所获得的结果，如果未能确认其"正、负关系"时，就会产生错误决策。除此之外，如果将可持续发展的理念纳入决策的范畴，我们会发现上述知觉成本与效益函数的衡量成本巨大。因为，这些成本不仅包括了未来世代的利益，还涉及跨世代资源分配的公平性问题。因此，面对环境不确定性的管理决策，成本效益原则的适用虽然有其优势但也有其限制。

2. 环境预警原则的管理思维

环境预警原则的管理思维，即认为资源利用如果产生不可回转

的效果则隐含未来世代将是环境潜在不利成本的承担者，并认为此种缩减未来世代选择范围的资源分配是一种非可持续发展的不公平的资源分配。此种不可回转性是指一旦做决策后，该决策结果使未来想要做另一选择的权利概率降低。环境预警原则的管理决策主张，在预期潜在自然环境损害存在时便采取若干防止措施，而非等待确定损害后再采取行动，即借由现在资源防护措施的承诺，来避免某些决策所带来未来潜在的负面效果。由此，我们可清晰地看到，预警原则隐含环境管理者意图借由现有资源，防范措施的承诺（环境规划等）与环境安全标准的设定，来避免某些决策所带来的未来潜在的负面效果或不可回转损害的问题，理论基础是环境损害常具有时间延时性、空间扩展性及破坏不可回转性的高度不确定性。因此，预警原则，基本上是一种环境保险的理念，是一种风险规避的策略。此原则在理念上有其适用性，因为事前的预防成本往往比事后补救所花的成本费用少。

　　为了实际运作此原则，在制度设计时常会考虑适用最小安全标准来回应环境不确定性的预防及规避。最小安全标准，是经济学家提出的众多关于限制经济活动和发展的概念之一。最小安全标准策略有别于新古典经济学成本效益分析的惯用手法。新古典经济学认为当市场失灵时，政府就有正当理由介入市场经济活动。但就公共选择理论而言，政府是平凡人类组织而成的"超级厂商"，因而不免受到私心的引导，故并不能保证将政府的手伸入市场就一定获得较良善的结果。因此，新古典经济学的成本效益分析方式着重在开发的净效益或保育的净效益；而最小安全标准策略虽保留环境资源保护或保育所带来的成本负担，更以保护或保育优先考虑，其举证责任由保护或保育效益转移至保护或保育成本的举证，以期减少衡量成本并赋予资源有恢复更新的可能空间。

　　因此，设定最小安全保育标准（生态红线）是较适当的策略，并以保育的负担是否在社会可接受范围内做决策指标而非依开发所带来的"效率"为决策的衡量标准。此观点对环境资源可持续利用具有重要的意义，即当环境资源保育效益可能致使当代某种程度的福祉减少，但在保留未来世代可享用环境资源功能的权利时，为兼顾当代的权利，可由当代来决定这些福祉损失（负担）是否在可接受的范围之内并以此作出管理决策。因此，基于最小安全标准所作出的决策准则为：除非保护或保育的社会成本为不可接受的巨大，否则应采取最小安全保护和保育标准。其中"不可接受的大"由社会来决定，决定依据的标准为保护或保育所产生的社会成本"负担"是否在社会可接受范围之内。

由此可见，最小安全标准规则并不是在建构一个绝对不可妥协的绝对安全防卫机制，因为当最小安全标准所带来的成本变得是过度或不可忍受时，最小安全标准规则将被搁置。当我们将不可忍受的负担与设定的最小安全标准位置连接，可发现如果要有较低的负担，则最小安全标准必须越早采用。这也体现了预警原则的制度设计思维取向。

环境预警原则适用中所依据的最小安全标准规则，提供了面对环境不确定情况时又一新的思维方式。对于环境、经济与社会的协调发展而言，理应解决一部分的环境不确定性问题，从而在环境管理中达到"事前预防"的效果，因此被学界所推荐。但由于这一原则在适用中欠缺一致且普遍为各界接受的伦理理论，以回应我们对未来世代的责任，致使在实际运作时将面临难以达成的昂贵成本。将此原则应用于环境退化管理，在公平、简化行政处理、可接受性与环境风险缩减上虽然优于经济诱导处理方式，但在效率上则还不如成本效益原则或污染者付费原则的经济诱导手段。由于以上两种原则各有优缺点，因此如何结合预警原则与成本效益原则或污染者付费原则，以有效管理环境退化的现象，便成为值得思考的问题。

（二）环境风险管制体制不健全

防治污染、保护生态环境，既是社会发展的一项重要举措，也是每个公民应尽的义务。环境问题的根本成因在于人类利用环境行为规制的失灵，而造成这一失灵的原因主要是环境管制存在的体制性障碍。体制，指一定的规则、制度的集合。环境管制体制是环境保护立法、执法与司法体系内部分工和协作配合关系。目前我国的环境管制除了思维尚不成熟之外，还存在体制性失灵 [1] 的问题。

1. 环境管制立法体系不完备

中国环境问题的严重性和环境管制的特殊性与环境危机之间的矛盾，凸显环境法律内部协调性不足等问题。伴随着生态环境问题日趋严峻，生态赤字也在逐渐扩大。三大生态压力（人口压力、工业化压力及市场压力）之下，环境治理的场域向复合化的环境空间拓展，环境管制的措施也倾向于协同管制下的社会自主管制手段。

首先，宪法对环境保护重视不足。宪法是环境管制的根本依据，是公民权利的根本法律保障。2018 年通过的《中华人民共和国宪法修正案》虽然在序言部分和第八十九条分别增加了"贯彻新发展理念""生态文明"以及"领导和管理经济工作和城乡建设、生态文明建设"等相关内容，但关于环境管制方面的立法表述缺少整体性管制思维架构，也未将"环境权"作为公民的基本权利加以确认，仅形成相应软约束的效果。

其次，生态环境保护法体系不健全，各个规制不同环境要素的法律文件之间逻辑自洽性不足，甚至引起适用上的冲突。例如环境基本法无法统领和协调生态文明法律制度的所有内容，导致环境管制单行法立法上的碎片化及不同环境要素管制措施适用上的矛盾或冲突。当然，依传统行政体制来架构环境管制体系，不仅导致环境管制区域范

---

[1] 体制性环境管制失灵，是指由于环境管制体制方面的原因使环境立法管制、环境执法管制和环境司法管制难以发挥作用而出现的环境管制失灵。例如，区域环境管制立法空白或难以发挥应有的作用，区域环境管制执法难以治本以及公民的环境权缺失，民众参与环境风险管制缺失司法保障等。

围上的条块分割，也导致环境管制立法权限关系不清和适法冲突。

最后，传统法部门立法中"生态文明""绿色发展"等环保理念植入的程度不充分，使得我国《中华人民共和国民法典》《中华人民共和国民事诉讼法》的绿色化进度与环境保护实际需求之间存在落差，这也是构成环境管制立法体制存在障碍的原因。

2. 环境管制执法不到位

依循"生态环境部统一协调、其他部门分工负责"的执法体制，在面临区域和生态空间整体管制时，难免会因为各部门关注的利益不同而致使环境执法管制重叠或虚化，导致环境管制硬约束功能不足。这主要表现在：

首先，环境管制执法条块分割[1]使得环境管制弱化。

从横向的关系来看，我国现行环境管制执法具有统一监督管理与各部门分工负责相结合的特点，这是由我国环境问题的严重性、环境问题的综合性以及行政管理的高效性决定的。从纵向的关系来看，我国现行环境管制执法具有中央与地方的分级监督管理相结合的特点，这主要是为了因应《生态文明体制改革总体方案》所提及生态环境保护"监管统一"以及环境治理"因地制宜"的基本理念。但是，这种管制执法体制同时伴有"条块化"分割的弊端。

其次，环境管制监管执法缺位。

环境管制的内生约束机制不足，我国尚未全面实施绿色 GDP 评价和考核体系。另外，环境管制执法体制的法律软约束不足，执法权力清单和责任清单未公开，也缺少政策配套和有效的监督途径和问责机制。法律软约束与经济硬约束的互制与互动，有利于管制决策中多元利益的考量。政府环境管制中相应的生态环境管制责任无法落实，环境管制的目的将不能充分实现。

1　我国 2014 年修订版《环境保护法》第十条规定，国务院环境保护主管部门，对全国环境保护工作实施统一监督管理；县级以上地方人民政府环境保护主管部门，对本行政区域环境保护工作实施统一监督管理。县级以上人民政府有关部门和军队环境保护部门，依照有关法律的规定对资源保护和污染防治等环境保护工作实施监督管理。

3. 环境管制司法救济保障不足

解决环境问题的全民性与环境司法途径匮乏之间的冲突，是破解民众参与环境风险管制司法体制障碍的主要议题。然而，公民环境权缺位使得公民环境权益难以获得法院的司法救济。民众参与环境风险管制，司法是其法律权利实现的最后保障。尽管环境保护立法很多，但目前环境立法对于司法的保障十分有限，法官"无法可依"的现象就会出现。不能得到救济的权利不是真正意义上的权利。只有获得有效的司法救济，民众参与环境风险管制的权利才能具有法律上的意义。民众参与环境风险管制从实体和程序层面立法的不健全，使得民众参与环境风险管制获得环境司法救济的体制功能贬低。

另外，环境管制中利益冲突多元性、诉讼关系的复合性等特质的存在，需要构建相应的审判组织及其运行机制来予以回应。但是，目前的司法审判分工体制，包括在此基础上构筑的环境诉讼原告主体资格范围的限定等，均导致民众参与环境风险管制救济的不能和不足。

二、环境权益保障不充分：民众参与环境风险管制的内生性障碍

（一）环境权理论的展开

从西方国家环境权的理论发展来看，最具代表性的环境权理论：一是美国学者所倡导的环境权，其主要是基于公共信托理论解释的公民权利或基于宪政理论解释的专门制约国家活动的公民基本权利；二是日本学界所表述的环境权，其简单来说是一种"享受良好环境的基本人权"。虽然《日本国宪法》中没有明文规定，但是宪法学的通说认为，《日本国宪法》第 13 条关于幸福追求权的规定和第 25 条关于生存权的规定，都认可了环境权。此外，日本《环境基本法》在制定时虽然没有明确规定，但是第 3 条中规定的"享受和继承环境的恩惠"，

可以看作环境权的一个抓手。

就我国环境权的发展而言，2002 年通过的《环境影响评价法》，首次以立法方式确立"环境权益"。继而，在 2012 年 6 月国务院发布的《国家人权行动计划（2012—2015 年）》中，表述"经济、社会和文化权利"分别是"工作权利、基本生活水准权利、社会保障权利、健康权利、受教育权利、文化权利、环境权利"。在我国《环境保护法》中确定了"公众参与权"[1]。一项新的权利产生往往需要对现行法律权利和义务架构进行调整，其争议一直存在。虽然我国学者对"环境权"的范畴界定呈现扩大化的趋势，但环境权仍处在发展中、尚未定型。公众环境权益[2]的实现可以表现为实体上和程序上这两个面向上的环境权的架构。环境权从环境权益保护的功能面向而言，是具有防御属性的程序意义上的环境决策参与权。

换言之，环境权在此前提下是公民基本权利程序面向上的具体化，因环境权益的不可分性，具有共益权的性质。这一具有共益权性质的程序意义上环境权[3]对于公民环境权益的实现非常重要。为了监督政府环境管制，确保政府是按照公众的利益在行使环境管制行为，目前世界各国的共同趋势是以这些派生性的权利来构建公民环境权的实现机制。

（二）民众参与环境风险管制的权利实现及困境

从前文的讨论可知，环境管制最大特点在于其涉及高度的科技背景，其在因果关系的认定上格外困难，常常使得环境决策于科技的未知之中。环境管制常常与资源的利用不可分割，决策用与不用、如何使用现存的资源，都将引发"代际分配"及"代际公平"所涉利益的

1　我国 2014 年修订版《环境保护法》第五十三条规定，公民、法人和其他组织依法享有获得环境信息、参与和监督环境保护的权利。

2　公众环境权益，既是公民基本权利中与享受优美环境相关的、非独占性的权利和利益的集合，也是公民对其正常生活和工作环境享有的不受他人干扰和侵害的权利与利益。

3　也有学者把知情权、参与权、请求权、求偿权，看作是环境权的派生权，即认为这些权利不是环境权特有的、本质的权利，许多国家都是着重从这些权能的完善来寻找实现实质环境权的有效途径。参见：李挚萍.环境法的新发展：管制与民主之互动［M］.北京：人民法院出版社，2006：253—255.

冲突与协调问题。据此，环境问题上述中涉及的科技背景与利益冲突的风险特性，使得环境决策处在更大的不确定中。然而，虽然牵涉到科技与信息上的不确定，但是环境决策却不能停摆，仍然要决策于科技的未知之中。环境管制这一"风险性格"反而使得环境管制决策的政治性提高。再者，因牵涉广泛的利益冲突，环境管制过程中往往必须协调平衡利益。这种利益权衡的性质，也使得环境管制的"政治性格"提高，进而须加强民主理念的比重。然而，从前面有关环境生态敏感区划设中民众参与的实效分析来看，民众在参与环境管制过程中的权利保障存在着以下不足：

1. 民众参与环境风险管制权利属性不明确

基于环境风险管制决策的属性，不把环境权作为一种公民私权利，而是看作一种环境管理的立法、执法以及计划制定时必须予以考虑的程序性权利，以此更好地实现民众参与环境风险管制就显得尤为重要。从一些地方法院判例来看，环境利用者是否经过事前的环境影响评价，或者是否有向当地居民说明情况并获得同意的适当程序，成为法院是否支持防止环境侵害请求的重要判断因素。公众行使环境权利及其获取相关利益应当以国家法律法规为依据。就我国目前法律规定而言，所集中表达的民众参与环境风险管制的权利，主要是一种程序意义上，保障公众参与管制决策过程的环境参与权，包括知悉权[1]、建言权[2]、意见被尊重的权利[3]以及获得救济的权利[4]。虽然，关于民众参与环境风险管制的权利实现已有相关的法律规定，然而，这些法律的不尽之

---

[1] 开发利用环境决策与行为知悉权，即对可能造成不良环境影响的政府开发与环境决策行为、企事业单位开发利用环境行为等，公众有了解和知悉的权利。

[2] 开发利用环境决策言权，即对可能造成不良环境影响的政府开发与环境决策行为、企事业单位开发利用环境行为等，公众有提出主张或意见、建议的权利。

[3] 民众参与意见被尊重的权利，即对于民众开发利用环境的建议，还应当受到政府或主管部门以及建设单位等的尊重。依照相关法律规定，公众有权以各种适当方式参与规划和项目的环境影响评价。公众就规划或项目环境影响评价书草案提出的意见和建议，有被政府审批或批准机关认真考虑、并获得相关说明的权利。参见我国《环境影响评价法》第五、十一、二十一、二十三条的相关规定。

[4] 民众参与依法获得救济的权利，即公民认为自身环境权益受到或可能受到不当或不法的政府决策或企事业单位开发利用环境行为影响或者侵害的，有权依法申请行政复议，提起行政诉讼或者民事诉讼予以救济的权利。例如，根据我国2014年修订版《环境保护法》第五十八条的相关规定，对污染环境、破坏生态，损害社会公共利益的行为，有关环境保护的社会组织还可以向人民法院提起环境公益诉讼。

处也在实践中时有反映。总体而言，民众参与环境风险管制相关权利实现的法律规定效力层次偏低、缺少有效的程序规定和制度保障，环境权的规定尚具不明确性。

同时，将环境权继续作为私权利，为了避免环境不是个人利益问题的批判，也有主张仅仅承认防止侵害请求，不支持损害赔偿请求。也就是说，某地域的土地利用方面的规则是，默认环境权作为"环境的共同利用相关权利义务"，并以此为由支持防止侵害请求。此外，也有主张与环境权稍有关联的"自然享有权"。传统的环境权，是在以公害问题为背景的前提下，一定地域的居民享有和支配环境的权利。与此相对，自然享有权，是后代国民托付的保护和保全自然的权利，以及不限定地域任何人都可以对破坏自然环境的行为提起防止侵害诉讼，对可能影响自然环境的行政处分任何人都具备原告资格的权利。

无论是把环境权作为一项"新的私权"，还是作为一项"自然的权利"，它从性质上都与民法上传统的私权有了很大的不同。这种不同使得民众在参与环境管制中的权益实现还包括了环境权益侵害救济请求权。这些问题的解决和应对方式直接影响着以裁判和当事人主义为特征的民事诉讼在现代社会的地位，也决定着社会"法治化"的走向。民众环境司法救济权是实现公民环境权的最有力的保障，只有加强环境权的可诉性，才能将其转化为一项实然的权利。然而，囿于环境公益诉讼主体资格的范围有限，公众在让渡了其公益性环境权后常常很难获得有效的救济；而缺少了救济，民众参与环境风险管制的环境权就很难实现，环境管制决策也会缺少民主性和正当性。

2. 民众参与环境风险管制权能实现的方式、路径不明

依照我国法律规定，民众在参与环境风险管制的过程当中，当行政管制机关审批或决策某项环境事项，而该事项又涉及重大公共利益或会对民众利益产生影响时，相关受利益影响的民众应享有和获得知情、表达意见以及获得救济的权利；同时，管制机关有信息公开的义务，

民众对管制机关作出的决定有权查阅等[1]。我们从相关法律规定可以看出，为使政府的环境管制决策更为周延，制度设计倾向于赋予社会大众了解相关管制行为内容并参与的机会，使民众得以斟酌自身利益，向行政管制主体提出评论或看法。然而，如前述对于民众参与环境敏感区划设的实效考察，我们发现相关法律规定中并未特别针对民众参与的意见表达程序加以规范，如信息交流主体及其关系、民众参与的主体范围、参与者的选择方式以及参与的监督保障价值等，均不明确。

依据我国《环境影响评价法》法律表述，公众有权以各种适当方式参与规划和项目的环境影响评价。然而，公众参与环评的权益的实现是以政府为义务主体，并且由有法律授权政府行政机关履行环境保护的职责来实现的。由于法律规定不明确，相关环境管制机关在进行信息公开和组织民众参与过程当中存在很大的机动性和随意性。例如，公众参与环评在形式、方法、内容和深度等方面把握不准，这就造成有些环评在公众参与的组织上方式单一，参与效果不佳。再者，从决策体制而言，我国更倾向于自上而下的集权型环境管制决策体制。社会上各种政治力量、利益集团乃至公众都有可能参与决策，但囿于法律对参与环境决策的主体界定不明，参与的方式、范围有限以及公众参与的方式不科学，参与的效力不确定及法律责任阙如等，使得民众参与管制权益实现路径不清晰，民众参与管制的民主性和正当性大打折扣。

3. 民众参与环境风险管制权益实现保障不足

首先，环境信息公开制度供应不足。就民众参与环境风险管制的实现而言，民众环境信息的知情是确定其参与环境管制其他权益实现的前提；而环境信息的获取很大程度上决定民众参与环境风险管制的效率和效能。环境信息公开是公众行使环境知情权，理性环境维权，保护自身生命健康权的基础和前提。环境信息公开应当遵循"有效公

---

[1]　参见《中华人民共和国行政许可法》（以下简称《行政许可法》）第七、十九、三十六、四十、四十六条的相关规定。

开"和"全面公开"的基本原则，做到"一般公开、例外不公开"的要求。从目前信息公开的实践来看，相较于满足民众参与而言，还存在一定的差距。我国 2014 年修订版《环境保护法》扩大了环保部门主动公开政府环境信息的范围和系统性[1]，并将信息公开与公众环境参与紧密联系在一起。但是，囿于公开法律机制和法律责任的立法欠缺，实践中仍存在环境信息公开不及时、不全面甚至回避公开的情形。另外，企业信息公开制度也存在缺陷，尚需进一步完善。

其次，环境民众参与的激励机制不健全。政策的科学化离不开决策的民主化，"扩大决策中的公众参与对于政策问题的确认、提高政策的合法性和促进政府决策的理性化有重大意义"。民众参与环境决策，需要相应的时间、财物和其他资源来保障。在没有涉及个人直接利益的情形下，多数主体采取的是消极应对的态度。法律规定了对保护和改善环境有显著成绩的单位和个人给予奖励，以及有关单位应当支持了解被听证的行政许可事项的单位和个人出席听证会[2]。但在实际操作中，奖励完全依赖政府的意愿，因缺乏强制性而很难推行。而"有关单位"范围不明也没有规定如何支持（如是否承担基本成本等），这常导致民众参与的额外负担无法消解，致使其放弃参与。

最后，民众"环境公民"意识淡薄，环境教育发展滞后。要使民众有意识、有效率地参与环境管制决策，需将环境公共精神[3]通过教育宣传植入其思维理念中。环境公民所具有公共精神[4]中，公民意识是最基本的环境公民的素质。公民意识[5]，简单来讲，就是"公民负

1　参见我国 2014 年修订版《环境保护法》第五十四条、第五十六条的相关规定。
2　参见我国 2014 年修订版《环境保护法》第十一条、《环境保护行政许可听证暂行办法》第十五条的相关规定。
3　公共精神是随着公众对社会分工中合作意义认识的不断深入，在理性信念的基础之上，出于对竞争过程中的协同意义的理解和把握，积极主动地将个人利益与社会利益结合起来，实现个人意志和普遍意志相统一的公共人格。
4　环境公民所具有公共精神具体包括"公民意识""公共责任""合作与参与的热情"等。
5　美国学者特里·L.库珀（Terry L. Cooper）所认为的公民意识"并非期望公民必须变得无私并在行为上完全利他，但它确实意味着，公民有责任既要发现他们自己的个人利益也要发现政治社群的利益，而对这一社群利益，他们负有契约性的自制的责任"。参见：特里·L.库珀.行政伦理学：实现行政责任的途径 [M].张秀琴，译.5 版.北京：中国人民大学出版社，2010：156.

有契约性的责任"。就我国而言，目前民众的环境意识和环境知识水平虽有一定程度的提升，但环保方面的参与性差，参与程度不足。更值得引起重视的是，绝大多数民众一旦遇到具体的环境问题根本不知道应该如何参与。我国目前民众环境教育缺少系统化制度支撑，可以从政府制度、教育体系、企业责任、传统文化、道德舆论等方面协调完善，培养具有公共意识的"生态人"[1]或环境"积极公民"。

三、"多中心"合作模式不畅：民众参与环境风险管制的路径遗失

法律认同塑造了法律权威，而法律权威又给予法律认同以支撑。只有经过充分的沟通，法律权威符合法律认同时，实践中的法才能发挥规范的功能。在环境管制"多中心"合作模式下，法律权威是开放性的和参与性的，民众的认同，成为判定管制决策合理性和正当性的标尺；鼓励协商，法律权威将被更广泛地分享。现代社会是快速发展并且非常复杂的一个有机整体，其重要特征是利益、需求以及文化的多样化。因此，仅依赖于一种手段，很难全面而有效地实现政府职能，有必要综合性地整合法律的、经济的以及行政的手段。基于全球治理理论和公民社会理论，各国越来越倾向于采用多中心合作的环境管制模式。多中心合作参与环境管制，社会民众不仅是环境管制的对象和行为规制的受体，更是通过竞争与合作参与环境管制的协力主体。民众参与环境风险管制，一方面为资源整合管理、满足民众需求提供了重要渠道；另一方面也意味着国家提供环境质量等公共给付的主体与方式有所改变。因此，环境行政的最终目标是有效而可持续地利用那些有限的资源。

1　生态人是相对于"经济人""社会人"的概念，是环境资源法律中的人的形塑。参见：秦鹏.论环境资源法中人的法律形塑［J］.重庆大学学报（社会科学版），2009，15（1）：96-103.

（一）公共行政对"多中心"合作理念之解读

公共行政，是国家授权相应的行政机关，依照法定的程序对公共事务运行管理的活动过程的总称。公共行政的开展，至少包含了行政主体、执行机制以及管制受体三个要素。公共行政作为一种依法举行的活动，其行为的正当性和有效性必须实现。公共行政的有效是一种价值结果评判，这里的有效，既包括行为的有效性又包括行政的效率性。当然，公共行政的有效性和效率性，需要行政体制的变革，演化和包容多元主体参与公共行政，以推进公共行政的实效。基于行政法与公共行政良性互动关系的发展，行政法应当通过制度构建多中心合作的机制，促进公共利益和私人利益的同时实现。随着环境治理情势的复杂化，行政机关在行政过程越来越力不从心，因此，通过与民间合作来完成行政目标就成了必然之选。但由于深受治理理论的影响，通常"环境管制的多中心合作模式"与"环境管制的多中心治理模式"是混用。因此，在环境管制的前提下如何理解"多中心"及其合作模式，对寻找民众参与环境风险管制的路径而言非常关键。

与传统治理模式不同，多中心的合作治理框架非以单一的权力格局作为其最高权威，而是一个网络化的通向善治的治理途径。从管制的视角来看，多中心合作模式强调政府与社会内各种不同的主体力量形成一种伙伴关系，通过相互的竞争与合作，共同承担环境责任，重塑环保事务公私合作中管制与民主互动的制度型态。"多中心"合作协力履行行政任务时，由管制机关引导方向以实现公共责任，私部门以速度配合来获得利润；公私协力部门以合作策略的链条相系，在法规、民意等制约下，为共同的社会目标及福祉努力。环境管制的"多中心"合作模式具有汇聚更多环保力量、增加社会资本投入、提高环境管制民主正当性和管理绩效等优越性，也在实践中取得了一定的成功。

然而，如同一枚硬币的两面，环境管制的"多中心"合作模式的开启带来诸多制度福利的同时，其多中心合作模式的推广和运用还需要面临很多现实社会因素的桎梏。例如，多中心合作模式在城市生活垃圾分类回收试点工作中的运行失效等。因此，从现象出发探寻本质，找到多中心合作模式运行不畅的制度羁绊非常关键。因此，从制度建构的角度，环境管制"多中心"合作模式仍然存在管理体制"碎片化"、法律体系不健全等外生性制度缺陷。

（二）环境风险管制多中心合作模式运行不畅的制度原因

1. 多元参与主体范围不确定及利益实现的不均衡

通过对我国社会治理实践经验的总结，逐渐形成了以法治为基础的多元主体治理模式。作为社会治理的制度创新，多元开放、复杂共治、互制互动、利益共享以及责任共担成为"多元共治"的主要品格。民众参与环境风险管制即是多元主体参与环境共治的体现，民众参与管制"行动的秩序"是建立在"规则系统"基础之上的，而民众参与环境风险管制制度是"由规则调节着的建立起来的秩序"。环境管制从基本类型上可以表述为以强制许可为基础的环境管制、以经济刺激为基础的环境管制和以自愿为基础的环境管制。[1] 从民众参与的角度而言，政府不同环境管制策略的选择对于其作为参与主体的资格范围和利益实现均会有着不同的影响；而反观之，"多中心"合作制度设计中核心的内容应是法权的实现，即多大范围的民众有资格参与、多大程度保障民众参与利益实现、不同参与主体之间利益如何平衡等也决定着环境管制的效果。

通过对自身利益的追求，管制参与者对社会利益会倾注更多的注意。从博弈论可知，管制参与者是否愿意参与、参与的程度如何，取决于其从理性经济人角度出发可获得的利益。换言之，选择环境管制

1　环境管制从基本类型上可以表述为以强制许可为基础的环境管制、以经济刺激为基础的环境管制和以自愿为基础的环境管制。参见：李挚萍. 环境法的新发展：管制与民主之互动 [M]. 北京：人民法院出版社，2006：69-142.

策略的前提必须是设置足够的经济诱因。以城市生活垃圾分类的试点工作的开展为例，一方面，从公部门参与的角度而言，意味着政府将从这项管制工作中获得足够的财权和经济利益时其工作的效能才高，否则，环境管制中地方财政收益的不平衡将导致政府博弈失衡而放弃合作。另一方面，从私部门参与环境管制"多中心"合作的利益实现角度来看，理性的民众期冀通过参与垃圾的分类和回收获得补贴等收益，因此，收益越高参与的积极性就越高。鉴于垃圾回收特性需要广泛的主体参与合作。就一般民众而言，其参与垃圾回收有赖于通过可再生资源回收体系的逐步建立和完善，基于政府的管制策略而养成垃圾分类的习惯；就企业而言，有待于清洁生产水平的提高。这背后都需要激励和支持等合作机制的完善。换言之，仅将垃圾回收看作公益事业，这违背了"污染者负担，治理者受益"的环境法律原则。垃圾的分类回收处理，不仅带来了可观的经济和社会利益，而且还会在环境改善方面给人们带来生态价值[1]。因此，参与主体利益实现的均衡与否成为环境管制"多中心"合作模式能否顺利实施的关键因素之一。

利益，它不仅仅存在于一定的观念之中，而且还反映了分工不同的个人之间所依赖的互惠关系。由上述我国目前国情下垃圾分类收集处理的现实可知，在环境管制的"多中心"合作中还需要政府根据混合策略模型和具体现实条件发挥积极指导作用。一方面需要通过制度补给，为公部门环境管制注入合作活力和动力；另一方面需要协调好在垃圾分类多元主体（主要是私部门）收集处理链条中的合作利益分配和提供外部激励。总之，环境管制主体趋向多元化，而由于多元主体都有着各自的利益，必然会产生多元主体间的利益博弈。环境管制的"多中心"合作模式运行出现困境的原因无外乎忽视了利益关系是行为主体之间最基本的社会经济关系的本质，从而使得各参与主体间

---

1 有关我国垃圾分类、回收的现状，可以以上海、北京等城市为样本参照。参见：魏思源，咸隽顽，顾航宇.关于上海社区居民生活垃圾分类收集情况的调查报告［J］.中国电子商务，2013（2）：236-237.

的利益冲突未得到有效的协调和解决。

价格的高低反映了资源可能的稀缺程度，进而对当事人的经济活动进行刺激。相反，社会制度则向人们表明有些经济活动并不能够通过价格而进行完美的协调，更不用说对这样的经济活动产生刺激作用。博弈[1]是环境管制多元化主体合作参与必须重视的现实，如何在博弈中实现利益均衡，需要政府、经济组织、社区自治组织、公民等多元主体共同的积极参与。换言之，各主体在合作博弈中利益实现的不均衡或不确定均会影响和制约合作管制的效率。

2. 民众参与环境管理体制"碎片化"

上述环境管制的多元合作主体在利益方面存在矛盾或者不一致，原因就在于利益关系无法有效衡平。其受我国目前公共福利社会保障水平实现的局限性，需随着经济进一步的发展而予以缓和。但从意识形态的规则生成所具有的功能而言，对多元化的利益格局进行协调和整合，对相互交错的多个合作主体进行良好的制度规范显得尤为关键。然而，从城市生活垃圾分类试点所面对的尴尬局面而言，我国环境管制"多中心"合作模式还未得到制度层面的全面有效支持。环境保护是中国的一项基本国策，大力推进生态文明建设是新时期执政党的重大战略决策。政府作为环境管制合法化主体，是引导民众参与环境风险管制并建立合作关系的关键推动者。政府环境义务在内容上由消极义务到积极义务、由保护义务到给付义务的嬗变，满足了环境法调整机制变革对政府环境职能拓展的要求。

政府环境义务在履行方式上由"一元型"到"多元分散型"的嬗变，适应了环境法调整机制"多中心"变革对发展政府环境治理手段的需要。环境管制多元主体参与中政府角色将直接影响环境管制"多中心"合作模式运行的实质效果。然而，我国管理体制在实现现代行政管理方式于环境领域中的转型时，垂直管理制度改革在破除地方保护主义、

1　博弈，本意是下棋；引申义是在一定条件下，遵守一定的规则，一个或几个拥有绝对理性思维的人或团队，从各自允许选择的行为或策略进行选择并加以实施，并从中各自取得相应结果或收益的过程。

强化"督政"和生态责任落实的同时也带来诸如权力配置不均、各部门无法协调等新问题。

首先，政府环境管制体制呈现"碎片化"。

一方面，在我国目前的环境管制体制下，环境部门作为环境管制的主要部门难以实现垂直权威和统一协调职能。地方环境部门受制于地方政府，中央环保部门受困于地方保护主义等。环境管理体制的垂直改革，仅涉及监察监测执法机构的垂直改革，从改革层面上来讲，并未涉及中央层面环境管理权力重构问题。省级环保部门在同地方利益进行博弈时，有可能导致"无权无钱"而无能力执法的情形，从而丧失对于地方环境质量负责的基本保障。例如，《环境影响评价法》所保障的公众权益将屡屡受阻，地方保护主义将阻碍环境污染的跨界防治和合作，更为严重的是为了地方政府利益而对上级领导的指令进行漠视。因此，"多中心"力量介入环境管制过程就会变得非常困难。

另一方面，可能导致横向上政府部门间存在管理职权交叉或空白。例如，作为固体废物的城市生活垃圾本应由环境保护部门对其统一管理，但在我国目前却是通过城市环卫部门来实施的。横向环境管制机关之间的职权界限模糊、协调合作机制混乱，使得环境管制体制出现横向断裂，造成事项的管制机关不明确而出现行政效能低下的情形。因此要提高环境管制的多元参与的效能，就涉及环境管制体制整体协调以及开放的问题，也关乎环境管制体制内"垂直管理"的部分与原来"属地管理"部分有效协调的问题[1]。

其次，环境管制的"多中心"合作渠道的碎片化。

环境问题日益复杂，无论是正式环境管制还是非正式管制都应当予以重视。正式环境管制是政府部门为改善环境品质而制定的规范，通过公权力来达到减少环境污染的目的，包括废气废水的排放标准制

---

[1]　生态环境监察、监测是生态环境保护的基础，是环境管理的核心内容。所以环境监察、监测执法机构垂直管理改革是动体制、动机制的底盘性改革。然而，这种改革也会带来管理体制上权力配置不均，各部门无法协调等新问题。参见：孙畅.地方环境监察监测执法垂直管理体制改革：利弊争论与改革方向［J］.中国行政管理，2016（12）：13-17.

定、定点环保监视系统设立、定期或不定期的环保稽查、生产技术标准的制定、污染税的征收等。相对于正式的环境管制，社区居民对环境损害的申诉和控告、民众对环境污染的抗争、环保团体和社会舆论的压力、拒买企业产品等都是非正式的环境管制，是政府体制外对企业经营活动无法忽视的监督力量[1]。传统环境管制模式的变革，意味着要构建多中心参与环境管制政策制定和执行的畅通合作渠道。然而，在我国现有环境管制体制下，多中心参与环境管制的合作渠道缺少制度化的保障，致使环境利益主体参与合作的路径不明，参与范围有限，参与方式和程序也是不确定的，等等。因此，民众参与环境风险管制合作渠道"碎片化"制约了"多中心"合作模式管制的成效。

3. 保障"多中心"参与环境管制的制度体系不健全

现代法律制度的核心使命是通过利益相关者的权益配置来协调利益关系。因此，要保障环境管制"多中心"参与的实现，需要相关的法律制度体系的完善。尽管我国《环境保护法》、《中华人民共和国大气污染防治法》（以下简称《大气污染防治法》）、《环境影响评价法》等法律中都为民众参与环境风险管制提供了法律依据，但是受部门起草立法体制的影响，我国环境立法目前仍然存在"立法目的选择不够恰当、可操作性不强、法律之间协调性欠佳"等情形。环境管制的"多中心"合作是网络型的权利结构，是参与双方通过平等的协商对话，来建立达成合作关系的政策制定和执行框架。也就是说，在民众参与环境风险管制法律制度建构时，对市场参与主体的"正外部"行为缺乏应有的激励；立法过分强调政府管制、追求管理秩序，对市场主体的参与缺乏明确的和可操作性规定，将保护环境仅看作政府的事。这就造成环境管制立法指导思想倾向于表达政府的利益。

参与不是一时的风尚，参与意味着环境保护权益结构的重塑，敌对的冲突必须让位给合作。然而，在不少环境法律中，公民仅是义务

1　正式管制和非正式管制在环境保护事务实现过程中同样重要。参见：周海华，王双龙．正式与非正式的环境规制对企业绿色创新的影响机制研究［J］．软科学，2016，30（8）：47-51．

主体，这就造成在被涉及重大利益时，民众对环境管制策略的争议意见常常得不到平等的表达机会。"多中心"的实质构筑环境管制中彼此关照的交往理性，其功能不是秩序化的工具理性。因此，立法中仅将民众看作是规制受体而忽略其参与的法律权益，必然带来环境政策执行中的障碍和冲突。例如，个别地方政府为了完成节能减排的任务而推行"拉闸限电"甚至"全民限电"，本质是管制理念出现了问题，不能为"合作"生成提供有效组织保障。这种管制措施的实施必然使得合作被边缘化，而政府在环境管制中的权威性和合法性也将遭受质疑和挑战。

另外，我国立法长期奉行"立法宜粗不宜细"，强调法律文本的简洁、通俗易懂，法律规定较为原则，具体问题留待下位法去落实，这种情况在生态文明环境保护法律中尤为突出。环境资源法律条文过于原则、笼统，必然造成其规制对象不具体，缺乏操作性。最后，由于不同位阶的法规的着眼点和关注重点的差异，往往造成国务院行政法规、地方性法规等在生态环境建设方面的某些规定与法律规定不一致，甚至冲突矛盾；再加上对行政主管部门及其工作人员的行为进行有效规制的行政程序不完善，导致环境保护法律实施不完整、不充分，甚至背离立法本意。

四、小结

政府在环境管制当中居于主导的地位，这里所说的主导是政府对环境管制的引导、推动、指挥和监督。政府的角色应当主要是宏观管理者和决策者。如果政府承担太多的具体事务那么其效率必然低下。随着环境保护事务的社会化，环境公共产品[1]提供主体趋于多元，民

1　环境保护这种公共产品可以划分为纯公共产品和准公共产品。纯公共产品，包括环境保护法律法规制度和标准、大气质量的改善、大江大河和海洋环境污染的治理等，这些产品主要由政府提供。准公共产品包括城市垃圾及其他废弃物的回收处理、公共环境卫生、污水处理、城市绿化等，这些产品可以由私人企业、社区和非营利性组织提供。

众参与环境风险管制在一定程度上拓展了环境决策的理性和民主正当性。基于民众参与环境敏感区划设与管制的实效分析而言，对于具有科学不确定性，并且需要衡量民众对风险接受度的环境敏感区划设标准的制定，应考虑适用更为慎重正式的程序以保障民众参与权利的有效实现；而对于已确定为特定环境敏感区域的环境管制而言，针对不同管制行为，如前述区内原则禁止开发、管制"限缩"等，民众可以因应选择相适应的参与方式。当然，民众参与环境风险管制也是在环境行政转向"以治理中的实际问题以及可以解决这些问题的制度的微观制度分析"[1]的研究之上发展的。

　　因此，民众参与环境风险管制可能瓦解了对行政法来说非常基本的"公""私"分类的观念，而用"多元协同"环境管制制度取代环境共同治理，在该制度中，行政机关和私人主体之间处于动态的互动关系。总的来说，民众参与环境风险管制法治化问题的解决，主要集中在参与权力的保障和实现、参与方式的选择以及环境管制制度的完善等方面。

1　这里使用"微观制度主义"一词描述的是"研究"而不是"方法"。许多不同的方法论都和微观制度方案有关，包括那些从经济学（尤其是博弈论）、政治学（尤其是执行研究）和社会学（尤其是制度主义）中汲取的。"制度主义"一词主要是指在社会学中关注非正式权利的思想学派，这些非正式权利主要包括信仰、奖励机制、话语等。参见：SCHOLZ J T. Cooperative Regulatory Enforcement and the Politics of Administrative Effectiveness［J］. American Political Science Review，1991，85（1）：115-136.

第六章 我国民众参与环境风险管制之法律制度建构与完善

　　加强环境管制是 21 世纪世界各国环保实践的一个重要趋势。环境管制是社会管制的一个重要组成部分，它的目标是实现环境、经济和社会的协同与永续发展。当前，环境管制进入第三代，即多元主体参与、多种管制手段并用的时代。在这一背景下，环境管制政策的制度变革，需要从这两个方面进行着手。首先对当前现有的环境管制手段在新程序上进行简化，不断提升环境管制质量和减少管制成本，从而避免政府管制失灵；其次在政策工具方面需要进一步优化，整合各种工具以达到进一步提升管制效率的目的。环境管制决策相对于公共决策而言，在科技层面上具有较强的关联性，在利益层面上具有一定的冲突性。科技与环境管制决策有密切的联系，常使环境管制决策于未知之中和无法举证。环境管制决策过程中多元主体的利益冲突，使得管制裁量的利益空间扩大。另外，环境管制决策常受发展决策的牵制，可能出现决策结果背离社会公共利益或带来环境"邻避运动"等利益冲突。

　　换言之，当环境管制决策缺乏广泛的社会科学背景时，实施环境管制决策的机关往往不能灵活地处理冲突中微妙的社会利益关系。这时，环境管制决策可能会出现面对众多的利益冲突要么无能为力，要么独断专行这两个极端性的结果，以致影响环境管理决策的理性和有效性。前述管制失灵引发的问题及其解决路径之间的内在联系，可概括如下：管制失灵—管制失效—利益失衡—依法调制—环境管制制度重置。建立健全我国环境风险管制制度，一个不可回避的命题就是破解"有组织的不负责任"的传统管制模式，构建一个多元主体参与的环境风险防治新机制。

因此，树立管制新理念，结合和重置各种管理思维模式应对环境不确定性风险；构建民众参与环境风险管制的参与权，提升管制效率和正当性，以应对环境行政决策科技性和利益冲突性的属性；尝试推行"空间管制"和"自主管制"，加强管制政策推行的宏观布局和微观合作，构建民众参与环境风险管制的社会自主管制制度，以实现生态环境永续发展。

第一节　民众参与环境风险管制的路径选择：风险协同共治

在发展的主旋律下，环境资源常被人类视为取之不尽、用之不竭的公共财富，以至于忽略环境净化能力及资源的有限性，于是我们看到了资源耗竭、生态破坏与环境污染的现象。为了扭转环境退化的负面效果，人类设计出一系列有关环境利用的规则，如行政管制制度、经济诱因制度等，以此来约束或规范人与人、人与环境之间的互动行为和关系。然而，环境系统的复杂性使得科学研究者对于环境退化的相互关系很难提供完全有效与可信的答案给决策者，从而影响了环境管理决策的理性和有效性。因此，许多国家在环境风险不确定性管理中采取"预警原则"来回应环境生态系统复杂性所导致的环境不确定性，即预期潜在的环境风险存在便采取若干防止措施，而非等待确定损害后再采取行动。在实践中，预警原则主要适用于环境利用行为中的预期环境退化管理，其在公平、简化行政处理、可接受性与环境风险消减上优于经济诱因处理方式。然而，此种管制取向经常会缺乏有效的诱因，而无法使潜在环境损害者自动修正他们的行为朝向有利于环境保护的方向进行。

环境风险的不确定性和环境问题的高科技背景，使得环境规制的重点更加趋向于需求决策的理性和正当性，因此，环境规制更需要民众的参与和支持。规制环境风险是环境管制行政的逻辑起点。环境风险不确定性管理即环境风险管理，是根据环境风险评价结果进行削减风险的费用和效益分析，综合考虑社会、经济和政治等因素，决定风险控制措施并付诸实施的过程。环境风险管理是基于科学决策的管理模式，体现了"防患于未然"的管理理念。

一、树立环境风险管制的底线共识：谨慎预防与协同共治

如前文所述，环境问题的高度科技背景和环境风险的不确定性，使得环境法制的创设与实施过程，充满了浓厚的利益衡量与社会选择的特质。环境风险管制想要更符合理性，其基本法治理念构想是使社会各界接受一种新的环境风险管制框架。在这一新的法治理念环境风险管制框架下，倡导当前环境管制宜在政府主导下启动民众广泛参与，继而以政府与民众的共同利益为纽带，共同抵御环境风险不确定性所带来的不利后果。因此，环境管制思维变革，首先在于构筑环境管制"谨慎预防""协同共治"的底线共识。

（一）"保护优先、预防为主"到"谨慎预防"

环境管制的认知底线，是因时而异的环境管制动态认识的标准共识。由于环境风险管制决策常常是在科学技术不确定及多元利益冲突当中作出的利益衡量，为保护生态系统的安全和人类的健康及其财产

安全，从管制理念上应秉承风险预防原则。我国 2014 年修订版《环境保护法》确立了环境保护坚持"保护优先""预防为主"的原则，其总体思路亦是源于风险预防的基本理念。从国内外环境立法实践分析，风险预防原则已成为各国环境法中的重要的原则。从法律原则适用的层面而言，风险预防的展开一方面可对已知风险通过经验的判断设置环境标准等方式来予以规避，另一方面可在风险不确定时则通过现有的科学知识去评价环境风险。无论采取哪种措施，预防原则的本质在于通过环境利用行为的干预和引导，尽可能做到在环境开发决策中将损害防患于未然。

具体来说，预防原则的关键应当放在防范可能的和抽象的环境危害及其风险之上，以防止决策的结果造成环境法上所保护法益之贬损。目前，我国环境法律规范所确立的企业外部管理制度（如环境监测、环境资源承载能力监测预警、环境影响评价、总量控制和"三同时"等），以及企业内部管理制度（如优先使用清洁能源、采用资源利用率高、污染排放少的工艺设备以及综合利用废弃物等措施），均是对预防原则的适用。"预防为主"原则的内涵和外延并未包含"谨慎"与"风险防范"的意思在内。试图预测重要的经济、社会及生态事件比试图只对这些事件作出反应的政策越来越重要[1]。针对环境风险不确定性对环境决策的困扰，一个更为严格的环境政策和法的原则，即"谨慎原则"[2] 被提倡。目前，谨慎原则已被许多国家的环境立法和国际组织的活动所采纳。相较于预防原则，谨慎原则在科学的不确定条件下对待可能的环境损害和风险持有更谨慎的态度，也更强调风险不确定时宁可选择"不作为"。谨慎原则只能在存在潜在风险时才能使用，并且绝对不能成为武断决定的正当化理由。因此，

---

1 参见 1980 年《世界自然资源保护大纲》国家的工作重点一节中的"预期的环境政策"。
2 1987 年经济合作与发展组织（OECD）提出了谨慎原则，欧盟甚至将谨慎原则作为制定环境政策的基础。这一原则强调在存在潜在环境风险时，应当给予尽可能充分的科学评估，并在科学评估、风险评估的结果作出时给予利益各方参与研究各种可行的、选择的方案的机会，同时确保最大可能的透明度。

在环境风险管制中适用谨慎原则，则需构建民众参与环境共治的基本理念和制度。

（二）环境风险管制倡导"多元协同"共治

宪法理论中提及国家行为的目标乃为实现公益，而与公共任务同样取向于实现公益的行政任务，其目标也即如此。在各国，无论是环境保护基本法还是宪法，均将环境保护作为一项国家的责任。为了正确处理发展与环境的关系，履行环境保护的国家责任，设立以环境保护管理为职责的专门环境行政机关履行环境行政任务成为必然。然而，环境问题并非由单一环境利用行为而产生，与之相对应的环境对策也非仅在事后对环境侵害采取对策那样简单。环境行政的核心是治理资源最有效的运用。因此，在面对环境事务时，寻求民间合作以优化管制资源的配置已经成为普遍现象。同时，鼓励公众参与，不仅弥补了行政资源运行的不足，更能发挥社会支撑和制衡的作用。

就行政的内部活动而言，协调、沟通以及协作是核心工作内容；但就对外部的影响而言，行政的结果必须要被接受。因此，行政部门对个案的裁决或者在进行政策的制定时，与社会的沟通显得十分重要。环境问题的解决需要广泛的公众参与和社会合作。以永续发展理念为基点，倡导多元参与、共同合作和手段多样化已经成为环境保护的共同基调。行政法的关键就是要通过制度的构建，实现行政主体和相对人之间有效的对话与协作，从而促进社会公共利益的实现。目前，政府通过与社会民众之间的合作，由对抗走向竞争和协作，能更妥帖地处理主体之间的利益平衡，使得政府保持社会稳定的政治职能也日趋明显。据此，多元主体参与、协同共治已经成为环境管制的又一底线共识。

二、环境风险管制新思维的实现路径：协力履行环境行政任务

（一）协力履行环境行政任务的目标指向：实现公共利益

如前所述，公共行政之公私协力，即是指公私双方基于平等互惠、风险共存、责任分担的状态，由公部门引导私部门以合作参与共同履行任务，实现公共福利的型态与过程的统一。国家承担其担保责任的前提是明确公私协力履行公共行政任务的目标指向，并通过制度确保这一目标顺利实现。政府生产公共物品并不是为满足生活共同体内不同法律主体个别利益所加之总和，而是将生活共同体视为一个整体，超越个别利益而取向于满足整体生活共同体的一般性利益，使国家确保个人与团体易于充分实现自我的社会整体条件，并将其称为公共利益。学理上通常将与实现公益目标相符的活动领域称为公共任务，并可认为但凡关乎公众或实现存有利益之事物与公众有关都可称为公共任务。公共利益的实现需要全社会所有法律主体的共同努力。

实现公益之公共任务的履行不应局限于国家，也可以由私人履行。在立法者创设行政任务时，该行政任务的履行方式除交由行政部门外，也可将行政任务交由行政部门与私部门以竞争或合作的方式完成。

换言之，立法者通过创设行政任务也形塑了行政部门与私部门的行动空间。公私协力下，国家的责任从执行转向担保，越来越多的新型行政行为形式出现，诸如行政指导、行政规划、行政合同等。这些行政行为不但要听取相对人的意见，甚至还以相对人的协力、同意为行政决定成立的前提。协力行政作为一种新的行政类型，相较于传统的干涉行政、给付行政、计划行政，更具有活力。因此，公私协力履行环境任务不仅有利于环境主体利益的实现，促进环境管制民众参与的法治化，还更有助于推进公共环境行政民主化。

（二）协力履行环境行政任务应考量之观点：正当性与效率性

内在的认可对于法律的正当性而言非常重要，但是这种认可不是基于某种简单的服从，而是必须有合理的理由。从法律规定的角度而言，公私协力履行环境行政任务重要的不仅是民意展现形式的正当性，还有更重要的是如何落实"效能"以达到"正当化水平"。环境行政任务移转至与私人共同履行时，无论是以法定义务承担，还是行政委托、行政助手等类型，政府仅立于调控地位而非执行地位，故应确保相关执行行为具有正当性。国家与不同社会主体共同履行行政任务时，为确保执行行为正当性，国家必须建立一个整体评价能达到一定正当化水平的管制制度。在国家对于其任务的实现由直接执行责任转变到担保责任时，传统上确保民主正当性的控制手段可能会不复使用。

因此，必须创设其他监督方式，以适应国家责任的转变，这一新的责任可统称为担保监督责任。就我国的情况而言，在法定义务承担的情形下，法律经常通过赋予私人"自我监督义务"的方式，来达成行政机关的控制目的。例如，我国《大气污染防治法》规定[1]的企业环境污染监测的行为规制，此种赋予私人自我监督的义务即为行政机关担保监督的实例。

总之，公私协力作为一个政策机制，一方面利用私人的专业技能和管理效率来推动公共服务；另一方面，预设国家可以依照不同公私协力方案作出规划，并担任有效率的管制角色，确保私人提供确定给付并维持相应质量。因此，如何将私人提供服务所必须承担的风险，由公部门予以创设机制予以约束或管制，将成为环境协力管制成败的关键。环境行政协力管制型态的法定化就显得尤为关键。

---

1 参见我国《大气污染防治法》第二十四条、第二十五条规定。其中，该法第二十四条规定中提到，企业事业单位和其他生产经营者应当按照国家有关规定和监测规范，对其排放的工业废气和本法第七十八条规定名录中所列有毒有害大气污染物进行监测，并保存原始监测记录。其中，重点排污单位应当安装、使用大气污染物排放自动监测设备，与生态环境主管部门的监控设备联网，保证监测设备正常运行并依法公开排放信息。

三、环境风险管制思维重塑："多元协同"管制的适用

（一）多元协同管制的源起

今日的环境问题，用行政命令、刑罚等传统的管制手段，很多时候都不能处理好。政府解决环境问题的局限性，使政府从包揽一切公共事务到主动寻求社会支持、从"一元"主导到"多元参与"转变；同时，也要求环境管制者与民众建立互动型伙伴关系，形成环境责任协同共担的机制。多中心的概念可以理解为许多带有自我组织，有时还拥有重叠特权的决策中心的共存，他们中的一些组织在不同的规模和一定的规则之下运行。多中心的运行不是无政府状态，决策中心之间的相互作用在事先制定的规则下完成。多元协同管制，有利于创造一种建立信任的激励机制，同时也创造一种有利于更好解决问题的多样化环境。

因此，为提升环境管制的质量、简化管制程序，则需在环境管制"谨慎预防，协同共治"的底线共识的引领下，重塑环境风险管制的思维，将"命令－控制"型管制、经济诱导型管制及自愿合作性管制措施有机地结合起来，从政府与民众的关系出发，建立一个三边关系（市民团体、政府及开发业者）共同构成的最适合的环境治理网络关系，以"合作与参与"代替"竞争与控制"的环境管制新模式，此即多元协同管制，学者也将其称为"第三代管制"。欧盟委员会在 2002 年通过了《简化和改善环境管制行动计划》，欧盟要求它的成员国采取协同管制、资本管制、自愿协议、公开协调、财政干预等方法，实现简化和改进环境立法。美国在这个方面也进行了探索，强调政府在应用管制措施方面，不仅仅可以采取强制管制，而且还可以运用市场的、自愿的或者合作的方式来实现。

（二）多元协同管制适用的具体型态

如前文所述，多元协同管制，即官民合作下的公私协力管制，因此，对公私协力的型态探讨很有必要。公私协力的型态一般可以分为行政委托、公私合资经营、参与公共建设以及公私合作管制。基于环境行政的特点，行政委托是现行实务中被广泛运用的协力履行环境行政任务的公私协力模式。行政委托，指国家在保留行政任务权限以及任务责任的前提下，仅将实际履行部分借用私人力量予以达成之情形。行政委托又可分为公权力委托和业务委托。公权力委托为传统行政法学范畴下的狭义的行政委托；而业务委托系指不涉及公权力行使的单纯业务委托，又可被认为属私法契约依据下的公共行政业务委托私人办理的情形。

依行政机关委托关系之规定不同而享有不同自主性程度执行单纯业务的情形，又可分为行政助手与专家参与。行政助手因受行政机关指挥、监督而无独立法律地位，一切权利义务关系由行政机关所吸收，其与行政机关间多以缔结私法契约来构筑内部关系。行政助手性质上为行政机关之辅助人力，故不具行政名义独立性与业务执行独立性，亦不具行政机关的地位。例如，环境污染检测机构向国家污染监测网提供数据即属于行政助手的环境行政公私协力型态。专家参与，是行政机关作出行政决定前的内部准备程序。该行政决定系以行政机关名义作出，私人本着与行政机关间之契约的约定，享有业务执行上的独立性，故专家参与不具名义上之独立性但有执行上之独立性。例如，环境影响评价中的专家参与即是此种型态的环境行政协力管制。

公私合作管制也是环境协力履行行政任务中较常出现的型态，公私合作管制属于国家管制松绑角度下的社会自主管制类型。虽然公私合作关系以提供产品或服务之给付行政为范畴，但行政任务本质上并非不得以公私协力予以执行。最典型的例子就是国家在一定法律规范框架下容许私经济主体进行社会自我管制。自主管制并非单纯是社会自我约束行为，其与国家管制行为息息相关，因此，自主管制多少带有国家介入的成分。

一般而言，环境自主管制可以分为诱导模式、监查认证模式。对于诱导管制此种间接性影响措施，政府在环境行政领域所使用的手段主要包括奖励与补助行为、环境税费以及排放权交易制度等。监查认证模式指国家以公益观点评价私人或团体之行为，依其评价实施主体可以区分为"自己认证""第三者认证"以及"政府认证"三类。如企业环境管理体系认证（ISO 14001）即是监查认证模式的具体型态的一种。此种环境自主管制方式的经济诱因系来自市场消费者的抉择，市场反应将决定自主管制的实效性，因此政府必须建立一个使评价结果反映于外部市场的环境机制，即该评价结果或相关信息能易于被社会大众知悉的渠道，此种机制最重要的便是环境信息的公开和依法披露制度。

四、小结

总之，多元主体参与、协同合作的管制新模式有助于激发全民参与环境共治的热情、创造力及行动力，建构"强势民主"。这是因为通过政府与民间的合作，能够以"全民决策"取代"精英决策"；同时，民众的力量如果能导入环境政策执行体系，则可提升相关政策执行的幅度。这种民主治理所关怀的重点在于政府对公共事务的管理作为，包括什么样的前提下需寻求私部门介入协作、以何种形式进行合作、如何保障协力的目的高效、公平实现等。当然，环境协力管制法治之构建皆需根基于民主原则，也就是不能违背对私部门参与自由的承诺。事实上，公私协力管制的效率与价值将牵引环境治理价值、民主价值与管理价值的变革。民众参与环境风险管制不再是形式上的参与，相反，其实质是通过恰当的渠道参与，获得环境参与权的实现。也就是说，为了调节不同利益之间的对立，推动民主政治的发展，提升环境管制质量，实践环境参与权是保障民众实质参与环境管制的行为逻辑进路。

第二节　民众参与环境风险管制的行为逻辑：实现环境参与权

一、建立以"参与"为本位的环境权，实现管制与民主互动

环境多元协同共治，是基于法治的多元共治体系在我国实践中形成的要求和制度创新。多元协同管制的政策实践走在了制度的前面。以我国近十年的环境治理现状为样本也说明了这一点。例如，在应急管理方面，形成了政府主导、社会协同的社会组织参与应急救灾格局等。共治是自下而上地形成环境决策的法治过程，多元共治不是政府退出，而是政府引领下的大社会治理模式。民众参与管制的逻辑基础是民主与管制的互动与互制，要达成这一目的，则有必要探讨民众参与环境风险管制的权益实现路径。因此，如果"环境权"理论仍有倡行的必要，则应改弦更张，将环境权定位为参与环境决策的程序权，或者将现在要实现的公众环境权益看作是其环境实体权益实现的派生权利（以区别于传统享有舒适环境的实体权）。强调程序意义上环境参与权的构建，将更能吻合环境问题的特质，并且能更加契合我国社会转型期间民众参与决策程序的张力和官民合作的制度需求。

（一）弹性环境管制的实现：建立以利益衡量为基础的民众参与机制

早在1986年，乌尔里希·贝克就首次提出了"风险社会"这一概念，如今在中国初现其形。现代性风险社会认知，本质上是社会文化公共价值的一种集体认可，集中表现为一个社会自我反省、再建构的实践

性理论逻辑的展演。环境管制决策科技关联性[1]和利益冲突性[2]等特点更加确证了现代性风险社会的根本性所在。对现代性风险社会的治理，就是从现代性治理逻辑及文化价值维度来观察，重新建构现代社会秩序和现代性意义，进而造就一种文化公共性之人的"生存安全性"的价值实践。为实现风险社会治理下环境管制决策的理性，必须针对环境风险管制的上述特点，在政府决策中强化多元主体的利益衡量、政治参与及代表性，通过建立决策的正当法律程序，强化信息公开和鼓励公众参与决策，在决策主体中确立未来世代代言人的地位及建立国际、区际协作体制和信息交换机制是重要的解决之策。

卓有成效的政府风险管理要求整合政府各部门与社会力量，采用政府管制和市场诱导相结合的治理方式，形成公民自治和社会共治相交融的治理格局。风险管理回应了风险社会对应急管理升级的需求危机，也凸显出风险社会政府社会治理转型的必然。风险社会所赋予政府的新型责任要求政府改变自身予以回应，在政府模式上也应有相应的变革，因此，催生了"弹性政府"。"弹性政府"在组织设置上更具灵活性，在行动中更具自主性并更加注重效率，从而成为风险社会治理中政府模式的当然选择。"弹性政府"强调面对环境风险管制决策时政府要有能力根据不断变化的客观环境制定相应的管制对策，以拓宽政治参与及强化代表性来保持政府环境管理的灵活性和效率。同时，弹性环境管制要求环境决策中应充分衡量和把握决策可能带来的社会影响和利益冲突，并充分实现民众的参与来预留政府治理的弹性。

随着民众对环境保护需求的日益提高，环境事务的管理和环境保护公共产品的提供不可能完全由政府承担。伴随着环境公共产品提供主体的多元化，环境保护事务社会化与组织创新也随之而来；同时，

1　环境管制决策科技关联性，指多数的决策行为在决策过程和决策的社会影响等方面，都涉及复杂的科学技术问题和科学不确定性因素。科技关联性特征所带来的问题是环境行政决策风险的提高。
2　环境管制决策利益冲突性，是指拟决策的各类环境利用行为均会涉及社会多方的利益，需要在决策过程中一并考虑。环境决策所涉及利益冲突，主体包括"代内利益"冲突、"代际利益"平衡以及国际利益影响三方面。利益冲突性所带来的问题是环境行政决策民主化实现。

随着环境管制制度创新、组织创新和政策创新的提出，民众参与环境风险管制的环境权益调整也成为不可回避的议题。法律上的权益是由法律上的权利和义务决定的，是制度的基础。民众参与环境风险管制制度体系的完善，除了从管制主体寻求政府管制模式创新之外，更重要的是从管制受体的角度探讨参与环境管制权益的实现路径。处于生态文明制度建设时期的中国，利益格局正在不断发生变化，法律上的权利义务也应随着社会利益格局的变化而变化。建立以利益衡量为基础的民众参与环境风险管制制度，民众参与环境风险管制的权益实现是核心关键。

（二）公众环境权益的实现：建立以参与为本位的环境权

基于我国《宪法》表述[1]，构成自然资源的所有环境要素除法律规定属于集体所有之外全部属于国家所有，即全民所有。在这个意义上，环境污染和自然破坏形式上侵害了民众的环境权益，但本质上是对国家环境和自然资源所有权的侵害。从法理推演，可以认为我国民众的环境权益主要是建立在环境资源的国家所有制基础之上。因此，与实行私有制或者其他所有制形式的国家相比，中国政府的环境保护行政职能具有两方面的意义：一是对国家所有环境与资源财产的保护；二是对公众环境权益的保护。如前文所述，基于环境风险的特性，环境管制决策往往是在风险未知的情况之下作出的，为使环境管制决策更符合环境管理的理性，民众参与环境决策管理管制并实现相关环境权益成为不可回避的问题。

目前有关"环境权"的讨论意见纷呈。概言之，"环境权论"的各种观点具有以下几个共通的性质：首先，从环境权的规范架构与演绎形态来看，主张环境权者虽不以宪法层次为限，但不论具体的立论

---

[1]　这里所说的主要是我国《宪法》第九条规定，国家保障自然资源的合理利用，保护珍贵的动物和植物。禁止任何组织或者个人用任何手段侵占或者破坏自然资源。该法第二十六条规定，国家保护和改善生活环境和生态环境，防治污染和其他公害。国家组织和鼓励植树造林，保护林木。

为何，均强调环境权应从人权的角度立论，从而将环境权与其他基本人权并列，以期通过努力将"环境权入宪"。其次，从环境权的称谓或说明来看，环境权权能表述上大都离不开"享受""拥有"或"支配"环境等字眼，使得环境权表现为财产权性质浓厚的实体权。最后，从环境权实现的客体来看，环境应为全民所共有，环境权实现的客体即环境。依法律表述，环境法视野下的环境是以人类为中心的、影响人类生存和发展的各种天然的和经过人工改造的自然因素的总和。依环境共有的法理，环境乃共有之物，不能由个人独享。因此在实践环境权益过程当中就要考虑不同环境利用主体之间的利益衡平，而环境管制也具有了决策理性和法律正当性的要求而需要考虑民众参与的实现。

当我们在主张以环境权（尤其是环境参与权）来诉求环境保护的手段时，也正体现了人们对于环境权适用的理性选择。环境问题包含高度的科技背景，环境管制涉及各种利益的权衡，因而，以所谓"清洁空气"或"纯净水质"等术语来诉求实体环境权益的保护，从司法救济的角度来讲很难实现。因为"清洁空气"或"纯净水质"等用语仍需进一步做科技上的确定，在此之前，因太过于模糊根本难以作出司法论断。换言之，环境权的提倡应着眼于实现的可能性，而不可陈义过高。因此，民众环境权益的实现由实体权益司法保障转向经由立法或行政程序解释的参与权。我国相关环境法律制度已经从立法层面表述了公众环境权益和环境参与权。

自我国 2002 年《环境影响评价法》将"公众环境权益"规定在编制专项规划所应考虑的影响因素的条款中，《环境保护法》、《中华人民共和国清洁生产促进法》（以下简称《清洁生产促进法》）、《行政许可法》也有相关规定。如民众开发利用环境决策与行为知悉权（《环境保护法》第五十三条，《行政许可法》第五、四十条）；开发利用环境决策建言权（《环境保护法》第五十六条，《行政许可法》第十九、三十六、四十六、四十七条）；监督开发利用环境行为及其举报权（《环境保护法》第五十七条，《清洁生产促进法》第十七、二十七条）；环境权益侵害救济请求权（《环境保护法》第五十八条，《行政许可法》第七条）。公众环境权益的实现，需要国家环境保护义务的履行[1]。这时，公民可以依据程序意义上的"环境权"参与国家的环境管理与决策，并通过制定有关公众参与和信息公开等程序法作保障来实现这一环境权。就诉讼权而言，民众也享有提起诉讼以推动环境价值和保障环境利益的法律支撑。因此，以参与为本位的环境权[2]的构建是实现环境管制与民主互动的"阿基米德支点"。

二、完善我国环境风险管制社会自主参与的方式与选择基准

如前文所述，环境权在民众要求国家保护环境或者据以参与环境监督和管理的意义上使用时，因其与公权力发生关系的权利是人权或宪法性权利而主要具有公益权的性质；当环境权用于表述环境利用行为人之间的法律关系时，因其具有自益权的性质而成为一种实质上的私权。需要说明的是，民众行使环境权利及其获取相关利益应当以国家法律法规为依据。换言之，民众参与环境风险管制主要是实现其具有共益权性质的环境参与权，这一权利的实现主要强调从程序上和参与方式上作出最优化的选择，以更好地实现民众参与环境风险管制的利益。

民众参与方式的选择，应该针对不同类型的环境管制以及环境管制影响的轻重、范围的大小而做差别化的规范处理。例如，针对较强或影响较大的管制作为应当采取听证程序。至于判断标准，可以依据正当法律程序理论，主要评判三个要素：一是将受政府管制行为影响

1　国家的环境保护义务包括：规范行政决策程序；在政策、法律、市场和会计制度上将环境与发展相统一；建立科学风险评价和环境影响评价制度；建立与公众的合理对话体制等。参见：汪劲. 环境法学［M］. 3版. 北京：北京大学出版社，2014：66—68.

2　从"参与为本位的"环境权的位阶而言，考虑到目前环境意识高涨但现有制度代表性不足的特殊背景，有必要探寻环境决策的宪法关联，从而强调民主理性以及对阶段性政治运作缺失的弥补。由此，学者认为宪法上应有环境权的基础，且环境权应认可民众适度参与环境决策的程序意义上的环境权为准。参见：叶俊荣. 环境政策与法律［M］. 北京：中国政法大学出版社，2003：28—32.

的私人利益；二是在现阶段的程序保障之下，利益被错误剥夺的风险，以及额外或替代程序保障的可能价值；三是行政成本，包括牵涉的职能，以及额外或替代程序保障所伴随的财政与行政负担。通过以上三个因素的衡量来判定民众参与的具体方式。据此，结合前文所述，民众参与环境风险管制方式选择可以作出以下优化。

（一）实施"禁止开发"管制时民众参与方式应为听证

这里的环境敏感区主要指的是需特殊保护地区[1]。为缩小论述的范围，以下以水土保持区为例，探讨民众参与管制的具体方式选择。如此选择，主要是我国水土保持法律和实践具有一定的代表性[2]。依据我国《水土保持法》的相关规定，特定水土保持区一经划设，区内原则禁止任何开发；与此同步生效的管制行为对于区内民众的居住权、财产权及工作权不仅仅是局部性、片面性或暂时性的权利限制，而是已经达到全面禁止或去除的权利剥夺性质。因此，特定水土保持区划定所造成影响具有强制性且遍及区内土地，其影响范围大小、影响人数多寡、影响时间久暂等都应在民众参与方式选择上予以考虑。换言之，如果依据现行法以"陈述意见"作为民众参与的方式，并不是一个理想的制度选择，因为这几乎只是赋予受到处分相对人及利害关系人一种最低程度的程序保障。况且在陈述意见参与制度下，民众所提出的意见也仅供管制机关审议参考，在民众参与救济上明显保障不足。因此，对重点预防区域[3]实施划设管制时，可以增设听证制度作为这些区域划设时的民众参与方式。

1　需特殊保护地区，即国家法律、法规、行政规章及规划确定或经县级以上人民政府批准的需要特殊保护的地区，如饮用水水源保护区、自然保护区、风景名胜区、基本农田保护区、水土流失重点防治区、森林公园、世界遗产地、国家重点文物保护单位、历史文化保护地等。
2　目前，全国水土保持措施保存面积已达到107万平方千米，累计综合治理小流域7万多条，实施封育保护80多万平方千米。自1991年我国《水土保持法》颁布实施以来，全国累计有38万个生产建设项目制定并实施了水土保持方案，防治水土流失面积超过15万平方千米。
3　依据《全国水土保持规划（2015—2030年）》的规定，对江河源头区、重要水源地、水蚀风蚀交错区等实施重点预防，加强封育保护和封禁管护，实施严格的生产建设项目和活动管制，坚决保护原生态、原地貌植被，禁止过度放牧、无序采矿、毁林开荒和开垦草地等行为，从源头上严控人为水土流失和生态破坏。

而有关民众参与听证的参与者的确定，应以区位内及周边区域环境管制而致其权利或法律上利益受影响的人为准，行政机关认定其是否适格，应有一定的判断标准。相较于处分相对人的明确（即区位内受限制开发行为管制的人），利害关系人的范围（即区位周边同受影响的人）仍需进一步界定。例如，利害关系人的范围界定，可以从特定区域的界限外推定一定影响范围，并将此区域的居民或从事开发者纳入管制参与。而就外推的范围则可以由行政机关依其专业或咨询学者专家后予以初步界定，同时赋予一般民众参与讨论或表达意见的机会后，最终予以确定。当然，在民众参与听证的具体实施过程中，相关区内只要有一定比例的民众或民众委任参与代表人参与即可；也可在此基础上设置环境参与辅佐人制度，将其与行政机关对话的工作，交由自行选任的民间专家学者为之。

（二）实施"管制限缩"区域的民众参与方式为公听会

环境敏感区的第二类是生态敏感与脆弱区[1]，这一区域在管制上实施管制限缩措施较多，以此区域为例予以管制时的参与方式主要为公听会。生态地质敏感区内的管制措施，尚未达到直接限制区域内民众权利、利益或增加负担的程度，主要是要求区内从事土地开发的民众，在实施开发前应当进行地质调查及安全评估，并在开发过程中及完成后具有防范地质灾害发生的责任。就限制强度而言，不如环境敏感区需特殊保护区域（如水土流失重点防治区）的禁止开发，尚未达到剥夺权利程度，仅是针对符合特定条件开发者的一种限制。生态敏感区如穿越或位于人口稠密及观光发展地区，民众及政府间必定上演环境"保育"与经济发展孰轻孰重的争论。

就行政机关内部而言，有关生态敏感区的规划与相关要件的审议，

1　生态敏感与脆弱区，是指那些对人类生产、生活活动具有特殊敏感性或具有潜在自然灾害影响，极易受到人为的不当开发活动影响而产生生态负面效应的地区。生态敏感与脆弱区包括生物、生境、水资源、大气、土壤、地质、地貌以及环境污染等属于生态范畴的所有内容。生态敏感与脆弱区是生态环境变化最激烈和最易出现生态问题的地区，也是区域生态环境综合整治的关键地区。

均需借助专业性及技术性的科学分析与评估才能作出决策。而在此过程当中又往往具有预测成分等不确定的性质。为有利于不同观点的科学证据得以呈现或针对可容许风险的程度加以论辩，妥善处理民众多元意见甚至对立冲突的意见，管制机关应实施较为复杂的决策过程与社会沟通，采用意见搜集及双向沟通程序，以有利于受影响民众权益之维护。公听会是介于陈述意见与听证之间的民众参与方式，它比一般性陈述意见更为详尽，是开放特定人（受行政决定影响者与专家学者）及不特定多数人（一般民众）在会场表示意见，并要求管制机关加以回应，具双向沟通性质的民众参与方式。然而，鉴于公听会参与者的范畴可能相当广泛，而参与"数量"的增加往往造成参与"品质"的降低，同时考虑到场地的局限性，制度上应考虑设计参与者的选定机制。

（三）实施"原则管制松绑"区域的民众参与方式为陈述意见

第三类环境敏感区为社会关注区，这一区域主要是涵盖开发利用活动的城市乡村中的人口密集区、文教区以及历史文化保护地等。在社会关注区，民众一定程度的使用收益行为未在禁止之列，如政府具有公益性质的治理工程和民众在其所有土地上所实施的农业收益行为等。换言之，在社会关注区域范围内民众对其土地具有从来合法使用的利益，也即保障民众在社会关注区划设公告前已经合法存在、使用状态未有改变且持续至今的既有土地开发行为，甚或是一定限度的使用收益行为等。由于上述行为既不属于法律明文规定禁止开发的样态，也不属于特许制度下需经由申请始得例外允许开发的行为；故在此区域内，民众可以依其规划及安排实施此类土地收益或从来合法使用行为，而不受特定区域划设的管制影响。

然而，为了避免民众对于土地使用行为适法性认知与管制规定不同，造成不应开发却径自开发的情形发生，民众可以在行为实施前或持续实施既有行为存在与管制法令可能相冲突的疑虑时，可以要求特定的管制机关予以阐述。阐述过程中，管制机关应赋予民众陈述意见的机会，有利于其提出事实及证据证明诉求的正当性与合法性，并且对于民众提出的意见应予以及时回应。

总之，环境敏感区划设中民众参与的方式选择主要基于特定区域管制中民众权利影响程度、事实关系复杂程度、管制所欲追求的公共利益以及管制影响的范围等因素，其参与方式主要有听证、公听会、说明会、专家咨询会、陈述意见等。但无论选择哪一种民众参与方式，均需结合环境管制的强度来予以判定；同时，针对具体个案的差异，以上以环境敏感区为例所表述的三类区域当中民众参与的方式也并不具有严格的界限。换言之，选择任何一种民众参与环境风险管制的方式均需通过制度优化切实实现民众参与环境风险管制的环境参与权。

三、实现民主与管制有效互动的机制优化

民众参与环境风险管制虽然已经上升为法治的要求，但并不意味着已经成为一项法律制度[1]。相比之下，我国目前民众参与环境风险管制在法律规定上存在着明显的缺陷，民众参与环境风险管制的程序机制还有待完善。合理的程序设计是保障民众公平有效地参与环境管制的基本条件，但我国现行立法对民众参与的时间安排、期限要求、范围确定、步骤设计、方式选择、回应和制约机制等均缺乏明确的程序表述，这对保障民众参与环境风险管制权益实现十分不利。以环境影响评价中的公众参与为例，实践中由于缺乏具体、细化的程序性规定，环评单位往往是在环境现状调查阶段进行公众参与，在环评报告书制作前结束。如此，公众参与环境影响评价既不能决定环评的范围，也不能对环评报告书进行有效评议，最终参与只是在"拟定的几种方

---

[1] 法律制度的生成需要具备确定性、可行性、可预测性及可救济性四项基本要素。确定性，即有明确的权利义务主体、权利义务内容、行为方式和程序要求等；可行性，可以在实践中实施并产生效果；可预测性，即行为人可依据法律预测行为后果和法律责任；可救济性，即行为人的权益受到侵害时有具体的法律救济。

案中择一适用"，而缺少"替代方案"的提出，使得参与大打折扣。因此，民众参与环境风险管制有效实现的机制优化可以从以下方面予以推进：

（一）拓宽民众参与的范围，延长民众参与的时机

范围界定的目的在于及早以公开的方式确定议题的范围，以及认定与开发活动相关的重要问题。以"规则"的规定，一旦管制机关决定相应的环境管制规划、许可等行为时，在界定参与范畴之前就应当在政府网页进行拟议行为的通知，使尽可能多的民众知悉该信息并积极参与。参与式民主，是由受影响民众借由适当渠道参与决策并改善政府的决策品质的过程。因此，越早参与，越有利于决策理性的形成。民众参与环境风险管制固然是值得肯定的，但究竟哪些议题适宜民众参与则有待确定。当然，为防止民众参与范围的限制，法律应当对适宜参与的议题予以明确表述。《里约环境与发展宣言》认为民众参与是解决环境问题方式[1]。

总的来说，设立环境品质或排放标准，执行环境标准、环境影响评估的制作或审查、环境敏感区的设置等涉及民众环境共益权实现的环境管制决策，均为民众参与的主要议题。另外，延长参与的时机才更有利于民众掌握充分的环境信息，而进行有效的参与。换言之，应在环境管制决策拟定、审议、执行等所有阶段保障民众参与权益的实现，以此提高民众参与环境风险管制的品质，使其参与具有实质意义。

（二）健全信息公开制度，促进环境信息有效公开

如果环境决策前不通知民众其利益可能因政府的环境决策而受影响，不给予民众环境信息的知情权，其他一切程序上的权利都可能毫无价值。参与中信息的不对称，与协商民主的基本要求和行动逻辑是不匹配的，协商民主的效率和质量也会因此受到影响。信息公开是民

---

1 参见：《里约环境与发展宣言》原则 10。

主社会的内在要求。如果说民众参与环境风险管制要实现参与权，信息获取是前提；否则，任何参与都将失去实质的意义。信息不仅应予公开，还应细化让参与方充分掌握信息或有关细节的规定。因此，健全信息公开制度，也是对环境与资源保护行政管制的特殊程序要求。

理想的正当环境管制决策程序，应当是既科学，又合理；既能避免行政权力的滥用，又能保障公民的环境权利；既能维护行政决策的权威，又能激励公众自愿遵守；既能促使问题圆满解决，还能促进行政效率提高。将上述要求和标准引入环境管制决策，就需要根据环境行政决策的特点和问题，安排和设计对拟议环境利用行为的决定程序。因此，环境管制决策程序的正当化，离不开信息公开、给各方表达意见的机会、说明决策的理由以及公布周知。信息公开是民众参与环境风险管制正当化法律程序核心价值的体现。环境管制决策信息的公开除了可以保障将行政权力的运作置于公众监督之下外，还可以保障环境利用行为人、其他与决策结果有利害关系的人或团体，充分地了解可能影响他们既得利益的决策活动的内容。环境信息公开应该秉承"及时、有效、全面公开"的基本原则。然而，作为政府信息公开核心的污染源监管和排放信息、环评等信息的主动公开以及依申请公开和获得救济等关键环节仍存在问题。

根据我国 2014 年修订版《环境保护法》关于公众参与和信息公开的规定以及发达国家信息公开的经验，我国可以通过四个途径健全和完善环境信息公开。首先，污染源监管和排放信息应完整及时地向用户有效公开。例如，延长信息公开时间，使民众充分了解环境信息。其次，构建比法律规定更为周全细致的信息流通方法。再次，细化政府环境信息"豁免公开"的范围。最后，健全信息公开的程序，强化政府信息的回应义务。总的来说，信息公开是民众参与环境风险管制的生命线，其至少具有回应民众的知情权、公开法定化及具体化三个基本属性。

（三）建立环境民众代表人制度，细化民众参与的方式

如上文所述，民众有权获取国内公共机构掌握的环境有关信息，并且有机会参加环境公共管理的决策过程。然而无论民众以何种方式参与环境管制决策，囿于自身在认知、能力等方面的主观局限和参与环境管制决策事项会议、空间、举行时间、委员名额等限制，可能会使得合议下的民意体现不足甚至不能。例如，在公听会制度中，需要面临的问题是参与的广泛性和决策的效率性之间矛盾的适当解决。另外，正如前文所表述到的，在特定水土保持区划设的审议阶段，其审议机制组成一般为机关代表及专家学者，其成员中几乎没有一般民众或民间团体的代表，审议机关仅能被动地接受民众相关意见，与民众间没有直接互动、对话或沟通的机会。因此，在民众获得环境信息并参与环境决策的过程当中，为保障民众意见具有一定代表性，基于决策机关功能合适性的观点，相关审议小组或审议会议应设有一定比例之民众代表的选择机制，保障民众参与建言权和意见被慎重考虑的权利实现。如何建立适切且公平公正的民众代表选定机制，是一个值得探讨的问题。总体而言，为避免一般民众与专业社群对话或进行审议时发生沟通不畅的情形，应针对参与者资格做合理规范，由具备一定程度学识者参与以改善参与深度不足的问题。至于代表遴选的标准和方式则应符合民众参与环境风险管制的既定模式（表 6.1）。

表 6.1　各类民众及其所适合的环境决策参与方式 [1]

适合参与的对象	听证会	研讨会	书写法律文件	说明会	咨询委员会	提供书面意见
书写能力强者			√			√
演辩能力强者	√	√			√	
蓝领工人				√		
白领工人	√	√	√	√	√	√

1　参见：汪劲. 环境法学 [M].3 版. 北京：北京大学出版社，2014：66.

续表

适合参与的对象	听证会	研讨会	书写法律文件	说明会	咨询委员会	提供书面意见
家庭主妇				√		
激进介入者	√	√	√	√	√	√

　　一般意义上而言，参与的方法可以视计划的内容与性质做交互组合运用。不同的参与方式，在双向沟通程度、公共接触程度、处理特定利益的能力等性质上有强弱之别。因此，考虑参与的实际效果，可以对应相应的参与事务来选择参与方式。当然，实地参与优于评论，因此在参与中应更多地鼓励专家代表和社会团体的参与。对专家代表的遴选而言，其资格为在某一专业领域具有相关的专业素养和能力影响；对其他代表来说，其资格应符合"积极公民"的特性。

　　（四）加强民众参与有效性的实质审查，完善司法救济规则

　　一般来说，侵害民众参与权利的具体情形不外乎以下几种：行政机关不向民众提供有关环境管制决策的计划或草案，或虽有提供但相关信息并不充分甚至有误；抑或是行政机关不提供民众陈述意见、参加听证或说明会等机会，或虽有提供，但未能适当回应或处置等情形。在前述情形之下，民众可否以其参与权益受损寻求司法救济成为必须回应的问题。换言之，即是探讨在我国现行立法之下，因管制机关行为而受到法律上的损害或不利影响的民众是否有诉讼权能寻求诉讼救济。

　　无论以何种方式回应参与意见，基本理念都是要使民众参与的意见表达受到尊重。环境行政公众参与机制，不仅有利于化解环境风险规制面临的合法性危机，而且通过参与权的实现，有利于构筑环境公共决策多元主体间权益分配结构和权利形式的制约机制。对参与的回

应，才能够提高参与的有效性[1]，避免参与流于形式。换言之，有实际效果的公众参与，必须体现能够通过参与实际影响或改变政府的环境决策和环境执法行为，且必须有保障公众参与得以落实的法律后果和法律责任。

基于正当法律程序的利益衡量标准，司法审查时，法官应当考虑在公众参与形式与利益表达的充分度之间建立起关联，而非一味地只是形式审查。基于权力制衡的观点，通过司法权介入审查行政机关违反民众参与相关规范的行为，并以裁决方式要求行政机关履行或宣示其违法行为失效，是民众参与环境风险管制决策不可或缺的监督或救济机制。公民环境参与权是以参与为本位的程序意义上的公权属性环境权，国家有义务在国内法律框架内确保对无视知情权或者违法拒绝民众获取相关信息的行为，以及为有利害关系的民众对公共管理决定的实体法和程序法上的合法性争议提供司法救济等渠道。对于参与权的侵害，申请获得救济的有利害关系的民众必须"具有十分充分的利益关系"。对此进行救济的渠道，也包括行政机关的行政不服审查程序，如行政复议。

（五）构建协商民主机制，保障民众直接参与环境决策

为应对公共事务管理的新变化，软法之治悄然兴起，并且呈现不断发展、增长的势头，广泛和直接地参与立法是"软法"最大的优势。任何环境决策行为基于环境"法益"的共同性都将对民众利用环境的行为带来限制和影响。为保证环境决策的正当性和消除管制所带来的意见分歧，民众直接参与环境决策的形成有利于提高环境决策的理性和效度，也深化了多元主体环境共治的理念。在环境"协商化"立法体制下，协商民主机制有助于化解环境社会风险，环境软法的创制方

1　2016年原环境保护部印发的《"十三五"环境影响评价改革实施方案》第三部分第8项明确提出，提高公众参与有效性，包括：探索更为有效和可操作的公众参与模式、落实建设单位环评信息公开主体责任、强化环评宣传和舆论引导、积极化解环境社会风险。

式也更富有弹性。民众参与环境公共事务的决策，更需要在立法，特别是前期立法程序中通过完善协商民主机制保障民众直接参与环境决策的形成。

建立和完善民众参与环境的协商民主机制，一些国家的立法和实践走在了前面。如前文所述，20世纪90年代开始，美国就有了具体的协商立法文件。法国也是较早的通过"环境协商法"[1]的国家，并将该法的制定看作对法国《环境宪章》第7条以及《阿尔胡斯公约》第7、8条的践行。美国和法国立法模式下实行的协商民主机制，深入加强了国家与行政机关职能在各项公共管理事务上的贯彻，并更强调政府与市民社会之合作。

当代公共行政的转型，使得协商行政大量涌现。市民社会与管制政府之间基于信任所构筑的协商机制，对私部门在环境立法中的力量予以了认同。大量民众批判性地参与公共政策的协商行政新模式[2]出现，为环境立法建立真正的协商民主机制证成提供了可能。决策过程中纳入环境协商，对环境邻避等冲突的化解有利。是以，我国在中央与地方[3]均展开了建立与发展协商民主机制的探索和实践。结合我国实践和法国、美国的经验，我国环境立法和环境政策形成中的协商民主机制的构建可以从以下方面展开：

1. 建立政府主导下的协商民主机制

民众参与环境风险管制是践行生态民主的重要实践。政府在环

1　2009年8月，法国议会通过了《综合环境政策与协商法Ⅰ》。为进一步保障《综合环境政策与协商法Ⅰ》的实施，法国议会于2010年7月又通过了《综合环境政策与协商法Ⅱ》。《综合环境政策与协商法Ⅰ》和《综合环境政策与协商法Ⅱ》被法律界合称为《综合环境政策与协商法》。参见：王树义，周迪.论法国环境立法模式的新发展：以法国《综合环境政策与协商法》的制定为例［J］.法制与社会发展，2015，21（2）：136-145.
2　从域外经验来看，协商行政新模式主要包括协商制定规章、重大行政决策协商、民主恳谈会、协商颁发许可证、双方同意的命令、行政争议解决的ADR机制、行政和解等。
3　在国家层面上，全国政协于2014年3月就"安全生产法修正"问题进行座谈交流，首次实现了国家层面的立法协商。在地方层面上，各省市人民政协组织开展立法协商座谈会的做法逐渐常态化，而一些省市人民政协也与地方政府携手制定了规范政府立法协商工作的规范性文件等。例如，《广州市规章制定公众参与办法》《深圳经济特区集体协商条例》以及上海市《关于开展环境影响评价公众参与活动的指导意见》等。

境行政管理中适用协商机制，即是在政府主导[1]下搭建一个多元主体参与的协商"场域"，通过各种意见的辩驳而实现"商议的交流过程"，从而达成有效、共识的法律机制。政府主导下的协商民主机制需保障协商参与主体的广泛性和协商的效率性。因此，所有环境管制利益相关方均可受邀参与协商；同时，结合环境利益代表人制度，应重点引导具有良好专业能力、组织形式和社会影响力的非政府组织积极参与。

2. 确立环境协商的内容

协商是一种有效地培育公民提升参与意识的过程。民众参与环境协商的优势在于能够确保民主立法与科学立法的有机统一。环境协商的内容应以是否涉及公众的重大利益为基本概括，并予以列举的方式来具体明确环境协商的内容。确立环境协商的内容，可以其他国家的经验做参考。例如，法国环境协商的内容涵盖了环境开发、能源利用、风险控制、城市规划、国土整治等一系列的环境议题，是环境公共领域中实现生态民主的典范。因此，在所有生态环境要素的立法和政策形成中均可视情形引入环境协商民主机制。

3. 细化民众参与协商的程序

民众参与环境风险管制决策形成的协商机制，是构建一种强化多元利益主体，对核心争议在反馈和评论基础上，展开磋商的参与机制[2]。协商民主机制的构建因为其程序的开放性和完整性使得原有环境管制决策形成中的公众参与机制走向明确化和聚焦化。在美国，为治愈行政僵化即开启了规制性协商机制[3]，以此补正决策的理性和

1　所谓政府主导，是指环境协商的场所的建立，可在立法、行政或司法下设立协商委员会，也可设立专门性的协商机构（如法国的可持续发展和环境协商国家委员会），各种层级和类型均可尝试，而且其中任何一个都不具备明显的优先性。参见：彭峰.生态文明建设的域外经验：以法国环境协商法为例[J].环境保护，2013，41（8）：73-75.
2　在环境政策形成中，民众参与能够有效缓解政府决策中的对立情境，尤其是作为协商民主之核心的"商谈机制"最终能够保理性的妥协方案，促使即便是分歧中的利益主体积极寻找到破除困境的良方。参见：蒋红珍.治愈行政僵化：美国规制性协商机制及其启示[J].华东政法大学学报，2014（3）：63-75.
3　在美国，规制性协商指的是受规制影响的利益主体通过建立协商委员会来促进协商方案达成的程序机制。其发展因伴随着对"公告—评论"式规章制定程序的反思、对混合性程序的修正，以及对替代性程序的比较而受到关注。参见：同上注1。

正当性。美国的规制性协商机制作为一种裁量性机制，代表着美国规章制定程序改革中赋予公众最直接和最具影响力的创新机制，一度被认为是公法领域最具创新性与革命性的 ADR 模式。结合美国和法国的经验，我国环境立法和环境政策形成中的协商民主的程序机制可以分为三个阶段，即确定规制性协商适用的前协商阶段、立足于协商委员会建构和运作的协商阶段、协商主体发挥补充和协助工作的后协商阶段。

当然，民众直接参与环境决策的形成主要是社会协商民主机制在环境法视野下的实践。社会协商[1]是公民通过各种渠道将意见传输给国家，形成公民与国家有效的沟通与互动的对话机制。然而由于环境管制体制的封闭性和群众社会里政治参与无结构、无常规、漫无目的和杂乱无章的属性，有可能使得民众参与滑向无序。因此，环境协商民主机制的构建还应考虑制度关联、行政立法参与权[2]的属性以及监督体制等问题。

四、小结

综上所述，参与意味着民众有能力直接或间接影响环境管制决策的形成和执行。保障民众参与权的实现，一方面为资源整合管理、满足民众需求，提供了重要的民主渠道；另一方面也通过民众参与分担了作出决定的责任，预留政府环境管制的弹性，使环境管制更具有效率和正当性。通过机制优化，保障民众及早、有效地参与环境管制，也有助于破解我国环境行政管制存在的"管制不足、不力和不能的困

1　有学者认为，协商民主主要包含"执政党—政协"中的政治协商，以及"执政党—人民"的社会协商，二者经由人大制度加以勾链。这在逻辑上决定了党的领导、协商民主与人大代议民主的内在关联，形塑了协商民主制度化的路径，即在民主决策过程中，塑造"政治协商—立法协商—社会协商"的制度循环，以此指引现实制度的发展。参见：马一德.宪法框架下的协商民主及其法治化路径[J].中国社会科学，2016（9）：146-163.
2　行政立法参与权，具体包括四项权能内容，即：进入行政立法程序的权利，提出立法意见的权利，立法意见得到回应的权利和合理意见获采纳的权利。参见：方世荣.论行政立法参与权的权能[J].中国法学，2014（3）：111-125.

局"。由于环境风险不确定性的本质属性，本质上，民众参与环境风险管制是为了实现利益多元化和决策的民主化。为实现管制和民主的有效互动，通过立法的方式保障民众的有效参与[1]实属必要。因此，建立以参与为本位的环境权，细化民众参与环境风险管制的方式以及构建协商民主机制，对保障环境管制的有效性和正当性，实现管制与民主的有效互动而言是制度刚需。

第三节　民众参与环境风险管制之制度重构：推行空间管制与自主管制

风险成为当代社会一个重要的议题，主要是因为风险来源已不单是面对自然灾害所带来的危害，科技发展与随之而来对于环境的各种冲击，都将引发新的风险课题。而争议性科技法律议题要处理的往往不只是科技争议本身，更在于风险与利益的比较与权衡。环境风险的不确定性和复杂性、行政机关决策的风险与变数，使得环境管制在时间压力与特定的时空条件下只能决策于未知之中。环境决策这一"风险性格"，一方面提高了环境决策的政治性，另一方面容易形成以专业与科技权威为导向的迷思。环境风险背景下的制度建构，都与公共性的治理[2]有密不可分的关系。治理隐含着一个政治进程，社会治理法治化需要公众参与。善治是良好的治理，主要研究如何通过政府与民间的合作，提高效率，增强民主。

随着治理理念的变革，理论界开始重新反思政府与市场、政府与社会的关系问题。观察西方立宪主义国家环境治理运作历史，我们发现，环境治理的实现主要在讨论国家与社会如何互动使得环境治理走

1　公众参与的有效性有五个标准：（1）参与时间，（2）参与机会，（3）参与公众提供的地方及传统知识，（4）降低参与各方之间冲突的程度，（5）参与公众对环境影响评价等行政决策的影响力。参见：NADEEM O，FISCHER T B . An evaluation framework for effective public participation in EIA in Pakistan［J］. Environmental Impact Assessment Review，2011，31（1）：36–47.
2　治理（governance）概念源自古典拉丁文或古希腊语"引领导航"（steering）一词，原意是控制、引导和操纵，指的是在特定范围内行使权威。

向"善治"或"良治"。环境的"良善之治"不在于事后的救济而更在于事先的预防；环境管制也从"一元"管制走向"协同管制"。据此，在环境风险预防背景下，随着国家所要承担的环境管制任务的变迁与扩张，随着环境管制理念和管制措施的革新，新的多元主体参与的环境管制制度型态也应运而生。环境法基点从环境要素转向各环境要素构成的整体空间，环境法律体系所规制的环境问题从环境要素的污染和破坏转向兼顾整体生态空间的破坏。例如，自然生态空间用途管制制度，即属于当前环境法律制度面对环境风险据以类型化的制度型态。

一、自然生态空间用途管制法治化

（一）生态空间管制的制度源起

自然生态空间是人类赖以生存和发展的物质基础和空间载体，需要加以严格保护和管控。从世界范围来看，自然生态空间用途管制的做法已经较为盛行。例如，基于国土空间治理能力的提升，1922 年美国最高法院就作出"土地区划合宪"的裁定，至此，用途管制逐步推广到各国。为解决转型发展期间我国生态环境保护与社会经济发展之间的冲突，加强生态功能保障基线、环境质量安全底线与自然资源利用上线"三线划定"的协调，夯实永久基本农田、城乡开发边界、生态保护"三条红线"的落地，我国环境管制也积极将管制的基点从环境要素转向各环境要素构成的整体空间。

就我国而言，生态空间管制政策经历了以下发展历程。十八届中央委员会于 2013 年 11 月 15 日公布的《中共中央关于全面深化改革若干重大问题的决定》中首次确定了生态空间管制政策。2015 年 9 月 11 日召开的中共中央政治局会议，审议通过了《生态文明体制改革总体方案》，明确要将用途管制扩大到所有自然生态空间。2017 年原国土资源部等 9 个部门研究制定了《自然生态空间用途管制办法（试行）》，部署在福建、江西、河南、海南、贵州、青海等 6 省先行开展试点。2018 年组建自然资源部，并主要负责空间规划体系的建立并监督实施。至此，我国生态空间用途管制政策全面推开，相关制度供给和保障提上日程。

（二）自然生态空间的内涵与范围界定

围绕着"自然生态空间"进行类型划定、确权、登记和用途管制等制度构建，首先有必要厘清自然生态空间的含义。自然生态空间如何划定，与其他空间是什么关系是我们应予以明确的议题。基于保持或保育的理念，我国就自然资源（如耕地、森林、水域等）建立了相应的用途管控制度，并有对应的区域（如自然保护区、国家公园等）来明确管制的范围和措施。然而，这种管制还仅停留在单一环境要素或有限生态空间的管制，很难抵挡由于管制权责分散所带来管制实效低下的问题。因此，基于 2011 年 6 月国务院发布的《全国主体功能区规划》和 2014 年 11 月 1 日国家发展和改革委员会发布的《国家发展改革委关于"十三五"市县经济社会发展规划改革创新的指导意见》，将国土空间布局做了三类区域划分（图 6.1）。

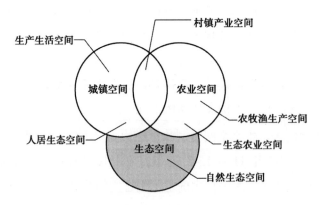

图 6.1　自然生态空间范围的构架图[1]

1　该图转引自：沈悦，刘天科，周璞.自然生态空间用途管制理论分析及管制策略研究［J］.中国土地科学，2017，31（12）：17-24.

在此划分下依区域承载力、人口分布密度等因素，结合经济发展的现状、国土空间规划以及城镇化布局，分别对上述三类空间进行优化开发、重点开发、限制开发和禁止开发活动。自然生态空间[1]是相对于其他空间而言，具有自然属性，以提供生态产品或服务为主导功能的，需要用途管制的国土空间。

（三）自然生态空间用途管制的制度供给[2]

制度需求是指在一定时期内社会或组织所需的制度数量和质量的总和。制度供给，只是分析制度变迁的一个方面，制度变迁又可以称为制度创新、制度演变等。制度提供框架，人类得以在里面相互影响。在一定的制度创新需求下，制度供给有着广泛的选择性。由此，为克服环境法律体系中单一环境要素规制所带来的风险管制的不足，将自然生态空间用途管制政策上升至法律制度层面不失为一种好的机制设计。自然生态空间用途管制是推进治理能力现代化的抓手，通过用途管制可以理顺自然资源管理的脉络，进一步提升国土空间治理能力。具体而言，自然生态空间管制的制度供给可以从以下几方面运行：

1. 确立生态空间保护的法律目的

法律目的是立法追求的价值目标，立法根据则是立法近前的直接依据。在自然生态空间管制制度设置中宣示法律目的和根据，从法律适用上讲，可以与其他具体规范结合，构成系统解释、目的解释的规范基础。环境保护法的立法目的分三个层次，它们分别是：一是直接目的，即保护和改善环境，防止污染和其他公害；二是保障公众健康，这是环境保护立法的根本任务，也是环境保护立法的出发点和归宿；

---

1 自然生态空间包括绿色生态空间及其他生态空间。绿色生态空间包括天然草地、林地、湿地、水库水面、河流水面、湖泊水面。其他生态空间包括荒草地、沙地、盐碱地、高原荒漠等。参见：刘超.生态空间管制的环境法律表达[J].法学杂志，2014，35（5）：22-32.
2 制度供给是指制度供给者（政府）在给定的主观偏好、利益结构、理性水平、制度环境、技术条件的约束下，通过特定的程序和渠道进行正式规则创新和设立的过程。

三是推进生态文明建设，促进经济社会可持续发展，这是我们对发展观的基本认识。环境保护法的直接目的和根本任务主要是通过对环境利用行为人行为规制下的"环境要素污染防治法"和"环境要素保护法"来实现的。环境要素基点下的环境立法，人为地割裂了环境要素保护之间的融通性。

因此，基于风险预防理念和可持续发展的观念，环境保护立法应在统合各环境要素的前提之下进行法律规制。换言之，将"自然生态空间"上升为环境要素的上位概念并以此构筑环境法律体系，即意味着环境法所调整的人类利用行为除了污染、破坏行为，还应当包括"占用"行为。针对环境行为进行研究是解决环境问题的必然选择，而进行环境行为研究的前提就是实现环境行为的法律表达。生态空间作为环境要素的上位概念，其环境行为规制的判断标准与各环境要素污染破坏行为的判断标准并不一致。生态空间用途管制行为主体、空间利用行为主体、空间利用行为以及用途管制客体之间的关系及管制作用机理的建构更着眼于各环境要素用途管制基础之上。因此，确立保护自然生态空间的法律目的，能在制度机理上真正有效贯彻和推进生态文明法治建设。

2. 自然生态空间用途管制的管制策略的选择

自然生态空间用途管制的逻辑起点即生态文明制度建设[1]。在生态文明制度体系加快形成的过程中，也逐渐暴露出环境法律缺乏系统性、整体性以及协调性不足等问题。因此，必须转变环境管制思路，加快构建以空间治理为基点展开的生态文明制度体系。基于保持、保育的理念，我国启动了 10 个国家公园[2]体制试点区建设工作，标志着

1　习近平总书记指出，只有实行最严格的制度、最严密的法治，才能为生态文明建设提供可靠保障。
2　国家公园是指由国家批准设立，以保护具有国家代表性的自然生态系统为主要目的，实现自然资源科学保护和合理利用的特定陆域或海域，是我国自然生态系统中最重要、自然景观最独特、自然遗产最精华、生物多样性最富集的部分。目前我国有 10 个国家公园（含试点区），分别为三江源国家公园、大熊猫国家公园、东北虎豹国家公园、海南热带雨林国家公园、武夷山国家公园、湖北神农架国家公园、浙江钱江源国家公园、湖南南山国家公园、云南普达措国家公园、祁连山国家公园。

中国保护地管理体制机制改革已从理论层面进入到实践阶段。国家公园这一特定国土空间的管制主要是基于空间利用行为人的行为规制而展开的，自然生态空间用途管制也不例外。空间利用行为主要有城镇化建设、农业资源开发、生态产品及服务享用等几方面。在国土空间三分（自然生态空间、城镇空间及农业空间）的基础上，自然生态空间功能多适性和转用廉价性，常常使其成为易于被其他空间占用、扰动的空间载体。

因此，自然生态空间管制是基于国土空间规划和利用行为管控而形成的一系列管制活动。具体而言，管制主体主要包括政策法规制定者和具体实施管制行为的政府治理部门；空间利用的行为主体主要是与管制行为存在一定利益关系的民众，主要为受土地利用规划影响的自治组织、企业团体、农户及市民等。管制主体的行为所选择的管制策略将直接影响空间利用行为主体的利用利益的实现，为解决好环境保护与民众利益实现之间的矛盾，针对生态空间的管制应采取直接管制与间接管制并举的管制模式。

（1）以"保持"和"保存"为导向的直接管制

在各国和国际组织的环境保护文件的英文用词形式中，通常将自然环境保护上的"保护"统称为Protection，但类似的词语还有"保全""保存""保留"及"保育"等。例如，国际资源和自然保护联合会（IUCN）在其1980年编写的《世界自然资源保护大纲》中表述"保护"，即"人类对生物圈的利用和管理，以使它能产生最大的永续利益"。关于保护的内涵，在英文上可以区分为"保持"（Conservation）和"保存"（Preservation）。"保持"含有管理自然并合理利用的意思，本质上是功利主义思想和生态学知识的体现。在保持原则下，人类可以对自然界以及生态群落进行非生产性的利用，如进行休闲、运动、娱乐、观光等活动。"保存"含有哪怕是要禁止人类活动，也要保护自然免于遭受破坏和损伤的意思。在保存原则下，非为科学研究不允许人类对自然界以及生态进行一般性利用，包括人们对自然界进行的所谓"养护"等工作。

说起自然保护的法律制度，首先想到德国《联邦自然保护法》中的"侵害规制"，规定行为人有义务将侵害自然的行为控制在最小限度。其次，如日本的《自然公园法》将立法目的定位于保全自然环境，不仅可以在国家公有土地上，还可以在民有土地上进行指定，并规定禁止没有相应许可的特定行为。以"保存"和"保持"为导向的直接管制，即生态保护红线管制策略和弹性生态空间管制策略。

生态保护红线[1] 管制策略，彰显了"实行最严格环保法律制度的决心"。虽然，生态保护红线是在既有生态区划基础进行的"线上划线"，从其嬗变过程与发展脉络来看，它与规制私人为主的自然保护区等制度的不同在于其旨在限制权力，并体现于"央地关系、部际关系"两个层面。然而，从落实生态红线的实质来看，探索其法律制度保障，还需从"源头严防、过程监管、后果严惩"三个重要环节，通过对生态红线空间内利用人的利用行为管制作为制度逻辑起点。

当然，自然生态空间的保护除了"保存"，还应当体现"保持"。这一保持的区域主要是介于生态红线与城镇空间和农业空间之间的弹性生态空间[2]，在这一区域可以原则上按"限制开发"区域的要求运行管理。如前文所述，限制开发区域（重点生态功能区）是指资源承载能力较弱、大规模集聚经济和人口条件不够好并关系到全国或较大区域范围生态安全的区域。依据我国2011年《全国主体功能区规划》确立的内容，保障国家生态安全，是国家重点生态功能区[3]的功能定位。在这一区域的开发管制原则是对各类开发活动进行严格管制。例如，实行更加严格的产业准入环境标准等。当然，在这一区域可以推行"管

1　生态保护红线可划分为生态功能保障基线、环境质量安全底线、自然资源利用上线。
2　弹性生态空间，即以空间规划为依据，生态空间转化为其他空间、其他空间转化为生态空间的区域。参见：沈悦，刘天科，周璞.自然生态空间用途管制理论分析及管制策略研究［J］.中国土地科学，2017，31（12）：17-24.
3　国家重点生态功能区分为水源涵养型、水土保持型、防风固沙型和生物多样性维护型四种类型。

护协议"管制措施，通过生态补偿等方式鼓励符合国家生态退耕条件的农业空间转为生态空间，鼓励土地综合整治、工矿废弃地复垦利用、矿山环境恢复治理，推进清洁能源的利用和环保的生态型社区的构建等。

综上所述，在"保存"和"保持"理念下，生态红线空间管制和弹性生态空间管制主要采取禁止、限制开发利用的直接管制策略。限制开发区域要坚持保护优先，确保生态功能的恢复和保育；禁止开发区域要依法严格保护。

（2）以"优化开发"为导向的间接管制

自然生态空间的直接管制主要是在设置生态保护红线和弹性生态空间的前提下，通过严格生态准入机制、占补平衡制度、山水林田湖综合整治引导等管制方式实现自然生态空间的保护。相应地，自然生态空间的间接用途管制即是通过土地整治、节约集约用地等方式提高空间利用的效率，尽量减少对自然生态空间的侵占，从而达成对自然生态空间的保护。据此，以"优化开发"为导向的间接管制策略主要包括：

一是通过统筹融合发展规划、土地规划和城乡规划建设用地的范围，以"三区四线"[1]的空间管控为依据，以"一书三证"[2]审批为管控方法，针对城镇开发边界附近易受扰动的其他空间区域，严格管控，建立健全开发区土地节约集约利用考核制度与长效机制；二是守住耕地保护红线，严控非农建设占用永久基本农田，通过土地整治建设集中连片的生态良好的现代基本农田保护制度；三是促进混合空间[3]的高效利用，建立空间用途转用及协调用途管制的利益的生态补偿制度等。总之，以"优化开发"为导向的间接用途管制，实际上是因地制宜地推行适切的管制措施。当然，实施"优化开发"的区域要实行更

1　三区，即适宜建设区、限制建设区、禁止建设区；四线，即绿线、紫线、黄线和蓝线。
2　"一书三证"是指《建设项目选址意见书》《建设用地规划许可证》《建设工程规划许可证》《乡村建设规划许可证》。
3　混合空间主要指的是人居生态空间、生态农业空间以及村镇产业空间等。

严格的污染物排放和环保标准，建立健全区域污染联防联治的环境监管机制。

3. 具体制度的构建和完善

2017 年，原国土资源部等 9 个部门研究制定了《自然生态空间用途管制办法（试行）》，部署在福建、江西、河南、海南、贵州、青海等 6 省先行开展试点。该文件强调通过空间布局落实生态空间保护目标，体现了管制方式"自上而下"和"自下而上"相结合的思路[1]。自然生态空间管制要求环境法基点从环境要素转向各环境要素构成的整体空间，环境法律体系所规制的环境问题从环境要素的污染和破坏转向兼顾整体生态空间的破坏。目前我国自然生态空间在"空间规划设置、空间管制实施机制、空间管控质量监测评估"等方面体现出巨大的制度需求。根据制度经济学的制度需求与供给理论，我们需要从健全和完善自然生态空间规划制度、自然生态空间管制实施机制、生态空间长效保护机制与公众参与机制等方面为自然生态空间管制提供及时有效的制度供给。

（1）构建风险管控的国土空间规划制度

世界各国环境立法确立的环境计划与规划，是国家环境行政的重要依据。为保护自然生态空间，需要落实与完善一个体现"空间协调与平衡"的国土空间规划体系。基于规划的国土空间划设、布局，有利于明确不同国土空间用途管制分区和利用主体的行为约束。自然生态空间的用途管制需要以国土空间规划统筹引导土地利用总体规划落地为前提，以相关要素来判定，分别划定城镇开发边界、基本农田保护红线、生态保护红线，并以此为基础建立由功能主导的国土空间管控体系。同时，在确定城镇、农业、生态空间的合理布局的基础上，协调生态功能保障基线、环境质量安全底线、自然资源利用上线"三

---

1 自上而下推进，是指国家通过制定调查标准、生态保护红线划定标准、监管平台和用途管制规则，确保需要重点保护的生态空间在下级规划中得到落实；自下而上推进，则是通过编制市县级空间规划，强化生态空间和生态保护红线的落地管理，作为生态空间用途管制的直接依据。

线划定"，落实永久基本农田、城乡开发边界、生态保护"三条红线"
落地，建立自然生态空间管制的实施机制。因此，构建纳入风险管控
思维的国土空间规划制度成为实现空间管制的关键和出发点。

通过前文论述，我们知道，对于环境不确定性的应对主要集中在
降低生态环境潜在损害者的不确定性，即防止潜在损害者损害环境的
行为发生，因此有必要明确界定权利与义务的游戏规则。由于生态环
境系统的复杂性及其具有公共财产的特性，极易导致过高的衡量成本
与监督成本，进而增加执行成本，若能将部分生态环境需完成的任务，
通过财产权比较明确的土地资源来实现，预期将有利于生态环境管理
的理想实现，并可以减少若干的交易成本。因为"去自然"的国土政
策可能不是我们所要的，而"去土地"的生态环境管制政策也将失去
可实践的基础。

另外，这些土地规划通过"分析性、叙述性的信息"对公众产生
吸引力。虽然这些"规划不通过法定约束力保障实施"，但"因其专
业性而具有诱导力，从而发挥着事实上的规制效果"。因此，从事自
然生态空间管制制度设计时应特别着重国土空间规划管理的思维，并
参考最小安全标准策略，以"最佳技术估计决策赌注预测值"与"风
险的不可回转性、不确定性"作为土地资源的开发利用规划的依据。
因此，风险管控的国土空间规划可以在考量上述因素的基础上展开，
并分别适用不同的环境管制思维（图6.2）。

如上述分析，将土地划定为不同的等级区域来赋予不同的发展权
利，进而表述为不同的空间类型而尝试不同的管制思维，目的在于实
现土地资源利用的永续性，从而促进环境风险不确定性管理的有效性。
若全部赋予国土空间内资源开发权，当代主体虽可享受即时利益，并
有可能将开发所带来的利益传承给未来世代，但也可能使开发所带来
的生态负债由未来世代偿还；如若发生不可回转的生态损害的情况，
生态负债则往往成为永远的呆账。反之，如果全部禁止开发，虽现世

代与未来世代皆可拥有完整的生态环境，但现世代却需面对经济发展停滞的后果，而未来世代也会失去现世代传承的开发利益。

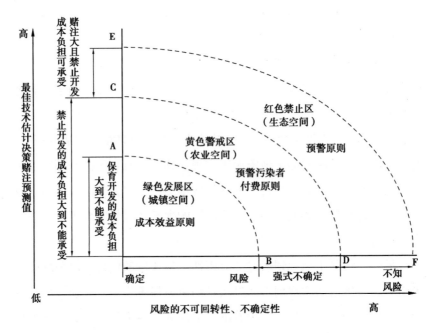

图 6.2　风险管控思维下的国土空间规划图 [1]

因此，完全赋予开发权或完全禁止开发的此种"全有""全无"的管制政策，可能皆是非永续性的做法。除此之外，依边际成本均等原则，此种依不同等级而赋予不同发展权利的资源分配方式预期可达最低成本的效果，只需以"受益付费、受害补偿"原则的适用来衡量，绿色发展地区所获得的规划利益应当对价补偿禁止发展地区的损失。而处于中间地带的黄色警戒区可通过设置保证金制度实现有限的利用及开发。因此，环境风险管制思维可以基于国土空间规划的基础上重新展开。

其一，"绿色发展区"的管理，宜考虑采取具有经济效率的成本效益原则。因为此原则不仅可以使决策错误机会小、成本低，还有利

1　此图参照我国台湾地区学者曾明逊所写文章《环境不确定管理：预警环境保证金制度之研究》，该文于 2001 年 6 月发表于《建筑与规划学报》。

于环境利用者的行为自主朝向对环境友好路径迈进。同时，为了降低土地开发所产生的生态环境成本，可考虑采用外部成本内部化的政策工具加以管理，并在环境使用许可的审议准则中，纳入绩效标准评估方式（如绿色 GDP 考核体系、实行生态环境损害责任终身追究制等）的责任考核体系，确保开发行为在环境可承受限度之内。为了使绩效标准更易达成，可适用环境计划制度中的土地利用规划，以"土地适宜性"评估分析土地资源在不同空间区位之发展潜力与发展限制，以降低环境成本。

其二，"红色禁止区"的管理，宜采取预期潜在自然环境利用风险便采取若干防止措施的预警原则，以避免某些决策所带来未来潜在的负面效果。该地区可能是一个生态完整且具有丰富多样生物存在的地区，因此管理方式宜采取完全禁止交易的"不可转让法则"方式，即使区内所有权者同意也不允许，违者将受罚（含刑责）及承担复原责任。此种排除市场机制的运作方式，似乎违反效率原则，但如果允许交易将会流失赠予价值、存在价值与道德价值等非使用价值，而这些价值一旦遗失将不可回转，为顾及世代间的公平及满足生态环境的永续利用，禁止交易或许是最有效率的方法。

其三，"黄色警戒区"的管理，宜采取自然生态相容使用的预警污染者付费原则或预警保证金制度。在面对环境不确定性与不可回转课题时，如果设定安全标准的负担大到社会不能忍受的程度，则不宜划为"红色禁止区"。但我们知道此时赋予开发权的结果可能会产生潜在的环境成本，为了避免这些未来环境成本由他人负担，预警污染者付费原则或预警保证金应用在"黄色警戒区"的管理上仍有一些利益存在。因此，对于"黄色警戒区"的管理，应采取将未来最大可能环境损害成本纳入经济诱因机制的预警污染者付费原则。环境效果常具有长期慢性的特性，如果我们仅要求环境使用者、污染者或掠夺者支付确定效果的代价，那么便会产生潜在环境风险损失由其他社会大众或未来世代来承担的结果，并会产生这些污染者伤害他人或他物种的诱因，最后社会将迈向非永续性的路径。如果我们将这些潜在的、未来的环境成本由"污染者"付费加以承担，则恰可产生与前述相反的结果。而为了保留这些"污染者"谨慎地利用环境的诱因，需让这些"预先支付的费用"有"回赎"的一天（即环境预警保证金）。这种对于经济活动产生未来环境成本由原先"清白无罪"的假设推定反转为"有罪"的假设推定，受到一些研究者强烈推荐。

（2）建立自然生态空间管制实施机制

建立自然生态空间管制实施机制，首先应确定自然生态空间的范围以明确管制主体、管制客体、管制单元，从而提高管制的效率。很多国家在自然生态空间管制实施上都是从城市开始的，这其中的实施机制主要是规划（包括城市功能区划、生态格局规划、生态控制线规划）。一般而言，城市生态控制线规划是涉及城市生态安全的重要公共政策，如何达成规划的共识及保障可操作性一直是难点。相应地，体系完善的自然生态空间管制实施机制，也应当首先从生态功能区规划展开。目前有关生态功能区规划的文件主要有两个[1]，其中分别详细列举了国家重要生态功能区以及国家禁止开发区域[2]的名录及其信息。这些生态功能区的划定，从法律视野考察，即通过环境利用人行为规制来达到目的。换言之，除国家禁止开发区（红色禁止区）以外的、构筑于国土空间中的其他自然生态空间（主要指生态功能区）的用途管制会因为划设标准的不统一而无法奏效。此时，可以引入生态格局规划制度和生态底线制度应对自然生态空间管制实施的这一难题。

生态格局[3]规划制度，即是以生态保护为出发点，通过区域内预

1　目前有关生态功能区规划的文件，主要有原环境保护部和中国科学院 2008 年联合编制的《全国生态功能区划》以及 2010 年国务院以国发〔2010〕46 号印发的《国务院关于印发全国主体功能区规划的通知》。
2　国家禁止开发区域，包括国家级自然保护区、世界文化自然遗产、国家级风景名胜区、国家森林公园、国家地质公园。
3　生态格局，是针对错综复杂的区域生态环境问题规划设计区域性空间格局，保护和恢复生物多样性，维持生态系统结构过程的完整性，实现对区域生态环境问题有效控制和持续改善。参见：黎晓亚，马克明，傅伯杰，等.区域生态安全格局：设计原则与方法［J］.生态学报，2004，24（5）：1055-1062.

设的格局分布规制环境利用人的行为的规划制度。生态格局规划往往在各国实践中都是以城镇空间格局规划为多数，其中比较有代表性的法律范本，就是英国《环城绿带法》（以下简称《绿带法》）。依据该《绿带法》，英国政府划定了伦敦市区周围的环城绿带用地[1]；并制定了在环城绿带内（除部分土地作农业用地外）不准建造工厂和住宅等环境利用行为约束性法律条款。我国一些城市也有了类似的实践，并通过相应的规范文件探讨了城市生态格局规划的法律表述[2]。生态格局的规划与布局实施，有利于疏导城市发展给其他空间带来的压力，从而形成"圈域型"城市经济圈，实现对生态空间的保护。另外，生态底线制度[3]的实施也为城市生态空间布局和管制提供了制度供给。例如，禁止在基本生态控制线范围内进行除重大道路交通设施、市政公用设施、旅游设施及公园之外的建设活动。生态控制线[4]是划定的生态保护界线，这与我国2014修订版《环境保护法》规定的"生态保护红线"制度有所不同。

由此，结合地方实践经验，生态空间管制实施机制可以秉承生态底线划设管制的思路予以完善。首先，基于"生态保护红线"的法律表述[5]，将依照标准划定的区域设定为生态底线区（红色禁止区），

1　"环城绿带"概念是1938年英国《环城绿带法》确定的。环城绿带（Greenbelt），是指在城镇规划建设区外围一定范围内，强制设置的基本闭合的绿色开敞空间。设置绿带的主要目的是控制城市空间形态以及维护城市生态可持续发展。从用地性质来说，环城绿带属于城市绿地的组成部分；从规划层面来说，环城绿带是城市的永久性的限制开发区域。参见：张卓林.城市环城绿带的建设策略及景观策略研究：以西安环城绿带为例［D］.西安：西安建筑科技大学，2011.
2　目前，探讨城市生态格局规划的地方文件主要有《天津市生态环境保护"十四五"规划》《武汉市全城生态框架保护规划》《杭州市生态环境功能区规划》《昆明市"十四五"生态环境保护规划》。
3　生态底线制度，也称为基本生态控制线制度，是为保障城市基本生态安全，维护生态系统的科学性、完整性和连续性，防止城市建设无序蔓延，在尊重城市自然生态系统和合理环境承载力的前提下，根据有关法律、法规，结合城市实际情况划定的生态保护范围界线。
4　"生态控制线"并不是要求在划定的区域内完全禁止任何建设活动，而是一个有梯度的体系化的控制制度，这从现有的地方立法的规定中可见一斑。比如，广东省政府于2013年10月印发的《广东省人民政府关于在全省范围内开展生态控制线划定工作的通知》中规定，要通过划定生态控制线，明确界定各类自然保护区、水源保护区、生态公益林区、森林公园、湿地公园、基本农田保护区、风景名胜区、地质地貌风景区，重要江河湖泊、水库、海岸、沼泽湿地，大型城市绿地、生态廊道以及重要野生动植物资源的保护控制范围，划定生态"红线"，坚守生态屏障，严控城市建设用地增长边界。
5　我国2014修订版《环境保护法》第二十九条规定，国家在重点生态功能区、生态环境敏感区和脆弱区等区域划定生态保护红线，实行严格保护。各级人民政府对具有代表性的各种类型的自然生态系统区域，珍稀、濒危的野生动植物自然分布区域，重要的水源涵养区域，具有重大科学文化价值的地质构造、著名溶洞和化石分布区、冰川、火山、温泉等自然遗迹，以及人文遗迹、古树名木，应当采取措施予以保护，严禁破坏。

实施一般禁止开发的管制，即生态空间的红线管理下的禁止开发利用制度；其次，基于国土空间的生态空间、城镇空间和农业空间存在着相互重叠和相辅相成的关系，可以在生态发展区 [1]（黄色警戒区）实施限制开发利用制度；再次，因为生态控制线制度的制度预期目标是保护生态空间的生态利益，但同时生态空间中的自然资源也会对该区域的主体产生经济价值，二者都是正当的，因此，生态空间管制应当结合生态补偿制度予以实施；最后，生态空间的划定必然会对相关民众的经济或生态利益产生影响，因此，生态空间管制机制实施中应特别重视民众参与空间划设的落实，规范生态控制线划定的参与机制。民众广泛参与、协同管制生态空间，也是生态世界观 [2] 的塑造过程，有助于制度预期的实现。

（3）建立生态空间长效保护和投入机制

自然生态空间的维护，主要是实现其生态功能。因此，针对自然生态空间用途管制的保障性手段还应当包括在坚持生态优先、区域统筹、分级分类、协同共治的原则上的生态空间长效保护和投入机制。生态空间长效保护和投入机制的建立可以与生态底线制度的落实和自然资源管理体制改革要求相衔接。具体来说，生态空间长效保护和投入机制的建立可以从以下几个方面进行：

其一，统一设计自然生态空间用途管制与资源产权制度。

健全自然资源资产产权制度，是维护生态空间内资源合法权益人的依据，更是空间用途管制政策实施的根本；统一设计自然生态空间用途管制与资源产权制度，有利于多资源要素管制的统合和民众参与生态空间用途协同管制的实现。

其二，创新管制的方式和制度，实现生态底线的落地。

2017 年我国发布的《自然生态空间用途管制办法（试行）》中明

1　生态发展区，主要指的是生态红线以外、自然生态空间以内以及可能涉及的弹性空间的区域。
2　生态世界观，即强调人与自然的必然关系，归纳出一种生态生存的世界观，提出人类只有在适用万物中才能实现自身价值和目的的观点。参见：阿兰·加尔，杨富斌，陈伟功. 法律与生态文明［J］. 法学杂志，2011，32（2）：133-142，144.

确规定，国家鼓励地方采取"协议管护"等方式实施对生态环境的保护。[1] 所谓协议管护制度，其他国家的环境法中也有体现。例如，日本《自然公园法》中的风景地保护协定制度[2]等。采取协议管护方式，即是通过环境协议的方式，约定管护义务和责任；对于没有履行管护协议的行为，记入当事人用地信用档案的管制方式。为促进协议管护方式的有效落地和实施，地方政府建立土地使用信用制度也被鼓励和提倡。

其三，完善生态保护补偿机制，为生态空间保护提供资金助力。

生态补偿（Eco-compensation），是以环境永续利用为目的，以经济手段促进相关利益者补偿活动，调动生态保护积极性的各种规则、激励和协调的制度安排。从目前我国的实际情况来看，急需建立的是基于生态系统服务的生态补偿机制。生态补偿等诱导类的环境法律制度，是建立生态空间保护长效机制和多渠道增加生态建设投入机制，提高空间管制效率的有力抓手。我国《自然生态空间用途管制办法（试行）》第二十四条明确规定，市县级及以上地方人民政府应当实施生态保护补偿机制。[3]

除了上述制度供给外，自然生态空间用途管制实施的保障制度还包括管制目标完成责任制和常态化的资源环境承载能力监测预警机制等。管制目标完成责任制，即对生态空间保护目标完成情况，纳入领导干部离任审计；对生态损害责任，实行终身责任追究等。监测预警机制的实施，要求有关部门整合建设国家生态空间动态监管信息平台，

1　《自然生态空间用途管制办法（试行）》第二十三条规定，国家鼓励地方采取协议管护等方式，对生态保护红线进行有效保护。确有需要的，可采取土地征收方式予以保护。采取协议管护方式的，由有关部门或相应管护机构与生态空间的相关土地权利义务，约定管护和违约责任。鼓励建立土地使用信用制度，对于没有履行管护协议的行为，记入当事人用地信用档案，强化用地监管和检查。

2　风景地保护协定制度，就是与土地或者树木的所有者签订协定，对公园内的自然风景地进行保护的制度。参见：交告尚史，臼杵知史，前田阳一，等．日本环境法概论［M］．田林，丁倩雯，译．北京：中国法制出版社，2014：19.

3　《自然生态空间用途管制办法（试行）》第二十四条规定，市县级及以上地方人民政府应当建立健全生态保护补偿长效机制和多渠道增加生态建设投入机制，采取资金补助、技术扶持等措施，加强对生态空间保护的补偿。国家鼓励地区间建立横向生态保护补偿机制，引导生态受益地区与保护地区之间、流域下游与上游之间，通过资金补助、产业转移、移民安置、人才培训、共建园区等方式实施补偿，共同分担生态保护任务。

建立信息共享机制以及资源环境承载能力监测预警机制。

二、健全环境风险社会自主管制法律制度

进入 21 世纪后，我国环境污染最为严重的时期已经到来并将持续存在。环境保护的严峻形势促使我们必须重新审视环境政策和制度建设，以寻求解决环境问题的更有效的途径。在市场经济体制下，公共物品的组织和供给，成为社会管制更关注的对象，如环境保护、城市规划等。现在政府环境管制面临的主要矛盾，是民众日益增长的公共产品质量的要求与政府环境管制手段不足、管制效率低下所导致的公共物品供应不足之间的矛盾。政府作为社会公共物品的提供者，其基本功能体现在规划社会发展方向、协调社会组织和社会行为、办理各类公共事务，从而保障民众权益。在"政社分开"的新模式下，政府不是去代替社会组织和个体角色，而是尽量激发社会自我管制的潜力。为了改善政府的社会管理，更多地将市场机制手段引入环境保护之中是必要的。

因此，要改善政府的环境管理工作，提升管理效率，不是一味地要求它做更多的事，而是适当地"简化管制"，构建吸纳"多元主体参与"的社会自主管制法律制度。

（一）环境风险社会自主管制的界定

20 世纪 70 年代起国际上欧美诸国均思索管制政策的走向，管制松绑又被称为管制革新，即是针对国家在管制过程中的角色重新反省，进而发展多样化的管制模式的路径。管制松绑是为应对国家管制成本过高且效率低下，无法适应社会演进而日渐增多的任务需求的情形下，针对国家在管制过程中所扮演的角色、应负的责任加以反省，由此所发展出的管制理念。具体而言，包括"自由化""民营化""政府再造""公私协力"以及"合作国家"等理念。环境管制作为社会

管制的重要方面，基于风险的谨慎预防，在治理中更加强调多元主体
的参与和协力履行环境管制任务的合作机制创新。

1. 社会自主管制的缘起

在给付行政概念影响下，国家因无法负荷日渐庞大复杂的任务，
逐渐重新思索与社会间的角色定位。国家作为管制任务的决策以及履
行主体，不再坚持事必躬亲，开始重视并善用私部门的特性且与之合
作。而公共政策的思潮演变，使得国家治理方面开始重视民众响应，
并且以服务、参与、合作、协调及沟通作为公私协力的核心架构，以
市场机制管理公共事务的政策走向，成为国家管制角色转变明显的表
征。国家在管制上角色的转变体现在这几个方面：

首先，决策主体的转变。国家在决策过程中开始纳入私部门之意
见。例如，政府于法案的草拟阶段所召开的公听会；行政机关在进行
干预处分时，应依行政程序的法律规定举行听证或给予陈述意见的机
会，这些都使得民众积极、直接地参与行政决策。

其次，履行主体的转变。履行任务实现公民福利原属国家的职能，
然而因为社会演进致使各行各业分工细致化，应提供民众公共物品的
类型及领域日渐众多，国家在无法负荷日渐庞杂的任务量之下，欲整
合私部门的专业性及其拥有的资源，将部分国家任务交由私部门为之。
公私协力的型态，事务上常见的可以分为行政委托、公私合资经营、
参与公共建设以及公私合作管制等。

最后，管制身份的转变。过去国家被视为管制者，而在国家社会
二元论调下，社会自主管制被认为是自我约束的表现。但在现今合作
国家理念下，分散脉络管制理论认为国家与社会不再二元化，国家与
社会的边际逐渐模糊，社会的自主管制成为国家实现任务的手段。

综上所述，在给付行政概念的影响下，传统管制的特色也增加了
一些色彩。国家不一定总以过去高权主体的地位履行任务，也有可能
以私经济主体的地位履行之。国家行政手段类型也逐渐多元化，并非

仅限于"命令－控制"之类型，也开始导入经济诱因等柔性手段。在给付行政的发展中，国家的行政行为并非只是侵害，也可能有利于人民。换言之，管制概念在给付行政的影响发展下逐渐扩充，并形成了任务履行主体多元化、任务履行手段多元化以及给付行政与干预行政相对化的特色，这些也使得管制的类型更加丰富和多元。

2. 社会自主管制的类型

依照国家在管制过程中与私部门互动的角色，可以将管制的类型划分为"直接管制""间接管制"以及"框架管制"。直接管制与间接管制在手段上有差别。相较于未考虑市场功能特性，以强权积极的态度对各事务以指定命令方式进行管制，而形成管理效能不明显的直接管制而言，间接管制在手段上则以"诱因"作为导引私人行为的核心。就管制的主体而言，"间接管制"的过程使"管制者"与"被管制者"形成主体融合，有趋同现象（同一性）的产生。"直接管制"中的"管制者"与"被管制者"为不同主体。无论是直接或间接管制的过程，国家均扮演了督促私部门实现公益行为的角色。两者差别在于，间接管制过程中国家采取诱导的方式要求私部门负担作为及不作为义务，私部门能"自主地"决定其行为是否朝向国家所要求的管制行为前进，即使不履行法律规范所明定之符合公益之行为，也不会发生法律强制或制裁的结果。

在此强调的"自主性"不但符合前述公私协力的特性，也使管制者与被管制者在实质上具有同一性，国家在管制手段上从直接管制转变为间接管制，其管制角色也从幕前退居到幕后，其责任归属也转为担保责任。管制手段无论是直接或者间接，目的都是追求公益的实现，若把直接管制与间接管制看成光谱上的两端，则"框架管制"可被认为是光谱上一种渐进式的样态。所谓"框架管制"主要为私法主体间的利害调整或为增进一定公共利益的目的而设立基本框架。在公私协力具有"自由参与"以及"地位平等"等特性下，符合公私协力概念的管制类型则"间接管制"及"框架管制"均属之。

3. 环境风险社会自主管制的内涵

基于环境事务的特殊性，政府环境管制形式，由约束性管制向自主性管制转变，更强调管制中政府"强制"和"需求诱导"相统一，因此，政府环保义务出现嬗变[1]。正如前文所述，"公私协力"履行环境行政任务已成为环境法调整机制迈向"多中心"环境治理的思维进路。环境风险社会自主管制是西方国家近年来环境管理中的制度创新，是与传统的强制许可型的环境管制模式相互补充的一种制度形式。环境风险社会自主管制从概念上来讲，似乎暗示着某种不相容的集合，基于概念还没有形成统一，目前，环境风险社会自主管制常被表述为以自愿为基础的环境管制[2]或者自愿性环境政策[3]。

虽然环境风险社会自主管制在词语使用上与概念上还没有统一，经常与自我调控、自我管理等用语通用，但从本质上都包含"自主"与"管制"间的互动与互制关系。"管制"的概念，直接指涉国家，并且追问国家如何选择确保其任务有效履行的管制工具；"自主"的概念，则指涉及政府调控理论下受管制主体（民众）通过社会自主活动的范围及内容呈现的自律性行为的限制与义务的承担。放在规范的视野下来理解，基于自愿性和公益取向性，环境风险社会自主管制不但能借由市场机制，也可以通过自己设计协议规则来完成管制。因此，环境风险社会自主管制，是指在环境共同治理理念下，国家以外的主体应当确保自己的行为标准，进而采取一切措施协同实践环境管制利

---

1 政府义务的嬗变，即政府管制义务实现的基点从强制性规范转变为诱导性规范。强制性规范的初始点为政府，是一种自上而下的纵向博弈结构；而需求诱导性规范则体现为"以市场为中心，市场、社会与政府互通互动的自下而上的网状博弈结构"。因此，相对而言，需求诱导性规范要比强制性规范的运行路径短，更易在"市场、社会与政府互通互动"中体现民意，发挥微观主体的主动性，分散制度创新风险与成本，快速实现潜在收益与绩效。而环境协议即是较好的例证。
2 以自愿为基础的环境管制，即以环境合同的形式实施环境管理的新方式。源自于日本的"横滨模式"。
3 自愿性环境政策，包括由各类国际组织（如联合国环境规划署、国际标准化组织、国际商会）、工业协会发起的，在法规要求之外，旨在推动排污企业改进环境行为的各种自愿性环境保护宪章、环境行为准则和环境管理标准。目前国际上比较成熟的自愿性环境管理手段有 ISO 14001 环境管理体系标准、清洁生产、环境标志、欧盟的 EMAS 和化工行业的"责任关爱行动"等。参见：马小明，赵月炜. 环境管制政策的局限性与变革：自愿性环境政策的兴起[J]. 中国人口·资源与环境，2005，15（6）：19-23.

益目标的行为。

具体来说，依据环境管制中民众参与管制任务的势力强弱，把环境风险社会自主管制分为纯粹的社会自主管制与受调控的社会自主管制。从 20 世纪 90 年代开始，环境管制进入第三代。这一时期的环境管制鼓励公众参与、发挥社会支撑和制衡的作用成为主旋律，大量的以自愿合作为基础的手段出现（如自愿为基础的环境管制或自主风险管理的管制政策），以一种更为和谐的、低成本的方式发挥民众对环境保护的贡献。

随着当代环境安全需求逐渐提高，国家一方面已经不再像过去仅以法案定性的形式，通过事后的损害管制来回应安全需求，而应当进一步强调所保护法益的安定。换言之，国家在履行保障公民享受最低环境质量要求的环境保护给付义务时，排除危害和预防环境风险是核心，即国家应及早感知环境法益可能受损并预防性地阻止其发生。环境风险社会自主管制，是社会管制基于环境风险预防的良善管制的理性期待，也是对国家治理体系现代化建设的制度回应。因此，环境风险社会自主管制制度的构建成为必要。

（二）环境风险社会自主管制制度的构建

自主管制可以看成是反思传统管制政策（特别是"命令－控制"管制模式）的产物。以"上命下从"为管制模型的传统管制政策遭遇到危机，引发国家如何能有效确保公共利益以及对管制上调控社会的讨论。管制对象日益复杂及其伴随管制需求的上升，传统的以"因果模式"或"指令管控"形塑的管制工具倘若无相应调整，必然面临管制失灵等问题。于是，自愿和多元合作环境管制成为与传统环境管制模式相互补充的制度存在。自愿环境管制制度是基于双赢理念下产生的一种管制制度。自愿环境管制制度通过引入环境信息公开与共享、谈判协商机制等方式，使制度的制定与实施过程充分反映了政府与民众双方的要求，减少了管制对抗关系所导致的较高交易成本。基于我国环境的国情，我国环境风险社会自主管制制度的构建和完善主要包括两个方面：即受经济手段和信息手段调控的自主管制制度和纯粹的社会自主管制制度。

1. 受调控的自主管制制度

通过经济手段诱导企业或市民减轻环境负荷来实现政策目标的做法，被称为经济手段。受调控型的自主环境管制是"污染者负担原则"管理思维的适用，也是转变"环境外部不经济性"的管制策略。"污染者负担"的原则虽然在学理上已更多表述为"受益者负担"原则，但其核心仍是解决相对确定的环境损害该如何由环境利用主体承担的问题。污染者负担原则运用到环境风险管理中其思维倾向是将环境退化外部成本或其有害影响予以内部化，以促使、诱使环境利用行为决策者的行为朝向环境友善的方向迈进。受诱导的自主管制，其主要诉求的制度包括：设定环境标准制度、环境税或环境费制度、废弃物品再生利用和回收制度、开发利用自然资源补偿费或税制度及建立环境保护的共同负担制度等。因此，在某些情形下，如何借由现在资源防护措施的承诺来避免某些决策所带来未来潜在的负面效果值得思考。

环境风险不确定性管理包含成本效益、预警和污染者付费三种相互交织的制度逻辑。当这些制度逻辑与我国环境管理的现实相结合时，就催生了"预警污染者付费"[1]这一新的环境风险管理思维。在此种环境风险管理思维之下，受调控的自主管制制度可以作如下改进和完善：

首先，实施绿色环境税制。例如，可以根据不同环境负荷相应实施差别税率的机动车税，以及针对环保车型实施减税或对公害防治装置的特别补偿制度等。其次，设置环保补助金制度。例如，为了促进社区或企业设置合并处理净化系统，可以实行对设置者承担费用的大

1　预警污染者付费，是面对环境不确定性时连接污染者付费原则与预警原则的产物，其制度设置理念为污染者不仅需支付已知的损害成本，而且需为不确定的损害负责。弹性保证金制度是这一制度逻辑较好的回应。参见：黄锡生，周海华．环境风险管理思维重塑：以预警污染者付费原则的适用为视角［J］．北京理工大学学报（社会科学版），2017，19（3）：136—141．

部分给予补助的制度。再次，创新节约能源管制手段，在能源节能管制中，设置环保积分制度和可再生能源发电的固定价格买取制度，鼓励民众节约能源、减少能耗。最后，可以设置预警环境保证金制度。一方面，在城市垃圾分类处置和废弃物回收当中设置预存金返还（押金制）制度；另一方面，可以向实施环境主动开发利用、污染风险高的企业征收环境风险预警保证金（强迫储蓄）等，推行环境风险预警保证金制度。

除了上述经济诱导型的自主管制之外，基于政府的管制调控功能的实现，还可以建立绿色环境信息为调控手段的环境自主管制制度。以绿色信息为导向的环境自主管制制度主要有两种：一是实行"绿色采购"制度。政府实行"绿色采购"等环境保护的消费行动，引导参加绿色商业活动和绿色购买网络的参与者不断增加，构建一种绿色环保化的市场。二是强化"环保标志"制度。环保标签作为代表性的环保标志，能够向市场传达商品考虑环境保护的有关信息。例如，有着适当管理、考虑可持续发展的森林产出的木材进行认证的 FSC 标志，即是世界上非常有名的环保标志。通过设置商品环保标志使人们能够看得见商品生产中环境利用主体对环境保护所作出的贡献，从而增加其"绿色消费"理念下被认可和选中的概率。

2. 纯粹的社会自主管制制度

（1）自愿环境协议制度

事业者和地方公共团体、居民之间为防治公害签订的契约，称为公害防治协定或环境保全协定。公害防治协定是为了弥补法律规制的不足而广泛适用的机制。环境协议的最早版本即日本的"横滨模式"，由于这种协议是基于合议所达成的具有一定管制效果的合同，其对符合地域特性的、细致的对策实施和构筑与当地居民的信赖关系发挥着重要的作用。环境协议，又称为环境合同或者自愿协议，由于其形式多样、目标各异，目前尚无统一的概念。环境协议往往规定环境主动利用者承担比法律规制更为严格的义务，因而环境协议的法律性质不应再是没有法律约束力的"绅士协定"，而是可以根据条款内容认可其具有法律约束力的契约。自愿性环境协议与协商行政可以形成内在有机耦合与外在无缝衔接，自愿性环境协议是自治管制与自我管制手段的并行，体现"高权"向"协商"的转向。目前，自愿环境协议的管理手段日臻完善，主要表现为政府主导下多元主体响应的运行体系。但从总体上而言，我国自愿环境协议制度还存在有效性不足等问题，甚至在很多领域都没有关于环境协议的明确的法律规定，使得民众自主管制缺少依据。基于环境协议在日本和欧盟的成功经验，我们可以在农业环境政策、水土保持政策、耕地保护及土壤污染等领域重点构筑环境协议制度。

首先，可以在共同农业政策下推行农业环境协议制度[1]。农业环境协议所提供的机制，即农业机构可向农民提供自愿性管理合同。

其次，签订绿地协定。为了保全市区的良好环境，根据一片土地上所有土地所有者的合议，可以缔结绿地保全或绿化相关的协定，即绿地协定。该协定经过村或社区组织认可后，即发生效力，并且此效率可延续到后续土地使用者。

最后，达成公共自愿计划。公共自愿计划表现为参与的公司同意执行影响他们行动、技术和管理的特定规则。这些规则已经由特定的公共机构或者非政府组织事先制定，它们作为特定的促进项目鼓励单个主体参与其中。同时，公共机构为此创造必要的条件和环境。例如，参与和完成计划，可以换取政府提供的科研补助资金、技术支持、某种生态标志的使用权利或者获得证明标签等。

1　农业环境协议制度的实施，是要求参加的农民签订一个管理合同，据此，他们同意在约定的年限里按照一定的方法管理土地，开发土地的环境价值；作为回报，他们可以得到相应的报酬。这一自主管制策略的实施，还提供了机会去调整农业环境措施，解决个别区域内特别重要的环境问题，比如野生物种和栖息地的保育或传统景观和休闲场地的保护等。参见：布莱恩·杰克.农业与欧盟环境法[M].姜双林，译.北京：中国政法大学出版社，2012：134-150.

（2）构建自主风险管理制度

现阶段政府的防灾预警机制尚无法准确估测并预报天然灾害，由此造成了对国家保护义务极限的疑虑。环境治理不再是被动的政府一元主导的"末端应对"，而趋向管制主体多元化之下的自主治理或管理的"风险预防"，即对风险管制的主动回应型的模式[1]的构建。由此，基于上述"回应型"的理念，可以在一定条件下赋予民众采取自救的措施，去应对可能发生的环境灾害风险。例如，构建突发环境事件防灾专员或自主防灾社区的民众参与制度。我国现有法律制度虽规制了突发环境事件运行机制[2]，但更多还是国家主导、民众配合的程序机制，相对缺少民众环境灾害自主管制的制度表述。从我国目前法律规定来看，突发环境事件的管理，缺少民众参与的法律机制设计。因此，通常情况下，在面对突发环境灾害时，政府应急处置常常会实行"疏散避难劝告"或者"强制撤离的管制措施"。然而，这种对事先不知情的民众的管制措施，常常可能会因为民众的参与不足而丧失效率甚至造成更严重的环境灾害后果。因此，积极探索政府和社会资本合作模式在环境预警监测领域的适用，将公众纳入会商机制当中，减少"权力–权利"之间的摩擦就显得尤为重要。当然，基于公民基本权利的实现，从保护的最低限度要求而言，国家尚不能全面退出防灾义务。换言之，环境风险灾害自主管理的相关制度需在国家义务履行下设置相应的配套措施，例如，制定民众违反自主管理规定的罚则、政府及时强制排除危险的具体措施等；并通过诱导式政策工具，鼓励防灾专员和自主防灾社区的民众通过平时的演练提升抵御环境灾害的能力。

1　"回应型"的环境治理模式批判"自治型法"通过与外在隔绝而获得的安全性，主张公民与政府之间应当在环境问题上形成"实际对话"，体现了对法律灵活回应各种新问题和需要的期待，致力于成为社会调整和社会变化的更能动的治理工具。参见：刘耀辉，龚向和.环境法调整机制变革中之政府环境义务嬗变［J］.法学杂志，2011，32（5）：112-114.

2　2014年12月29日，国务院办公厅以国办函〔2014〕119号印发《国家突发环境事件应急预案》规定了监测预警和信息报告、应急响应、后期工作、应急保障等机制。

三、小结

自 2015 年以来，有关自然生态空间用途管制法治化的议题，越来越受到学界的关注。伴随着环境风险管制的基点从环境要素转向各环境要素构成的整体空间，风险管制思维范式转型势在必行。因此，在自然生态空间的用途管制的制度供给中，首先，应确立起风险谨慎预防的管制理念；其次，在自然生态空间管制策略选择上，考虑到管制主体的行为所选择的管制策略将直接影响空间利用行为主体的利益的实现，为解决环境保护与民众利益实现之间的矛盾，针对生态空间的管制应采取"保持"和"保存"策略的直接管制与"优化开发"策略为间接管制并举的管制模式；最后，为形成自然生态空间与其他空间的互动，制度供给上着重在国土空间规划制度的优化、生态格局和生态底线制度的健全以及生态空间长效保护和投入机制的建立等方面。

当然，在市场条件下，环境管制是政府管制的重要方面。从管制效果看，环境风险社会自主管制制度在改善我国的环境质量、提高环境资源使用效率方面比传统管制手段更有效。环境风险社会自主管制制度的构建和完善在一定程度上回应了多中心治理模式下政府管制义务嬗变即管制责任共担的国家环境管制"良治"和"善治"的面向。环境风险社会自主管制是一种独立的环境管制措施，也是一种融合其他环境管制措施，如排放标准、环境审计、污染治理、排污收费等制度的综合管制措施。因此，为在具体实施中强化环境风险社会自主管制的效果，加强社会参与环境保护的合力，构建民众协力管制的环境风险社会自主管制制度必要且可行，这一自主管制制度包括经济诱导型、绿色调控型及自愿协议型环境自主管制的制度型态。

主要参考文献

（一）著作类

［1］李挚萍.环境法的新发展：管制与民主之互动［M］.北京：人民法院出版社，2006：14-17.

［2］尹建国.行政法中的不确定法律概念研究［M］.北京：中国社会科学出版社，2012：45-50.

［3］林明锵.欧盟行政法：德国行政法总论之变革［M］.台北：新学林出版股份有限公司，2009.

［4］戴维·H.罗森布鲁姆，詹姆斯·D.卡罗尔，乔纳森·D.卡罗尔.公共管理的法律案例分析［M］.王丛虎，译.北京：中国人民大学出版社，2006.

［5］刘媛媛.现代刑法中的危险问题研究［M］.北京：法律出版社，2013.

［6］汪劲.环境法学［M］.3版.北京：北京大学出版社，2014：101.

［7］乌尔里希·贝克.风险社会［M］.何博闻，译.南京：译林出版社，2004：183-193.

［8］史蒂芬·布雷耶.规制及其改革［M］.李洪雷，宋华琳，苏苗罕，等译.北京：北京大学出版，2008：8-9.

［9］凯斯·R.孙斯坦.风险与理性：安全、法律及环境［M］.师帅，译.北京：中国政法大学出版社，2005：349.

［10］杜骏飞.危如朝露：2010~2011中国网络舆情报告［M］.杭州：浙江大学出版社，2011.

［11］陈慈阳.环境法总论［M］.台北：元照出版有限公司，2011.

［12］叶俊荣.环境行政的正当法律程序［M］.台北：三民书局，1997.

［13］亚历山大·基斯.国际环境法［M］.张若思，编译.北京：法律出版社，2000：93.

［14］帕特莎·波尼，埃伦·波义尔.国际法与环境［M］.那力，王彦志，王小钢，译.2版.北京：高等教育出版社，2007：116.

［15］黄锡生，史玉成．环境与资源保护法学［M］.4 版．重庆：重庆大学出版社，2015：103.

［16］考夫曼．法律哲学［M］.刘幸义，等译．北京：法律出版社，2004：51.

［17］罗斯科·庞德.通过法律的社会控制[M].沈宗灵，译.北京: 商务印书馆，2010.

［18］菲利普·佩迪特．共和主义：一种关于自由与政府的理论［M］.刘训练，译．南京：江苏人民出版社，2006.

［19］罗伯特·A.达尔．论民主[M].李风华，译.北京: 中国人民大学出版社，2012.

［20］罗伯特·A.达尔．多元主义民主的困境：自治与控制［M］.周军华，译．长春：吉林人民出版社，2006.

［21］谈火生．审议民主［M］.南京：江苏人民出版社，2007：324-325.

［22］肖主安，冯建中．走向绿色的欧洲：欧盟环境保护制度［M］.南昌：江西高校出版社，2006：178.

［23］奥托·迈耶．德国行政法［M］.刘飞，译．北京：商务印书馆，2013.

［24］施密特·阿斯曼．秩序理念下的行政法体系建构[M].林明锵，等译.北京：北京大学出版社，2012.

［25］理查德·B.斯图尔特．美国行政法的重构［M］.沈岿，译．北京：商务印书馆，2002.

［26］埃莉诺·奥斯特罗姆，拉里·施罗德，苏珊·温．制度激励与可持续发展［M］.陈幽泓，谢明，任睿，译．上海：上海三联书店，2000：234.

［27］詹姆斯·S.科尔曼．社会理论的基础［M］.邓方，译．北京：社会科学文献出版社，2008：55.

［28］哈特穆特·毛雷尔.行政法学总论[M].高家伟，译.北京: 法律出版社，2000.

［29］埃贝哈德·施密特－阿斯曼，等．德国行政法读本［M］.乌尔海希·巴迪斯，编选.于安，等译．北京：高等教育出版社，2006.

［30］陈敏.行政法总论［M］.台北：新学林出版股份有限公司，2009.

［31］科尼利厄斯·M.克温.规则制定：政府部门如何制定法规与政策［M］.刘璟，张辉，丁洁，译.3 版.上海：复旦大学出版社，2007.

［32］约翰·克莱顿·托马斯．公共决策中的公民参与：公共管理者的新技能与新策略［M］.孙柏瑛，等译．北京：中国人民大学出版社，2005.

［33］蔡定剑．公众参与：欧洲的制度和经验［M］.北京：法律出版社，2009.

［34］蒋开富．侦查策略正当性原理［M］.北京：中国检察出版社，2010.

［35］朱源．国际环境政策与治理［M］.北京：中国环境出版社，2015：39.

［36］陈海嵩.国家环境保护义务论［M］.北京：北京大学出版社，2015：150-163.

［37］周玲，朱琴，宿洁.公共部门与风险治理［M］.北京：北京大学出版社，2012.

［38］章剑生.现代行政法基本理论：上下［M］.2 版.北京：法律出版社，2014.

［39］吕忠梅.环境法新视野［M］.北京：中国政法大学出版社，2000.

［40］尼尔·麦考密克，奥塔·魏因贝格尔.制度法论［M］.周叶谦，译.北京：中国政法大学出版社，2004.

［41］左卫民.中国司法制度［M］.3 版.北京：中国政法大学出版社，2012.

［42］约瑟夫·L.萨克斯.保卫环境：公民诉讼战略［M］.王小钢，译.北京：中国政法大学出版社，2011.

［43］田中成明.现代社会与审判：民事诉讼的地位和作用［M］.郝振江，译.北京：北京大学出版社，2016.

［44］特里·L.库珀.行政伦理学：实现行政责任的途径［M］.张秀琴，译.5 版.北京：中国人民大学出版社，2010.

［45］弗里德利希·冯·哈耶克.法律、立法与自由：第一卷［M］.邓正来，等译.北京：中国大百科全书出版社，2000.

［46］亚当·斯密.国民财富的性质和原因的研究：上卷［M］.郭大力，王亚南，译.北京：商务印书馆，2008.

［47］马克思，恩格斯.马克思恩格斯全集：第 3 卷第 3 册［M］.中共中央马克思恩格斯列宁斯大林著作编译局，译.北京：人民出版社，1960.

［48］安德鲁·肖特.社会制度的经济理论［M］.陆铭，陈钊，译.上海：上海财经大学出版社，2003.

［49］翁岳生.行政法：上下［M］.北京：中国法制出版社，2002：21.

［50］哈贝马斯.在事实与规范之间：关于法律和民主法治国的商谈理论［M］.童世骏，译.北京：生活·读书·新知三联书店，2003：78-81.

［51］埃莉诺·奥斯特罗姆.公共资源的未来：超越市场失灵和政府管制［M］.郭冠清，译.北京：中国人民大学出版社，2015.

［52］詹镇荣.民营化法与管制革新［M］.台北：元照出版有限公司，2005：10-20.

［53］乌尔里希·贝克.世界风险社会［M］.吴英姿，孙淑敏，译.南京：南京大学出版社，2004.

［54］叶俊荣.环境政策与法律［M］.北京：中国政法大学出版社，2003：93.

［55］罗豪才.软法的理论与实践［M］.北京：北京大学出版社，2010：66.

［56］张荣芳，沈跃东，等.公共治理视野下的软法［M］.北京：中国检察出版社，2010：191.

［57］塞缪尔·P.亨廷顿.变化社会中的政治秩序［M］.王冠华，刘为，等译.上海：上海人民出版社，2008：67-68.

［58］俞可平.治理与善治［M］.北京：社会科学文献出版社，2000：16-17.

［59］陈广胜.走向善治：中国地方政府的模式创新［M］.杭州：浙江大学出版社，2007：95.

［60］道格拉斯·C.诺思.制度、制度变迁与经济绩效［M］.杭行，译.上海：格致出版社，上海三联书店，上海人民出版社，2008：7.

［61］吕忠梅.环境法［M］.2版.北京：高等教育出版社，2017.

［62］交告尚史，臼杵知史，前田阳一，等.日本环境法概论［M］.田林，丁倩雯，译.北京：中国法制出版社，2014：19.

［63］余俊.生态保护区内世居民族的环境权与发展问题研究［M］.北京：中国政法大学出版社，2016：36.

［64］布莱恩·杰克.农业与欧盟环境法［M］.姜双林，译.北京：中国政法大学出版社，2012：134-150.

（二）论文类

［1］臧晓霞，吕建华.国家治理逻辑演变下中国环境管制取向：由"控制"走向"激励"［J］.公共行政评论，2017，10（5）：105-128.

［2］伏创宇.行政判断余地的构造及其变革：基于核能规制司法审查的考察［J］.华东政法大学学报，2014（5）：100-111.

［3］陈爱娥.行政行为形式—行政任务—行政调控：德国行政法总论改革的轨迹［J］.月旦法学杂志，2005（5）：9-18.

［4］王兴伦.多中心治理：一种新的公共管理理论［J］.江苏行政学院学报，2005（1）：96-100.

［5］顾昕.俘获、激励和公共利益：政府管制的新政治经济学［J］.中国行政管理，2016（4）：95-102.

［6］黄崇福，刘安林，王野.灾害风险基本定义的探讨［J］.自然灾害学报，2010，19（6）：8-16.

［7］陈治国.乌尔里希·贝克风险社会理论探析［D］.北京：首都师范大学，2008.

［8］郑风田.从食物安全体系到食品安全体系的调整：我国食物生产体系面临战略性转变［J］.财经研究，2003，29（2）：70-75.

［9］姜涛.风险社会之下经济刑法的基本转型［J］.现代法学，2010，32（4）：87-96.

［10］刘超.环境风险行政规制的断裂与统合［J］.法学评论，2013，31（3）：75-82.

［11］王明远，金峰.科学不确定性背景下的环境正义：基于转基因生物安全问题的讨论［J］.中国社会科学，2017（1）：125-142.

［12］唐钧.风险沟通的管理视角［J］.中国人民大学学报，2009，23（5）：33-39.

［13］马奔，陈雨思.如何构建有效的风险沟通？ —— 兼评 Risk Communication：A Mental Models Approach 与 Effective Risk Communication：A Message-Centered Approach［J］.公共行政评论，2018，11（2）：176-186.

［14］李素梅，Cordia Ming-Yeuk Chu.风险认知和风险沟通研究进展［J］.中国公共卫生管理，2010，26（3）：229-233.

［15］WALKER V R.风险规制与不确定性的多种面貌［J］.金自宁，译.行政法论丛，2009，12（1）：212-223.

［16］李文涛.在困境中发展的环境法风险预防原则：以 DDT 在国际社会中的遭遇为例［D］.南京：南京大学，2013.

［17］牛惠之.预防原则之研究：国际环境法处理欠缺科学证据之环境风险议题之努力与争议［J］.台大法学论丛，2005，34（3）：45-54.

［18］沈维佳.论《SPS 协定》中的科学证据原则［J］.四川理工学院学报（社会科学版），2007，22（1）：51-55.

［19］孙宏霞.加强党内民主建设 促进基层民主实践［J］.求实，2011（S2）：20-22.

［20］俞可平.民主法治是现代国家的底线［J］.理论与当代，2014（12）：57.

［21］陈征.民主原则与行政程序［J］.求是学刊，2011，38（2）：74-79.

［22］丹彤.公共决策的民主原则及其限度［J］.人民论坛，2012（20）：22-23.

［23］王宏巍.环境民主原则简论［J］.环境保护，2008（18）：21-24.

［24］曲桂玲.试论我国公民基本权利保障［J］.求实，2004（S1）：14-15.

［25］黄学贤，齐建东.试论公民参与权的法律保障［J］.甘肃行政学院学报，2009（5）：117-124.

［26］赵宏.欧洲整合背景下的德国行政程序变革［J］.行政法学研究，2012（3）：98-105，134.

［27］马明华.公民参与权的司法救济制度构建［J］.江西社会科学，2018，38（3）：181-188.

［28］卜素.论基本权利的程序保障功能［J］.政法论丛，2015（5）：137-144.

［29］陈海嵩.论程序性环境权［J］.华东政法大学学报，2015（1）：103-

112.

　　［30］菅从进.权利的防御权能与公权主体的消极义务［J］.兰州学刊，2008（8）：102-108.

　　［31］李忠夏.基本权利的社会功能［J］.法学家，2014（5）：15-33.

　　［32］陈海嵩.宪法环境权的功能体系：兼论环境法学研究的"解释论"转换［J］.社会科学辑刊，2013（6）：71-75.

　　［33］邓蔚.行政权的正当性证成：控权—服务论理论合理性［J］.行政法学研究，2008（1）：17-23.

　　［34］刘杨.正当性与合法性概念辨析［J］.法制与社会发展，2008，14（3）：12-21.

　　［35］王锡锌.行政正当性需求的回归：中国新行政法概念的提出、逻辑与制度框架［J］.清华法学，2009，3（2）：100-114.

　　［36］胡肖华，徐靖.论公民基本权利限制的正当性与限制原则［J］.法学评论，2005，23（6）：3-10.

　　［37］乔贵平，吕建明.自由主义民主理论评析［J］.政治学研究，2009（4）：31-41.

　　［38］张宗然，陈亮.自由主义民主思想的反思：以洛克和密尔为例［J］.学理论，2010（25）：44-45.

　　［39］辛向阳.罗伯特·达尔的多元主义民主论评析［J］.东岳论丛，2010，31（5）：147-152.

　　［40］钟彬.达尔的多元主义民主理论研究［D］.天津：南开大学，2009.

　　［41］孙莹.论我国人大代表结构比例的调整优化：以精英主义和多元主义代表模式为分析框架［J］.中山大学学报（社会科学版），2013，53（4）：163-173.

　　［42］沈惠平.台湾地区审议式民主的实践分析［J］.厦门大学学报（哲学社会科学版），2011（5）：66-73.

　　［43］唐丰鹤.民主立法的基本模式辨析［J］.河北法学，2013，31（11）：37-43.

　　［44］李和佳，马晓艳.罗尔斯自由主义理论的三个限制及其批判［J］.江淮论坛，2010（6）：75-79.

　　［45］陈俊宏.永续发展与民主：审议式民主理论初探［J］.东吴政治学报，1998（9）：85-122.

　　［46］鲍悦华，陈强.瑞士科技管理及其对我国的启示［J］.中国科技论坛，2008（4）：140-144.

　　［47］何包钢.协商民主和法治建设［J］.浙江社会科学，2015（10）：29-39.

　　［48］宋欣.埃斯波公约：跨界环评法律制度的先锋公约［J］.中国律师，

2011（5）：82–83.

［49］肖兴．环境权入宪研究［D］．长沙：中南林业科技大学，2009.

［50］王彬辉，董伟，郑玉梅．欧盟与我国政府环境信息公开制度之比较［J］．法学杂志，2010，31（7）：43–46.

［51］周训芳．欧洲发达国家公民环境权的发展趋势（二）［J］．林业经济问题，2003，23（1）：4–8.

［52］姜诚，金鑫荣．《奥尔胡斯公约》来了［J］．环境教育，2014（11）：5–8.

［53］章剑生．政府信息公开中的"国家秘密"：《政府信息公开条例》中的"国家秘密"之解释［J］．江苏大学学报：社会科学版，2012（6）：7–11.

［54］应松年，计洪波．政府法律智库的完善之路：以英美澳实践作为参照［J］．国家行政学院学报，2018（1）：114–119.

［55］温恒国．行政法的自生：奥托·迈耶《德国行政法》评介［J］．行政法论丛，2005，8（1）：481–496.

［56］严益州．德国行政法上的双阶理论［J］．环球法律评论，2015（1）：88–106.

［57］马长山．中国法治进路的根本面向与社会根基：对市民社会理论法治观质疑的简要回应［J］．法律科学（西北政法学院学报），2003（6）：3–10.

［58］杜辉．论环境私主体治理的法治进路与制度建构［J］．华东政法大学学报，2016，19（2）：119–128.

［59］王名，蔡志鸿，王春婷．社会共治：多元主体共同治理的实践探索与制度创新［J］．中国行政管理，2014（12）：16–19.

［60］石佑启．论行政法与公共行政关系的演进［J］．中国法学，2003（3）：49–58.

［61］邹焕聪．论公私协力的公法救济模式及体系现代化：以担保国家理论为视角［J］．政治与法律，2014（10）：62–74.

［62］李宗勋．公私协力与委外化的效应与价值：一项进行中的治理改造工程［J］．公共行政学报，2004（12）：41–77.

［63］武小川．论公众参与社会治理的法治化［D］．武汉：武汉大学，2014.

［64］桂萍．公众参与重大行政决策的类型化分析［J］．时代法学，2017，15（1）：44–53.

［65］彭磊．英国环境信息公开法律对我国立法的启示［J］．中国地质大学学报（社会科学版），2013（S1）：164–168.

［66］贺桂珍，吕永龙，张磊，等．中国政府环境信息公开实施效果评价［J］．环境科学，2011，32（11）：3137–3144.

［67］申进忠．我国环境信息公开制度论析［J］．南开学报（哲学社会科学版），2010（2）：48–55.

［68］连志英．美国信息自由法：从《信息自由法令》到《电子信息自由法令》

［J］.档案学研究，2008（5）：60-63，41.

［69］后向东.信息公开期限规定比较研究：基于对美国《信息自由法》的考察［J］.中国行政管理，2014（2）：107-113.

［70］罗英.福利行政的正当程序研究：美国标本与中国借鉴［D］.长沙：中南大学，2011.

［71］贺康.美国行政裁决的非正式程序及其对我国的启示［J］.中共山西省委党校学报，2009，32（2）：104-106.

［72］石佑启.行政听证笔录的法律效力分析［J］.法学，2004（4）：51-61.

［73］冯英，张明磊.行政立法听证功能探究［J］.北京科技大学学报（社会科学版），2013（6）：52-59.

［74］桂萍.重大行政决策之公众参与制度［D］.苏州：苏州大学，2016.

［75］陈军.行政形式选择自由理论探析：基于公私合作视角［J］.北方法学，2014（6）：112-117.

［76］王秀锦.试论公听会的适用范围［D］.北京：中国政法大学，2011.

［77］陈建华.立法协商制度研究［D］.重庆：西南政法大学，2016.

［78］郑贤君.作为客观价值秩序的基本权：从德国法看基本权保障义务［J］.法律科学(西北政法学院学报)，2006，24（2）：35-45.

［79］杜承铭.论基本权利之国家义务：理论基础、结构形式与中国实践［J］.法学评论，2011，29（2）：30-38.

［80］邓炜辉.论社会权的国家保护义务：起源、体系结构及类型化［J］.法商研究，2015，32（5）：13-22.

［81］郑春燕.基本权利的功能体系与行政法治的进路［J］.法学研究，2015，37（5）：28-38.

［82］周佑勇.裁量基准公众参与模式之选取［J］.法学研究，2014，36（1）：43-55.

［83］莫文竞.西方城市规划公众参与方式的分类研究：基于理论的视角［J］.国际城市规划，2014，29（5）：76-82.

［84］张千帆."公共利益"是什么？——社会功利主义的定义及其宪法上的局限性［J］.法学论坛，2005（1）：28-31.

［85］陈坤.所指确定与法律解释：一种适用于一般法律词项的指称理论［J］.法学研究，2016，38（5）：108-129.

［86］唐明良.新行政程序观的形成及其法理：多元社会中行政程序功能与基本建制之再认识［J］.行政法学研究，2012（4）：45-52.

［87］汪劲.新《环保法》公众参与规定的理解与适用［J］.环境保护，2014，42（23）：20-22.

［88］杨彬权.论国家担保责任：担保内容、理论基础与类型化［J］.行政

法学研究，2017（1）：75-89.

［89］王玉振，徐震．环境政策对企业绩效的影响［J］．中国环境管理，2012（5）：5-14.

［90］王光玲，张玉霞．对我国环境管制政策的反思与建议［J］．中国市场，2008（14）：57-58.

［91］原田大树，马可．自主规制的制度设计［J］．山东大学法律评论，2008（1）：236-251.

［92］靳广春，邢献军，朱双四．国际产品认证、实验室互认与技术贸易壁垒之浅析［J］．中国标准化，2008（1）：54-56.

［93］蔡丽朋．国际绿色建材的发展概况及其认证［J］．新型建筑材料，2006（1）：40-42.

［94］常健，郭薇．行业自律的定位、动因、模式和局限［J］．南开学报（哲学社会科学版），2011（1）：133-140.

［95］汪全胜，黄兰松．我国法案公开征求意见回应机制的建立与完善［J］．南通大学学报（社会科学版），2015，31（2）：43-48.

［96］宋晓强，刘洁，董龙飞．水土保持补偿制度探析［J］．中国水土保持，2008（4）：14-17.

［97］朱青，罗志红．变革新构想：环境管制区域化［J］．环境保护，2010（19）：32-34.

［98］魏玉平．中国环境管制为什么失灵？——从管制者角度的分析［J］．江汉大学学报（社会科学版），2010，27（1）：104-109.

［99］赵其国，黄国勤，马艳芹．中国生态环境状况与生态文明建设［J］．生态学报，2016，36（19）：6328-6335.

［100］章奇，刘明兴，单伟．政府管制、法律软约束与农村基层民主［J］．经济研究，2004，39（6）：59-68.

［101］陈国权，陈洁琼．名实分离：双重约束下的地方政府行为策略［J］．政治学研究，2017（4）：71-83，127.

［102］吕忠梅，张忠民，熊晓青．中国环境司法现状调查：以千份环境裁判文书为样本［J］．法学，2011（4）：82-93.

［103］张志文．社会法学派的法律发现观及其启示［J］．法学论坛，2012，27（2）：76-84.

［104］张洁，姚琪，计勇，等．论我国环境影响评价中的公众参与［J］．河海大学学报（哲学社会科学版），2004，6（2）：59-61.

［105］王兆平．环境公众参与权的法律保障机制研究：以《胡奥斯公约》为中心［D］．武汉：武汉大学，2011.

［106］蒋莉，刘维平．我国环境信息公开制度的实施及其完善［J］．行政论坛，2013，20（1）：89-93.

［107］王灿发，林燕梅．我国政府环境信息公开制度的健全与完善［J］．行政管理改革，2014（6）：27-32.

［108］王预震，周义程．公共决策中的公众参与［J］．广西社会科学，2002（5）：52-53.

［109］席书旗．法律权威与公众法律认同问题研究［J］．山东师范大学学报（人文社会科学版），2010，55（2）：145-149.

［110］曾小波．社会治理：从理念到方法的变革［J］．西南民族大学学报（人文社会科学版），2014，35（7）：196-200.

［111］肖建华．两型社会建设中多中心合作治理的困境及建构［J］．环境保护，2012（10）：36-38.

［112］韦森．哈耶克式自发制度生成论的博弈论诠释：评肖特的《社会制度的经济理论》［J］．中国社会科学，2003（6）：43-57.

［113］刘耀辉，龚向和．环境法调整机制变革中之政府环境义务嬗变［J］．法学杂志，2011，32（5）：112-114.

［114］孙畅．地方环境监察监测执法垂直管理体制改革：利弊争论与改革方向［J］．中国行政管理，2016（12）：13-17.

［115］孙佑海．提高环境立法质量对策研究［J］．环境保护，2004（8）：3-9，11.

［116］乔迪·弗里曼．私人团体、公共职能与新行政法［J］．晏坤，译．北大法律评论，2003（1）：516-550.

［117］蔡守秋．论政府防治环境风险的法律机制［J］．公民与法（综合版），2011（10）：2-4.

［118］卢青，周宇瑶．底线共识：环境治理理念的重构与落实［J］．江西社会科学，2016，36（10）：208-214.

［119］陈峰，黄学贤．协力行政的兴起及其行为型态探析［J］．求是学刊，2010，37（1）：74-80.

［120］李挚萍．20世纪政府环境管制的三个演进时代［J］．学术研究，2005（6）：72-78.

［121］王轩．现代性风险社会的治理逻辑与"生存安全性"的价值实践［J］．云南社会科学，2014（3）：42-46.

［122］张成福．风险社会中的政府风险管理：评《政府风险管理：风险社会中的应急管理升级与社会治理转型》［J］．中国行政管理，2015（4）：157-158.

［123］靳文辉．弹性政府：风险社会治理中的政府模式［J］．中国行政管理，2012（6）：22-25.

［124］娄成武，何阳．矛盾·成因·调适：论社会主义协商民主中的信息不对称［J］．理论月刊，2018（10）：89-95.

［125］王灿发，林燕梅．我国政府环境信息公开制度的健全与完善［J］．行

政管理改革，2014（6）：27-32.

［126］薛刚凌，殷志诚.公听代表人制度研究［J］.法商研究，2003，20（2）：57-65.

［127］张恩典."司法中心"环境权理论之批判［J］.河南大学学报（社会科学版），2015，55（3）：8-17.

［128］王锡锌.公共决策中的大众、专家与政府：以中国价格决策听证制度为个案的研究视角［J］.中外法学，2006，18（4）：462-483.

［129］王秀哲.我国环境保护公众参与立法保护研究［J］.北方法学，2018,12（2）：103-111.

［130］刘东亮.什么是正当法律程序［J］.中国法学，2010（4）：76-88.

［131］吴宇.建设项目环境影响评价公众参与有效性的法律保障［J］.法商研究，2018，35（2）：15-24.

［132］沈跃东.论程序行政行为的可诉性：以规划环境影响评价公众参与为视角［J］.行政法学研究，2012（3）：9-16.

［133］沈跃东.环境保护检举权及其司法保障［J］.法学评论，2015，33（3）：133-142.

［134］王彬辉.新《环境保护法》"公众参与"条款有效实施的路径选择：以加拿大经验为借鉴［J］.法商研究，2014，31（4）：153-160.

［135］罗豪才，宋功德.认真对待软法：公域软法的一般理论及其中国实践［J］.中国法学，2006（2）：3-24.

［136］龚蒙.论环境公共决策中的协商民主机制［D］.重庆：西南政法大学，2016.

［137］王树义，周迪.论法国环境立法模式的新发展：以法国《综合环境政策与协商法》的制定为例［J］.法制与社会发展，2015，21（2）：136-145.

［138］沈岿.关于美国协商制定规章程序的分析［J］.法商研究（中南政法学院学报），1999（2）：83-91.

［139］彭峰.生态文明建设的域外经验：以法国环境协商法为例［J］.环境保护，2013，41（8）：73-75.

［140］相焕伟.协商行政：一种新的行政法范式［D］.济南：山东大学，2014.

［141］朱志昊.论立法协商的概念、理论与类型［J］.法制与社会发展，2015，21（4）：184-192.

［142］蒋红珍.治愈行政僵化：美国规制性协商机制及其启示［J］.华东政法大学学报，2014（3）：63-75.

［143］马一德.宪法框架下的协商民主及其法治化路径［J］.中国社会科学，2016（9）：146-163.

［144］柯坚.环境行政管制困局的立法破解：以新修订的《环境保护法》为

中心的解读［J］.西南民族大学学报（人文社科版），2015，36（5）：89-95.

［145］周建军，刘明宇.迈向新时代的社会治理法治化［J］.云南民族大学学报（哲学社会科学版），2019，36（1）：42-48.

［146］刘超.生态空间管制的环境法律表达［J］.法学杂志，2014，35（5）：22-32.

［147］沈悦，刘天科，周璞.自然生态空间用途管制理论分析及管制策略研究［J］.中国土地科学，2017，31（12）：17-24.

［148］杨瑞龙.论制度供给［J］.经济研究，1993（8）：45-52.

［149］张祥伟.环境法研究的未来指向：环境行为——以本位之争为视角［J］.现代法学，2014，36（3）：102-115.

［150］方言，吴静.中国国家公园的土地权属与人地关系研究［J］.旅游科学，2017，31（3）：14-23.

［151］马学广.大都市边缘区制度性生态空间的多元治理：政策网络的视角［J］.地理研究，2011，30（7）：1215-1226.

［152］祁帆，李宪文，刘康.自然生态空间用途管制制度研究［J］.中国土地，2016（12）：21-23.

［153］曹明德，王琪.论生态保护红线及其立法思考［J］.清华法治论衡，2016（1）：3-20.

［154］肖峰，贾倩倩.论我国生态保护红线制度的应然功能及其实现［J］.中国地质大学学报（社会科学版），2016，16（6）：34-45.

［155］姜明安.完善软法机制，推进社会公共治理创新［J］.中国法学，2010（5）：16-24.

［156］杜震，张刚，沈莉芳.成都市生态空间管控研究［J］.城市规划，2013，37（8）：84-88.

［157］周璞，刘天科，靳利飞.健全国土空间用途管制制度的几点思考［J］.生态经济，2016，32（6）：201-204.

［158］黄锡生，周海华.环境风险管理思维重塑：以预警污染者付费原则的适用为视角［J］.北京理工大学学报（社会科学版），2017，19（3）：136-141.

［159］王勇.自愿性环境协议：一种新型的环境治理方式——基于协商行政的初步展开［J］.甘肃政法学院学报，2017（3）：62-70.

［160］纪子千.试论自愿式环境协议行政法方向的立法框架［D］.合肥：安徽大学，2014.

［161］曾正滋.环境公共治理模式下的"参与—回应"型行政体制［J］.福建行政学院学报，2009（5）：24-28.

［162］黄锡生，张真源.中国突发环境事件预警法律制度的困境与出路［J］.甘肃政法学院学报，2017（2）：27-33.

［163］叶俊荣.环境立法的两种模式：政策性立法与管制性立法［J］.清华

法治论衡，2013（3）：6-16.

（三）外文类

［1］ROSE-ACKERMAN S. Controlling Environmental Policy： The Limits of Public Law in Germany and the United States ［M］. New Haven： Yale University Press，1995.

［2］GULLETT W. Protecting Public Health and the Environment： Implementing the Precautionary Principle［J］. Environmental Practice，2000，2（1）： 106-107.

［3］SANDS P, PEEL J, FABRA A, et al. Principles of International Environmental Law ［M］.3rd ed. Cambridge： Cambridge University Press，2012.

［4］ SUNSTEIN C R. The Precautionary Principle as a Basis for Decision Making ［J］. The Economists' Voice，2005，2（2）： 8-10.

［5］VILLENEUVE D ，CAREL H V. The Contribution of Regional River Treaties to the Protection of the North Sea［J］. The International Journal of Marine and Coastal Law，1998，13（3）： 373-378.

［6］BROMLEY D W. Entitlements，Missing Markets and Environmental Uncertainty： Reply ［J］.Journal of Environmental Economics and Management，1991，20（3）： 297-302.

［7］KIMERLING J. Corporate Ethics in the Era of Globalization： The Promise and Peril of International Environmental Standards［J］. Journal of Agricultural & Environmental Ethics，2001，14（4）： 425-455.

［8］ROSE-ACKERMAN S. American Administrative Law under Siege： Is Germany a Model? ［J］.Harvard Law Review，1994，107（6）： 1279.

［9］FRICKEY P P. Getting from Joe to Gene （McCarthy）： The Avoidance Canon，Legal Process Theory，and Narrowing Statutory Interpretation in the Early Warren Court ［J］. California Law Review，2005，93（2）： 397-464.

［10］GUTMANN A，THOMPSON D. Why Deliberative Democracy? ［M］. Princeton： Princeton University Press，2004.

［11］OLIVO C. Civil Society，Public Spheres，and Democratic Deliberation［M］//Creating a Democratic Civil Society in Eastern Germany.New York： Palgrave Macmillan US，2001： 33-60.

［12］ROSE-ACKERMAN S. From Elections to Democracy in Central Europe： Public Participation and the Role of Civil Society［J］. East European Politics and Societies： and Cultures，2007，21（1）： 31-47.

［13］FREEMAN J.Collaborative Governance in the Administrative State［J］. UCLA Law Review，1997，45（1）： 1.

［14］ SCHUCK P H. Foundations of Administrative Law ［M］.2nd ed.New

York：Foundation Press，2003.

［15］MICHELS A. Citizen Participation in Local Policy Making：Design and Democracy［J］. International Journal of Public Administration，2012，35（4）：285-292.

［16］FURIA L D，WALLACE-JONES J. The Effectiveness of Provisions and Quality of Practices Concerning Public Participation in EIA in Italy［J］. Environmental Impact Assessment Review，2000，20（4）：457-479.

［17］STAVINS R N. Addressing Climate Change with a Comprehensive U.S. Cap-and-Trade System［J］.The Environmental Law Reporter，2009，39（8）：10723-10726.

［18］POHORYLES R J. Sustainable Development，Innovation and Democracy［J］. Innovation：The European Journal of Social Science Research，2007，20（3）：183-190.

［19］FUNG A，O'ROURKE D. Reinventing Environmental Regulation from the Grassroots Up：Explaining and Expanding the Success of the Toxics Release Inventory［J］. Environmental Management，2000，25（2）：115-127.

［20］KERWIN C M，FURLONG S R. Rulemaking：How Government Agencies Write Law and Make Policy［M］. 3rd ed.Washington：CQ Press，2003.

［21］FUNTOWICZ S O，RAVETZ J R. Science for the Post-Normal Age［J］. Futures，1993，25（7）：739-755.

［22］COSTANZA R，PERRINGS C. A Flexible Assurance Bonding System for Improved Environmental Management［J］. Ecological Economics，1990，2（1）：57-75.

（四）其他类

［1］夏光.金融危机考验我国环保力量［N］.中国环境报，2009-02-23（2）.
［2］汪红,梅双.全国政协首次组织立法协商[N].法制晚报,2014-03-21（5）.